河南省高等学校人文社会科学重点研究基地　基金成果
河南财经政法大学河南经济研究中心

中部地区开放型经济发展研究

Study on the Development of
Opening Economy in Central China

王洪庆　著

经济管理出版社
ECONOMY & MANAGEMENT PUBLISHING HOUSE

图书在版编目（CIP）数据

中部地区开放型经济发展研究/王洪庆著. —北京：经济管理出版社，2014.12
ISBN 978-7-5096-3477-6

Ⅰ.①中… Ⅱ.①王… Ⅲ.①开放经济—区域经济发展—研究—中国 Ⅳ.①F127

中国版本图书馆 CIP 数据核字（2014）第 266147 号

组稿编辑：申桂萍
责任编辑：申桂萍 宋 凯
责任印制：黄章平
责任校对：超 凡

出版发行：经济管理出版社
　　　　　（北京市海淀区北蜂窝 8 号中雅大厦 A 座 11 层 100038）
网　　址：www. E-mp. com. cn
电　　话：（010）51915602
印　　刷：北京京华虎彩印刷有限公司
经　　销：新华书店
开　　本：720mm×1000mm/16
印　　张：13
字　　数：235 千字
版　　次：2014 年 12 月第 1 版 2014 年 12 月第 1 次印刷
书　　号：ISBN 978-7-5096-3477-6
定　　价：49.00 元

序

自中共十四届三中全会以来，"发展开放型经济"都被写入历次党的重要文件之中，彰显了我国领导人改革开放的决心和改革开放对经济发展的重要性，改革开放对我国经济发展的贡献有目共睹，毋庸置疑。我国的改革开放起步于东部沿海地区，通过 30 多年的快速发展，在外向型经济发展模式的带动和驱使下，通过制度创新，体制环境和政策环境已与国际规则基本接轨，逐渐形成了较为成熟的区域市场经济体系，在高要素报酬的吸引下，国内外资金、技术、劳动力等生产要素不断向东部沿海地区聚集，实现了生产要素和产品的全球有效配置，从而进一步加强了沿海地区的区位优势，使得沿海地区得以迅速发展，成为我国经济发展的"火车头"，同时也加剧了沿海与内陆地区的经济发展差距，例如，1990 年广东省的国内生产总值是河南省的 1.64 倍，2011 年扩大为 1.98 倍。因此，改革开放 30 多年的实践也证明，对外开放程度差异、开放型经济发展水平差异是我国区域经济发展不平衡的重要原因之一。

为了缩小地区间的经济发展差距，实现区域间的协调发展，2000 年中央提出了西部大开发发展战略，2002 年提出了东北老工业基地振兴战略，2004 年又提出了中部崛起发展战略。继国家三大区域性振兴战略实施之后，为了加快内陆开放型经济的发展，国务院又针对不同的省市区出台了一系列的国家级振兴战略，如皖江城市带承接产业转移示范区规划（2010 年）、中原经济区发展规划（2011 年）、郑州航空经济综合实验区（2013 年）等。中部地区作为我国经济的"脊梁"，能否崛起至关重要。加快内地开放，已成为我国"全面提高开放型经济水平"的重大战略部署。近年来在国家的政策鼓舞下，内陆地区都加快了开放步伐，中部六省在"十二五"期间纷纷提出了建设"内陆开放高地"的目标。但目前中部地区开放型经济依然存在外向型经济水平偏低、对外经济结构不合理、区域合作体制机制不健全等问题。

提高开放型经济发展水平、建设"内陆开放高地"的关键在于制度创新，《中部地区开放型经济发展研究》一书中，作者从制度创新的角度出发，首先通过构建地区开放型经济发展水平指标评价体系，分析了中部六省开放型经济发展水平在全国的位次和与沿海地区的差距，在此基础上分析了制度创新对提高中部地区开放型经济水平的重要性和中部地区在发展开放型经济中存在的制度缺陷，并就中部地区在对内开放和对外开放方面的制度和政策创新进行了深入研究和细致分析。然后，作者针对中部地区扩大招商引资和对外贸易进行了深入细致的研究并提出了相应的政策建议。

作者在写作过程中，运用翔实的数据、科学的计量方法和计量模型，结论可靠合理，政策措施可操作性较强，本书的出版将为该领域的研究拓展新的空间，并对提高中部地区的开放型经济发展水平具有较强的实践指导意义。改革开放是一个永恒的课题，希望作者在今后的学术研究中不断出新，为中部地区的经济发展提供更为科学的依据和措施。

郭 军

2014 年 7 月于河南财经政法大学毓苑斋

目　录

第一章　导论

第一节　选题的背景及问题的提出

自新中国成立至 1978 年，我国政府在区域经济发展战略方面一直实施的都是区域经济平衡发展战略，各种投资政策和财政转移支付明显地向边远和落后地区倾斜，走共同发展和共同富裕的道路，然而效果却不佳。1978 年实施改革开放后，我国政府基于对国际和国内形势的新判断，从国民经济发展全局出发，对区域经济发展战略和区域经济政策做了重大调整，确立了以提高宏观经济效益为主要目标的指导思想和效率优先、兼顾公平的指导原则，区域经济从平衡发展战略转向不平衡发展战略，即优先发展沿海地区，发展和开放的政策明显地向沿海地区倾斜，资金、技术、劳动力等生产要素不断向沿海地区聚集，进一步加强了沿海地区的区位优势，使得沿海地区得以迅速发展，沿海与内陆地区的经济差异也不断扩大。

改革开放初期，区域政策差异是导致区域经济发展差距的主要原因，进入改革开放新时期后，为了缩小地区间的经济发展差距，实现区域间的协调发展，2000 年中央提出了西部大开发发展战略，2002 年提出了东北老工业基地振兴战略，2004 年又提出了"中部崛起"的中部地区发展战略。尽管区域政策的差距逐渐缩小，但地区间的发展差距却在不断扩大。例如，1990 年广东省的地区生产总值是河南省的 1.64 倍，2007 年扩大到 1.88 倍，2010 年为 1.99 倍，2011 年为 1.98 倍，虽然 2010 年后受国际经济危机的影响，差距有所缩小但并不明显。

东部地区通过改革开放 30 多年的快速发展，在外向型经济发展模式的带动和驱使下，通过制度创新，体制环境、政策环境与国际规则基本接轨，逐渐形成了较为成熟的区域市场经济体系，包括完善的要素市场和发达的产品市场，实现了生产要素和产品的全球有效配置。改革开放的实践证明，东部地区开放型经济发展处于全国领先水平，东北地区和中部地区开放型经济发展水平远远落后于东部地区，而西部地区无论是在对外贸易、引进外资，还是在国际旅游创汇方面都严重落后于东部沿海地区，而且落后于中部地区。对外开放程度差异、开放型经济发展水平差异已成为我国东中西部经济差距逐年拉大的重要原因。

从宏观层面上看，对外开放程度不足、开放型经济发展迟缓是我国东中西部经济差距逐年拉大的主要原因之一。促进中西部等内陆地区开放型经济的发展不仅有利于我国对外开放整体效益的提高，对于区域经济协调发展也具有重要意义。近年来，国家实施了一系列的区域政策以缩小区域间的发展差距，引导生产要素流向中西部地区，促进区域协调发展，推动东中西部良性互动。比如，第一部国家级的区域性外商投资促进规划《中国中部地区外商投资促进规划》2010年4月正式发布，有利于提高中部地区外商投资促进工作的整体水平。此外，国家还引导和促进东部地区加工贸易产业逐渐向中部地区转移，引导国际资本流向中部地区的重点产业，加大了对中部地区基础设施的投入，逐渐实现先进地区对后发地区的反哺。因此，中部地区发展开放型经济是促进区域协调发展的国家战略的重要组成部分。

中共十一届三中全会后，我国对外开放从设立经济特区开始，先是发展外向型经济，此后，我们党逐步形成和发展了关于"开放型经济"的思想。中共十四届三中全会提出"发展开放型经济，使国内经济与国际经济实现互接互补"。中共十五大报告再次强调"发展开放型经济"。中共十六大报告在关于全面建设小康社会的目标中，提出建成"更具活力、更加开放的经济体系"，提出了"发展开放型经济"的对外开放总目标。中共十七大报告基于对新时期国际国内形势的科学判断和经济社会发展趋势的前瞻性把握，指出"开放型经济进入新阶段"，明确了"拓展对外开放广度和深度，提高开放型经济水平"的新目标，并创造性地提出"完善内外联动、互利共赢、安全高效的开放型经济体系"。中共十八大和十八届三中全会指出"全面提高开放型经济水平"，明确了"开放朝着优化结构、拓展深度、提高效益方向转变"的新目标，从而把我们党关于开放型经济的认识提到了一个全新的高度。至此，"发展开放型经济"已经被写入中共十四届三中全会以来历次重要文件中。

当前对开放型经济的研究主要集中在东部沿海地区，对中西部等欠发达地区研究较少，并且对开放型经济研究大多集中在我国与其他国家或地区之间的国际贸易、国际投资等方面，注重的是国际市场，但是当今世界经济体系极不稳定，金融危机时有爆发，贸易保护与贸易壁垒花样百出。而开放型经济的要求是全面的开放，不仅是对国外市场的开放，而且也是对国内市场的开放。另外，区域间联动发展开放型经济方面的研究也较少，地域相连、文化相近或者优势互补的地区，如果能在多层次内部合作的基础上，实施区域经济一体化发展，就能避免内耗，实现协同发展。总的来说，目前缺少对内陆省份开放型经济发展的系统性研究，本书将以中部六省（河南、山西、江西、安徽、湖南和湖北）开放型经济发展为例，从对内开放、对外开放以及对内对外开放协调发展的制度创新角度研究开放型经济发展的指标评价体系、制度创新、发展战略、提升路径以及引进外资和扩大对外贸易等问题。

第二节　研究意义和方法

　　本书紧紧围绕中部地区开放型经济发展这一主题，以经济地理学、区域经济学、产业经济学、国际贸易与国际直接投资等理论为理论基础，深入系统研究了中部地区开放型经济发展的现状、指标评价体系、制度和政策创新体系、发展战略、路径选择、引进外资和扩大贸易等问题。通过构造内陆地区开放型经济发展水平的指标评价体系，有助于全面了解中部地区开放型经济发展现状，有利于科学合理衡量和比较不同地区、不同时间段我国内陆地区开放型经济发展水平的变化情况，为政策决策者提供决策依据，具有重要的现实意义。通过对中部地区开放型经济发展的制度和政策创新体系、发展战略、路径选择等问题的研究，可以使我们认识到内陆地区发展开放型经济在所面临的时空条件、主要问题以及发展路径选择等方面，不仅与沿海、沿边地区和城市有很大不同，而且内陆地区发展开放型经济必须因地制宜、准确定位和科学规划。通过对中部地区引进外资和对外贸易问题的深入研究，有助于我们了解中部地区外向型经济发展的现状、存在的问题以及解决问题的措施等，对扩大招商引资和对外贸易都有很强的指导意义。最终研究成果必将有利于中部地区更好地参与国际、国内分工与合作，努力承接国际和东部地区的产业大转移，加大开放型经济的发展力度，提高开放型经济的发展水平，真正融入国内、国际经济之中，最终实现中部地区经济的真正"起飞"和全面崛起。中部崛起是我国工业化发展到中期阶段，区域经济协调发展的必然要求，是我国社会主义现代化建设过程中的重要一步，具有强烈的时代感和紧迫性。

在研究过程中综合运用了计量分析方法、比较分析方法、实证分析与规范分析相结合等方法。

（1）计量分析方法。本书采用了较多的计量模型分析方法对中部地区开放型经济发展进行了实证分析，主要的计量模型有：运用熵值法计算了 31 个省市开放型经济发展水平的综合得分；通过多变量面板数据回归模型分析了中部地区引进外商直接投资影响因素的动态变化、外商直接投资的产业分布影响因素和中部地区出口贸易影响因素。从而使本书的研究结论更具说服力。

（2）比较分析方法。本书在中部地区开放型经济发展水平的测度研究中，对比分析了中部地区和其他地区的开放型经济发展水平，揭示中部地区存在的差距；在对中部地区引进外商直接投资和对外贸易的研究中，运用大量的数据对比分析了中部地区与沿海地区的差距及存在的问题，从而使分析更加清晰明了。

（3）实证分析与规范分析方法相结合。本书在研究过程中，一方面运用大量数据和模型实证分析了中部地区开放型经济发展的变化过程和变化规律的事实；另一方面运用规范分析方法对开放型经济发展的相关理论与实证研究进行了价值评判，并提出了中部地区发展开放型经济的相关政策措施，实现了实证与规范两种方法的有机结合、相互补充，从而使本书的研究更具科学性和规范性。

第三节　研究的主要内容及结论

本书的主要研究内容及结论包括以下八个方面：

一、相关理论研究综述

主要从区域经济发展理论、国际贸易理论、国际直接投资和开放型经济发展理论分析了中部地区开放型经济发展的理论基础。分析认为，区域经济发展理论有利于指导中部地区的经济增长和协调发展；源于国际贸易理论的比较优势战略和竞争优势战略对中部地区的对外贸易发展有较强的借鉴作用；源于国际直接投资各个理论的外商直接投资吸收能力理论对中部地区利用外商直接投资和对外进行直接投资都非常富有启示意义；区域经济一体化理论对指导中部地区经济一体化发展和国际化都有很好的借鉴意义。

二、中部地区开放型经济发展现状及存在的问题

首先分析了中部地区开放型经济发展的现状，分析表明，自 2006 年以来，中部地区对外贸易发展迅速，贸易结构不断优化；外商直接投资增加迅速，投资结构不断优化；对外经济合作步伐不断加快；国内区域合作日益深化。

其次分析了中部地区开放型经济存在的问题，主要有：外向型经济水平偏低；对外经济结构不合理；"走出去"能力有待提高；区域合作体制机制不健全等。

三、中部地区开放型经济发展水平的测度

首先根据开放型经济的内涵和开放型经济的发展方向，构建了测量地区开放型经济发展水平的指标评价体系，评价体系分为开放程度、开放结构和开放效益三个层面共 24 项具体评价指标，并介绍了指标的内容和计算方法。

其次用熵值法计算了 31 个省市开放型经济发展水平的综合得分，对比分析了中部六省开放型经济发展水平在全国的位次及差距。结果表明，从四大地区开放型经济发展水平综合平均得分来看，东部地区最高，以下依次是东北地区、中部地区和西部地区。从各省市区来看，各地区开放型经济水平差异较显著，但四大区域中，都有开放型经济发展较好和较快的省市，如东北地区的辽宁省、中部地区的湖北省和河南省、西部地区的重庆市和四川省等，都已成为区域经济发展的领头羊。

最后提出了如下建议：国家区域振兴战略作用逐渐显现，因此，内陆省市区要抢抓国家战略机遇，大力发展开放型经济，东部沿海地区要继续发挥引领作用，加快提高开放型经济的质量和效益。

四、制度创新与开放型经济的关系

我国区域经济发展实践证明，开放型经济发展水平的差异主要体现在区域制度创新水平的差异，因此，本部分从制度创新与开放型经济发展的关系出发，首先分析了制度和制度创新的概念以及制度创新对区域经济增长的影响途径；其次分析了制度创新在我国区域开放型经济发展中的作用；最后分析了制度创新对于内陆地区开放型经济发展的必要性和紧迫性。

五、中部地区开放型经济发展中的制度和政策创新

首先总结了中部六省经济合作进展情况，研究表明：自中部崛起战略实施以来，中部六省在旅游、产品质量、口岸"大通关"、人才、创新服务、知识产权等方面都签署了相关的合作协议，这些协议的签署和执行对促进中部经济协调发展和中部崛起起到了积极的推动作用。但目前来看，中部地区经济一体化的程度还很低，行政区划和经济区划的矛盾并没有根本解决，地区壁垒仍然大量存在，合作协议的约束力和执行情况效果并不是很显著，需要继续探索新的促进经济一体化的制度和政策。

其次研究了中部地区经济一体化的制度和政策创新，研究表明：要想实现中部地区经济一体化必须从宏观、中观和微观三个层面构建制度和政策创新体系。宏观层面，或国家成立"中部六省经济管理局"，统一规划、协调和实施中部六省经济的互动；中观层面，为了促进中部六省产业一体化发展，可考虑建立跨行政区的行业协会等中介组织；微观层面，加快不同地区国有企业和非国有企业的现代企业制度建设，加快构建企业自主技术创新体系。

最后研究了中部地区对外开放的体制创新，包括：改革外商投资管理体制；改革对外投资合作管理体制；改革口岸监管服务模式；推进外贸促进体系和信用体系建设；深化行政审批制度改革；构建内陆对外开放新模式；建立和完善区域合作机制等。

六、中部地区开放型经济发展战略及路径选择

首先研究了中部地区发展开放型经济应遵循的发展战略，即确立以市场化为基础的全方位和制度性开放发展战略；确立以扩大内需为主和外需为辅的经济发展方式；确立以培育和建立竞争优势的产业发展战略；确立推进城乡统筹，促进经济与社会联动发展战略；确立"三化"协调、"四化"同步发展战略；确立以科学发展观为指导的发展思路。

其次总结了国内外开放型经济发展的经验，主要有：政府和政策的支持；加大基础设施建设；地方政府的大胆创新；积极承接产业转移；推动产业结构升级等。

最后研究了中部地区开放型经济发展的路径，主要有：以承接产业转移作为内陆开放型经济发展的重点；坚持"引进来"和"走出去"双向发展；充分发挥保税区在对外开放中的先导作用；加强基础设施建设，完善现代物流体系；加快

外贸扩总量转方式，以质取胜；培育开放文化，加快开放型经济体系建设；整合区域产业结构，实现产业一体化发展。

七、中部地区引进外商直接投资研究

第一是分析了中部地区利用外商直接投资的现状，研究表明，中部地区外商直接投资的规模和东部沿海地区相比差距非常大，但从 2004 年开始，中部地区迎来了外商直接投资的快速发展时期，年增长速度远远超过了全国水平，甚至超过了浙江省外商直接投资的增长速度，2009 年在全国外商直接投资出现负增长的情况下，中部六省外商直接投资仍保持 13.62% 的增长速度，2012 年中部六省外商直接投资额的增长速度达到了 20.71%，远高于全国的 -3.70% 和浙江的 12.03%，引进外资的后发优势逐渐显现出来。中部六省的外资依存度在 2007 年后超过了全国的水平，2012 年高出全国 0.98 个百分点，与浙江省的外资依存度已经非常接近。但外商直接投资在中部六省的区域分配、产业分布等不十分均衡。

第二是分析了中部地区外商直接投资对经济社会的贡献，研究表明，外商直接投资对各省就业的直接带动效应非常明显，但 2012 年中部各省外资企业就业人数仅占全部就业人数的 0.77%，远低于全国 2.81% 的平均水平。从 2000 年开始中部六省外资企业的出口比重一直处于递增态势，因此，外资企业对中部六省出口的贡献在逐年增加。中部六省外资企业固定资产投资占全部固定资产投资的比重远低于全国的平均水平，更低于东部沿海地区的水平。大型跨国公司进入中部六省的数量明显增多，许多还建立了生产基地或研发营运机构，外资投向发生明显改变，投资结构进一步优化，由原来主要集中在房地产和商贸领域，逐步转向旅游开发、研发中心、金融、服务外包等现代服务业领域，外商直接投资促进了产业结构升级。

第三是研究了影响外商在中部地区直接投资的区位因素动态变化情况，实证研究表明，影响外商在中部六省直接投资的因素在逐渐发生变化，未来一段时间累计外商直接投资、地区基础设施水平、市场规模、劳动力成本优势、市场化程度和人力资本将成为外商直接投资区位选择的重要影响因素。在此基础上，进一步对比分析了影响中部六省外商直接投资因素与浙江省的差距，并提出了相应的政策建议。

第四是研究了外商在中部地区直接投资的行业分布影响因素，实证研究表明，各行业的规模和各行业外商直接投资的集中度对未来外商直接投资的行业分布具有明显的导向作用。

第五是研究了中部地区扩大招商引资的措施，研究表明，后危机时代国际产业转移的新特点有：国际产业转移更重视东道国的消费需求；中西部地区在承接国际产业转移中重要性日益提高；研发和创新能力伴随着生产转移的趋势日益明显；新兴产业加工制造环节成为国际产业转移的新热点；服务业转移成为国际产业转移中的热点。中部地区承接产业转移面临的新背景条件有：劳动力无限供给的条件正在逐步丧失；资源、能源、环境约束越来越大；外包逐步成为国际产业转移的新兴主流方式。中部地区产业转移的承接点研究结论有：要利用综合成本优势承接劳动密集型产业转移；要承接高端产业和低端产业并重；要在扩大承接规模的同时提升产业的根植性；要有条件吸收资源及环境消耗型产业转移；要加快生产性服务业的产业转移；要引导外资产业投向一体化发展；要规避利用外资的消极影响。扩大招商引资中政府的具体作用体现在：落实国家招商引资的各项优惠政策；改善和提升本地的投资环境；帮助企业推出招商项目；加强对外宣传；搜集和提供招商信息；推介和帮助合作伙伴；搭建和运作招商舞台；协调和处理外商投诉。创新招商引资方式主要有：网络招商、产业链招商、中介招商、文化招商、团队招商、以商引商、领导招商、敲门招商等。

八、中部地区对外贸易发展研究

首先分析了中部地区对外贸易发展的现状，分析表明，尽管 2006 年后中部六省的对外贸易无论是在规模上还是结构上都有较大的改变，取得了较快的发展，但和东部省份相比，仍有很大的差距。2012 年中部六省贸易总额占全国的比重也仅仅有 5%，外贸依存度仅有 10.48%，较浙江省低 46.41 个百分点，较全国低 39.92 个百分点。但 1985~2012 年中部六省贸易顺差额占全国的年均比例在 18% 左右，远高于同期贸易总额占全国的年均比例 3.9%，说明中部六省贸易顺差对全国的贡献远大于贸易总额对全国的贡献。2012 年中部六省高新技术产品的出口比例为 26.42%，与全国的比例 28.65% 已经很接近。

其次分析了中部地区对外贸易对经济社会发展的贡献，分析表明，中部六省外贸对经济增长的贡献不断增大，特别是 2011 年和 2012 年在全国净出口对经济增长的拉动度出现负影响的情况下，中部六省反而出现了较大的正影响，例如，2012 年中部六省净出口对经济增长的拉动度达到了 1.23 个百分点，而全国为 -0.1 个百分点。中部六省外贸对就业也起到了积极的促进作用，2012 年出口和进口的就业弹性分别为 0.0396 和 0.2609，也就是说，出口增长 1 个百分点，就业将增长 0.0396 个百分点，进口增长 1 个百分点，就业将增长 0.2609 个百分点，同时也表明，进口增长对就业的贡献大于出口增长对就业的贡献。

最后研究了中部地区出口影响因素，实证研究表明，影响中部六省的出口因素中，主要贸易伙伴的收入、GDP、外商直接投资水平、出口退税、进口、工资水平等都会对出口产生显著性的正影响，其中出口退税对出口的影响最大，研发投入和人民币实际有效汇率对出口的影响尽管为正，但均未通过统计上至少 10% 的显著性水平检验，即认为研发投入和人民币实际有效汇率对出口的影响不明显。加快中部地区对外贸易发展的对策建议指出，要进一步解放思想，树立科学发展；培植出口产业集群，提高外贸产业竞争力；加快体制机制创新，增强外贸发展力；实施"三外"联动，积极扩大出口；优化进口结构，促进外贸进出口协调发展；优化出口贸易结构，大力发展服务贸易。

第二章　相关理论研究综述

内陆地区开放型经济既包括对内开放又包括对外开放，因此，本章归纳总结了相关的区域经济理论、国际贸易理论、国际直接投资理论和经济一体化发展理论，这些理论对中部地区发展开放型经济都有很强的指导和借鉴意义。

第一节　区域经济发展理论

区域经济理论，是研究生产资源在一定空间（区域）优化配置和组合，以获得最大产出的学说。生产资源是有限的，但有限的资源在区域内进行优化组合，可以获得尽可能多的产出。正是由于不同的理论，对于区域内资源配置的重点和布局主张不同，以及对资源配置方式选择不同，形成了不同的理论派别。

一、平衡发展理论

（一）纳克斯的"贫困恶性循环理论"

美国经济学家纳克斯在 20 世纪 50 年代初期，研究了发展中国家经济落后却又停滞不前的原因，并提出了著名的"贫困恶性循环理论"。纳克斯指出，不发达地区发展落后和停滞不前的原因在于它们存在"贫困的恶性循环"，即低收入国家在现实生活中存在着两个恶性循环：一是从资本供给方面看，国民收入低会导致储蓄少，储蓄少会导致资本匮乏，资本匮乏会导致生产率低，生产率低又导致收入少，从而形成一个恶性循环；二是从资本需求方面看，国民收入低导致购买力低，购买力低会导致投资不足，投资不足会导致生产率低，生产率低又导致收入低，从而形成另一个恶性循环。同时指出，这两个恶性循环是相互制约、相互叠加的，任何一个恶性循环都无法自行突破，转为良性循环，要想打破这两个贫困恶性循环，就必须在各个部门和各个企业之间谋求均衡增长，均衡增长就是要实现各部门的协调发展，即对发展薄弱和有关键作用的部门要多投资和多扶持。

（二）罗森斯坦—罗丹的"大推进"理论

"大推进"理论是关于发展中国家各工业部门必须同时均衡发展的一种理论。罗森斯坦—罗丹认为，发展中国家只有通过工业化才能摆脱贫困，要想实现工业化就必须对各个工业部门进行全面的、大规模的投资，因为，一方面只有扩大投资规模，才能取得规模经济效益；另一方面，经济中存在着三种不可分性：一是资本供给，特别是社会分摊资本供给的不可分性，尤其是基础设施建设投资，必须有一个最低限度的投资量才能建成。二是储蓄的不可分性，即只有收入水平达到一定程度后，储蓄才有可能大幅度提高，而收入的提高又依赖于投资的大幅度增加。三是需求的不可分性，为了形成广大的市场，只有在各个部门和各个行业同时进行大规模的必要的投资，才能形成彼此联系的广大国内市场。显然，"大推进"理论的结论是：对经济进行大规模的投资是至关重要的，应当按照同一投资率和增长率来全面发展工业，即为了实现投资的最优布局，需要把现有的资源均等地分配于所有的工业。

均衡发展理论强调地区间和产业间的关联互补性，主张在各地区和各产业之间均衡部署生产力，实现区域和产业的协调发展，缩小地区发展差距。但一般区域通常很难具备平衡发展的条件，因为欠发达地区不可能拥有推动所有产业同时发展的雄厚资金，如果将少量资金分散到所有产业，则区域内关键产业的投资很难得到保证，其效益就很难得到保障，其他产业也不可能发展起来。即便是发达区域，也需要优先保证具有比较优势的产业的投资，而不可能兼顾到各个产业。所以平衡发展理论在实际应用中缺乏可操作性。

二、非平衡发展理论

（一）佩鲁的"增长极"理论

增长极理论是 20 世纪 40 年代末 50 年代初西方经济学家关于一国经济平衡增长抑或不平衡增长大论战的产物，由法国经济学家佩鲁（Francois Perroux）在 1950 年首次提出，该理论被认为是西方区域经济学中经济区域观念的基石，是不平衡发展论的依据之一。增长极理论认为：一个国家要实现平衡发展只是一种理想，在现实中是不可能的，因为经济增长并不是在每个地区或部门都以同样的速度平衡进行的，而是在不同时期，增长的势头往往集中在某些主导部门和有创新能力的行业，而这些主导部门和行业一般聚集在某些大城市或地区，并在这些中心地带优先发展起来，这些大城市或地区便成为"增长极"，增长极能够产生吸引和辐射作用，从而促进自身并推动其他部门和地区的发展。因此，应选择特定的地理空间作为增长极，以带动经济发展。

该理论的主要观点是，区域经济的发展主要依靠条件较好的少数地区和少数产业带动，应把少数区位条件好的地区和少数条件好的产业培育成经济增长极。通过增长极的极化效应和扩散效应，影响和带动周边地区以及其他产业的发展。增长极的极化效应主要表现为人才、技术、资金等生产要素向极点集聚；扩散效应主要表现为生产要素向增长极以外的地区转移。在经济发展的初级阶段，极化效应是主要的，增长极发展到一定程度后，极化效应会受到削弱，扩散效应会得到加强。

增长极理论主张通过政府的作用来集中投资，加快若干条件较好的区域或产业的发展，进而带动周边地区或其他产业发展。同时指出，在落后地区培育增长极首先应该打破行政界限的分割，如果只在单一的行政区内考虑增长极的建立，一方面势必形成地方经济发展的割据状态，造成资源浪费、地方之间争夺资源，使资源不能实现最优配置，形成工业项目遍地开花、大而全、小而全的局面；另一方面破坏经济在空间中的联系，也就进一步削弱了市场在经济活动中的调节作用。但增长极理论忽略了在注重培育区域或产业增长极的过程中，也可能加大区域增长极与周边地区的贫富差距和产业增长极与其他产业的不配套，影响周边地区和其他产业的发展。这些观点对中部地区开放型经济的发展有很好的借鉴意义。

（二）缪达尔的"地理上的二元结构理论"与"循环累积因果理论"

纲纳·缪达尔（Karl Gunnar Myrdal）认为，发展中国家一般都存在着"地理上的二元经济结构"，即经济发达地区和不发达地区并存现象。1957年缪达尔在《经济理论与不发达地区》中提出了"循环累积因果理论"，用来说明发展中国家"地理上的二元经济结构"的消除。他指出，地理上二元经济结构之所以产生，是由于地区间经济发展差距，包括人均收入、工资水平差距的存在。这种差距会引起"累积性因果循环"，使发达地区越来越发达，对生产要素的吸引力越来越大，这两者又相互促进，螺旋式上升。与此同时，落后地区由于生产要素外流，也变得越来越落后，两者也相互促进，形成螺旋式下降，使落后地区与发达地区的差距越来越大。这种由于要素收益差距而引起的劳动力、资金、技术和资源等由落后地区流向发达地区的现象，就形成了"回波效应"，但回波效应并不是无限制地存在下去，当发达地区发展到一定程度时，由于人口稠密、交通拥挤、环境污染、资源短缺等问题出现，使生产成本上升，外部经济效益下降，从而又使资金、劳动力、技术等生产要素倒流向经济落后地区，这就是扩散效应（涓流效应），形成扩散效应时，发达地区就会逐渐带动落后地区的发展，从而使落后地区与发达地区的差距慢慢缩小，最终实现两者的均衡协调发展，二元经济结构自动消除。

区域经济能否得到协调发展，关键取决于两种效应孰强孰弱。在欠发达国家和地区经济发展的起飞阶段，由于回流效应都要大于扩散效应，造成区域经济难以协调发展。缪达尔等认为，要促进区域经济的协调发展，必须要有政府的有力干预。这一理论对于发展中国家解决地区经济发不平衡问题具有重要的指导作用。

（三）赫希曼的"不平衡增长"理论

艾伯特·赫希曼（A.O. Hirschman）在1985年出版的《经济发展战略》一书中提出了"不平衡增长"理论。赫希曼认为，发展道路是一条"不均衡的链条"，从主导部门通向其他部门。首先选择具有战略意义的产业部门投资，可以带动整个经济发展。对于社会基础设施或直接生产部门的投资，具有不同的作用。前者为后者创造了外部经济。在决策时，社会成本低、外部经济好的投资项目，应该优先选择；一般地说，政府应主动担负投资额大、建设周期长、对私人资本缺乏吸引力的社会基础设施的投资。不平衡增长论主张，集中有限的资金，扶持具有较强产业关联度的产业部门。例如，钢铁工业就是一个具有较大综合关联效应的应重点发展的产业，通过加快钢铁工业的发展，不仅可以带动与之前向关联的机械、电子产业，而且可以推动与之后向关联的矿山、交通、能源等产业的发展。

不平衡增长理论主张首先发展某一类或几类有带动作用的部门，通过这几类部门的发展，带动其他部门的发展。不平衡增长理论与平衡增长论的区别就在于其认为落后地区资本有限，不可能大规模地投向所有部门，而只能集中起来投入到几类有带动性的部门，这样可以更有效地解决资本不足问题。赫希曼指出，如果是政府投资，则应选择公共部门，特别是基础设施建设，造成良好的发展外部环境；如果是私人资本，则应投入到具有带动作用的制造业部门。

不平衡发展理论遵循了经济非均衡发展的规律，突出了重点产业和重点地区，有利于提高资源配置的效率。这个理论出来以后，被许多国家和地区所采纳，并在此基础上形成了一些新的区域发展理论。

（四）梯度转移理论

梯度转移理论是区域经济学的重要理论，也是最具有代表性的不平衡发展理论，该理论源于产品生命周期理论。产品生命周期理论认为工业各部门及各种工业产品，都处于生命周期的不同发展阶段，即经历创新、发展、成熟、衰退四个阶段。此后威尔斯和赫希哲等对该理论进行了验证，并作了充实和发展。区域经济学家将这一理论引入到区域经济学中，便产生了区域经济发展梯度理论。该理论认为，区域经济的发展取决于其产业结构的状况，而产业结构的状况又取决于地区经济部门，特别是其主导产业在工业生命周期中所处的阶段。如果其主导产业部门由处于创新阶段的专业部门所构成，则说明该区域具有发展潜力，因此将该区域列入高梯度区域。该理论认为，创新活动是决定区域发展梯度层次的决定性因素，而创新活动大都发生在高梯度地区。随着时间的推移及生命周期阶段的变化，生产活动逐渐从高梯度地区向低梯度地区转移，而这种梯度转移过程主要是通过多层次的城市系统扩展而来的。与梯度转移理论相类似的是日本学者小岛清提出的雁行模式，他将日本、亚洲"四小龙"、东盟、中国等国家和地区列为不同的发展梯度，并冠之以第一、第二、第三、第四批大雁等。

梯度转移理论主张发达地区应首先加快发展，然后通过产业和要素向较发达地区和欠发达地区转移，以带动整个经济的发展。在我国，"梯度转移"表现为随着先富起来的东部地区的经济结构升级，某些劳动密集的、消耗大量自然资源的、生产传统产品的产业（如制造业）转移到中、西部，甚至是按梯级顺序先转移到中部，再转移到西部。

三、非平衡协调发展理论

（一）点轴开发理论

点轴开发理论是增长极理论的延伸，是由增长极与生长轴相结合而成的一种新的区域不平衡发展理论，最初由波兰的萨伦巴和马利士提出，主张在经济发展过程中采取空间线性推进方式，是增长极理论聚点突破与梯度转移理论线性推进的完美结合。该理论认为，点和轴的结合是经济活动新的空间组织形式，其中"点"是指具有较强的创新能力和增长能力，能带动区域经济发展的各类区域增长极；"轴"是指连接各增长极的线状基础设施，包括水陆交通干线、动力供应线、水源供应线及其沿线地带。佩鲁把产业部门集中而优先增长的具有区位优势的少数点称为增长极，一个增长极一经形成，它就要吸纳周围的生产要素，使本身日益壮大，并使周围的区域成为极化区域。当这种极化作用达到一定程度，并且增长极已扩张到足够强大时，会沿"轴"的方向向外扩散，将生产要素扩散到周围的区域，从而带动周围区域的增长。增长极的形成关键取决于推动型产业的形成，推动型产业一般现在又称为主导产业，是一个区域内起方向性、支配性作用的产业。一旦地区的主导产业形成，源于产业之间的自然联系，必然会形成在主导产业周围的前向联系产业、后向联系产业和旁侧联系产业，从而形成乘数效应。

该理论十分重视地区发展的区位条件，强调交通条件对经济增长的作用，认为点轴开发对地区经济发展的推动作用要大于单纯的增长极开发，也更有利于区域经济的协调发展。改革开放以来，我国的生产力布局和区域经济开发基本上是按点轴开发的战略模式逐步展开的，以此形成"T"字形战略布局。

（二）网络开发理论

网络开发模式是强化网络和点轴系统的延伸，提高区域内各节点与腹地、腹地与腹地联系的广度和强度，促进区域一体化，特别是城乡一体化，是一种比较完备的区域空间组织模式，主要适用于经济发展水平处于工业化中后期的区域以及更发达的区域。该理论认为，在经济发展到一定阶段后，一个地区形成了增长极即各类中心城镇和发展轴，增长极和发展轴的影响范围不断扩大，在较大的区域内已经形成了商品、资金、技术、信息、劳动力等生产要素的流动网络及交通、通信网。区域产业布局根据区内城镇体系和交通通信网络系统逐次展开，把网络的中心城市和主要城市作为高层次的区域增长极，把网络中的主轴线作为一级轴线，布局和发展区域中高层次的产业。网络开发理论有利于缩小地区间发展差距，一方面要求对已有的传统产业进行改造、更新、扩散、转移，另一方面又要求全面开发新区，以达到经济布局的平衡。

网络开发理论宜在经济较发达地区应用，由于该理论注重于推进城乡一体化，因此它的应用，更有利于逐步缩小城乡差别，促进城乡经济协调发展。

（三）中心—外围理论

中心—外围理论，首先由劳尔·普雷维什于20世纪40年代提出，主要阐明的是发达国家与落后国家间的中心—外围不平等体系及其发展模式和政策主张。20世纪60年代，弗里德曼将中心—外围理论的概念引入区域经济学，他认为，任何国家的区域经济系统，都是由中心和外围两个子系统组成的，资源、技术、市场和环境等的区域分布差异是客观存在的，当某些区域聚集形成累积发展之势时，就会获得比其外围区域强大得多的经济竞争优势，形成区域经济体系的中心，外围（落后地区）相对于中心（发达地区），处于依附地位而缺乏经济自主，因此就形成了空间二元结构，并随时间推移而不断强化。不过，政府的作用和区际人口的迁移将影响要素的流向，并且随着市场的扩大、交通条件的改善和城市化进程的加快，中心与外围的界限将会逐步模糊并消失，空间经济逐渐向一体化方向发展。

这一理论对于促进区域经济协调发展具有重要的指导意义，即政府与市场在促进区域经济协调发展中的作用是缺一不可的，既要强化市场对资源配置的基础性作用，促进资源优化配置，又要充分发挥政府在弥补市场不足方面的作用，并大力改善交通条件，加快城市化进程，以促进区域经济的协调发展。

（四）城市圈域经济理论

第二次世界大战后，随着世界范围内城市化的快速推进，以大城市为中心的圈域经济发展成为各国经济发展中的主流。该理论认为，城市在区域经济发展中起着核心作用，区域经济的发展应以城市为中心、以圈域状的空间分布为特点，逐步向外发展。该理论把城市圈域分为三个部分：一是有一个首位度高的城市经济中心；二是有若干腹地或周边城镇；三是中心城市与腹地或周边城镇之间所形成的"极化—扩散"效应的内在经济联系网络。

城市圈域经济理论把城市化与工业化有机结合起来，意在推动经济发展在空间上的协调，对发展城市和农村经济、推动区域经济协调发展和城乡协调发展，都具有重要指导意义。

第二节　国际贸易与国际直接投资理论

一、国际贸易理论

国际贸易理论的发展经历了一个较长的不断完善的过程，从 18 世纪中叶的古典贸易理论，到 20 世纪初的新古典贸易理论，再到 20 世纪 70 年代末 80 年代初的"新贸易理论"，以及 20 世纪 80 年代后的竞争优势理论。本书认为，国际贸易理论实际上可分为两大类：一是比较优势理论，包括古典贸易理论、新古典贸易理论以及新贸易理论，古典贸易理论和新古典贸易理论是用来解释产业内贸易的，而新贸易理论是用来解释产业间贸易的，尽管两者分析的理论框架不同，解释的贸易现象不同，但都是从比较优势的角度来分析贸易产生的原因的，只是比较优势产生的原因和来源不同而已。二是竞争优势理论，主要是指由哈佛大学迈克尔·波特教授提出的竞争优势理论。

（一）比较优势贸易理论

1. 古典贸易理论

比较优势理论起源于18世纪的古典贸易理论，1776年英国古典经济学家亚当·斯密在《国民财富的性质和原因的研究》（即《国富论》）中提出了绝对优势理论。斯密认为国际贸易并非"零和博弈"，即贸易是互利的，并非损人利己的，国际分工和国内分工一样可以增加本国的财富，互惠贸易的基础是国与国之间在不同商品的生产上存在绝对成本差异。可以看出，亚当·斯密的贸易政策主张是自由贸易。绝对优势贸易理论有力地抨击了传统重商主义的谬论，结束了重商主义对于贸易学说的长期统治，其贡献和意义十分重大。但绝对成本优势贸易理论自身也存在着很大的局限性，它所主张的互惠贸易前提条件（要求各国都必须有自己的在生产成本上占据绝对优势的产业部门）过于苛刻，只能解释现实中的一部分国际贸易现象，而不能解释当一个国家在所有生产部门都处于绝对劣势的情况下，仍可以进行互惠贸易的现象。后来，大卫·李嘉图在劳动价值论的基础上进一步发展了斯密的贸易理论，提出了一个更为科学也更具一般性的相对成本优势贸易学说。

大卫·李嘉图（David Ricardo）在其1817年出版的《政治经济学及赋税原理》一书中，运用两国家、两产品的分析模型发展了斯密的绝对成本优势贸易理论，提出了决定国际贸易的基础是相对比较优势而不是绝对优势这一命题。该理论认为两国间开展国际分工和互惠贸易，只需两国各自在不同生产部门具有生产成本的相对优势就可以了，即相对比较优势贸易理论。实际上绝对优势贸易理论只是相对比较优势贸易理论的一种特例。该理论大大放宽了亚当·斯密绝对成本优势贸易理论关于开展国际分工和互惠贸易的前提条件，从而也更为科学和更具一般性，成为一个经典的贸易学说，为日后贸易理论的进一步深入研究奠定了一个科学的理论基础。

2. 新古典贸易理论

古典贸易理论假设只有劳动一种生产要素，并将国际贸易产生的原因归结为劳动生产率的绝对差异和相对差异，即认为劳动生产率的差异是造成生产成本差异的唯一源泉，忽视了其他生产要素的作用，因此，古典贸易理论无法用来分析两种及两种以上生产要素同时作用的情况。然而，在现实生活中，生产绝不是只靠一种生产要素进行的，尤其是在工业革命以后，社会生产中所使用的资本等要素起到越来越重要的作用，在这种情况下，经济理论也随之发展，产生了从机会成本、要素丰裕度和要素密集度等方面来解释国际贸易成因的要素禀赋理论

（H-O 理论），开创了国际贸易理论新古典分析的先河。

20 世纪 30 年代，瑞典经济学家伯尔蒂尔·俄林出版了《地区间贸易和国际贸易》一书，提出了生产要素禀赋理论，由于俄林在其著作中采用了他的老师埃利·赫克歇尔的主要论点，因此，生产要素禀赋理论也被称为赫克歇尔—俄林模型（H-O 理论）。赫克歇尔和俄林认为，两国同种产品的相对价格差异主要取决于两国要素禀赋的不同（要素丰裕度不同）。其推理的逻辑思路如下：商品的相对价格差异是产生国际贸易的直接原因，而商品相对价格差异是由生产成本的相对差异造成的，生产成本之所以存在差异是因为生产要素的相对价格不同，而生产要素的相对价格差异则是由于其要素禀赋不同造成的。H-O 理论基本观点和主要内容是：劳动丰裕国拥有生产劳动密集型产品的比较优势，应该生产并出口劳动密集型产品；资本丰裕国拥有生产资本密集型产品的比较优势，应该生产并出口资本密集型产品；两国分工生产和贸易，均可获得比封闭条件下更多的收益。

以李嘉图的比较优势理论为核心的古典贸易理论和以赫克歇尔—俄林的要素禀赋理论为核心的新古典贸易理论均采用的是比较成本理论的分析方法，因此，二者统称为传统比较优势理论。

3. 新贸易理论

传统比较优势国际贸易理论实际上是一种产业间贸易（Inter-Industry Trade）理论，它有效地解释了发达国家与发展中国家进行贸易活动和不同种类产品之间的交换。但是第二次世界大战之后，尤其是 20 世纪 60 年代以来，国际分工的广度和深度得到了空前的发展，国际贸易也出现了许多新的动向：发达国家之间的产业内贸易量大幅度增加，占全球贸易量的比重已达到 60% 以上。国际贸易领域的这些新动向对传统的国际贸易理论提出了挑战，许多经济学家从不同角度展开研究，他们打破传统贸易理论规模报酬不变和完全竞争市场的假定，以规模经济为基础，借助产业组织理论、市场结构理论、重叠需求理论以及市场营销理论等构筑了新的贸易模型，对现代国际贸易现象进行了解释。

新贸易理论主要包括规模经济理论、产品生命周期理论、收入偏好相似理论和战略性贸易政策理论。规模经济理论（Paul Krugman，1979）认为，由于规模经济的存在，通过国际分工和贸易，可以使生产成本降低，两国均能从进出口贸易中获利，由于贸易是互利的，从而实现出口的扩大。因此，规模经济也是比较优势的来源之一。产品生命周期理论（Venlon R.，1966）认为，在产品生命周期的各个阶段，由于产品生产中投入的要素数量比例不同，产品所属的类型不同，技术先进的程度不同，以及产品的价格不同，使得各种不同类型的国家在产品处于不同生命阶段时所具有的比较优势也不同，因此，各国在不同产品阶段在国际贸易中的分工也不同。该理论用动态分析的方法揭示了随着产品生命周期的不同阶段比较优势和贸易模式的形成与变化。收入偏好相似理论（Linder S.B.，1962）从需求角度分析了比较优势，认为人均收入水平相似可以被视为需求结构的指标，两国的人均收入水平越接近，重叠需求的范围就越大，有相同需求的产品就越可能成为贸易品，产业内贸易的可能性就越大，该理论有效地解释了发达国家之间产业内贸易（尤其是制成品贸易）的普遍性和贸易量的巨大性。战略性贸易政策理论（Brander，James and Barbara Spencer，1985）认为，在规模经济和不完全竞争条件下，一国政府可以借助研发补贴、生产补贴、出口补贴等政策手段，扶植本国战略性产业的增长，增强其国际竞争能力，带动相关产业发展，从而谋取规模经济之外的额外收益，并可抢占国际竞争对手的市场份额，转移其垄断利润，有利于提高自身的福利水平。

（二）竞争优势理论

传统的 H-O 理论基本上是一个静态的理论体系，缺乏动态的眼光分析各国资源禀赋和比较优势。为了克服传统国际贸易理论的缺陷，一些经济学家开始在H-O 理论的框架之外寻求新的贸易理论和贸易政策选择，目前在这方面最有影响的理论是国家竞争优势理论。

美国哈佛大学商学院教授迈克尔·波特（Michael Porter，1990）在其著作《国家竞争优势》中，在继承发展传统的比较优势理论的基础上提出了独树一帜的"国家竞争优势"理论，又称"国家竞争优势钻石理论"、"钻石理论"。国家竞争优势理论既是基于国家的理论，也是基于公司的理论。该理论着重讨论了特定国家的企业在国际竞争中赢得优势地位的各种条件。它给我们的启示是：在开放型经济背景下，一国产业结构状况并不是一成不变的，各国产业发展具有很强的能动性和可选择性，固有的比较优势不应成为谋求增强国际竞争优势的障碍。波特认为，一国的贸易优势并不像传统的国际贸易理论宣称的那样，简单地决定于一国的自然资源、劳动力、利率、汇率，而是在很大程度上取决于一国的产业创新和升级的能力。由于当代的国际竞争更多地依赖于知识的创造和吸收，竞争优势的形成和发展已经日益超出单个企业或行业的范围，成为一个经济体内部各种因素综合作用的结果，一国的价值观、文化、经济结构和历史都成为竞争优势产生的来源。

波特认为，企业可以将自己的竞争优势建立在两个不同的层次上：低层次的竞争优势是一种"低成本竞争优势"，而高层次的竞争优势则是一种"产品差异型竞争优势"。竞争优势主要来源于高层次的竞争优势,因为一国真正的竞争优势不是天然取得的,而是经过不断地、大量地投资、创新和升级所取得的高级要素(张金昌,2001)。为了创造高层次的竞争优势,企业唯一的选择是进行持续的投资和创新,因此,一个有利于企业的持续投资和创新的环境对企业创造高层次竞争优势来说是至关重要的条件。

在国家竞争优势理论中,"钻石模型"包括四种主要因素:①生产要素,又分为初级要素和高级要素两类,初级要素是指一个国家先天拥有的自然资源和地理位置等,高级要素则是指社会和个人通过投资和发展而创造的因素,一个国家若要取得竞争优势,高级要素远比初级要素重要。②需求因素,国内需求对竞争优势的影响主要是通过三个方面进行的:一是本国市场上有关产业的产品需求若大于海外市场,则拥有规模经济,有利于该国建立该产业的国际竞争优势;二是若本国市场消费者需求层次高,则对相关产业取得国际竞争优势有利;三是如果本国需求具有超前性,那么为它服务的本国厂商也就相应地走在了世界其他厂商的前面。③产业因素,即与企业有关联的产业和供应商的竞争力,一个企业的经营要通过合作、适时生产和信息交流与众多的相关企业和行业保持联系,并从中获得和保持竞争力,一个国家要想获得持久的竞争优势,就必须在国内获得在国际上有竞争力的供应商和相关产业的支持。④企业竞争,它们是指一国国内支配企业创建、组织和管理的条件。各类企业作为国民经济的细胞,有其不同的规模、组织形式、产权结构、竞争目标、管理模式等特征,这些特征的形成和企业国际竞争力的提高在很大程度上取决于企业所面临的各种外部环境。此外,国内市场的竞争程度,对该国产业取得国际竞争优势有重大影响。国内市场的高度竞争会迫使企业改进技术和进行创新,从而有利于该国国际竞争优势地位的确立。除上述四个因素外,一国的机遇和政府的作用,对形成该国的国际竞争地位也起辅助作用。机遇包括重要发明、技术突破、生产要素供求状况的重大变动(如石油危机)以及其他突发事件。政府因素是指政府通过政策调节来创造竞争优势。波特认为以上影响竞争的因素共同发生作用,促进或阻碍一个国家竞争优势的形成。

二、国际直接投资理论

第二次世界大战后,随着各国跨国公司对外直接投资的迅速发展,各种有关跨国公司的理论应运而生,这些理论大多沿着三个方面展开:一是跨国公司为什么要到国外投资,即对外投资的目的分析;二是跨国公司应具备什么条件才能在当地企业的竞争中取胜，即对外投资条件和能力分析；三是跨国公司在何处进行海外投资最为有利，即跨国公司的区位分析。以下是有关跨国公司的比较有影响的几种理论。国际直接投资理论对我国中部地区"引进来"和"走出去"都具有很强的借鉴和指导意义。

（一）垄断优势理论

垄断优势理论，又称特定优势理论，是美国经济学家斯蒂芬·海默（Hymer）于 1960 年在其博士论文《本国公司的国际性经营：一种对外直接投资的研究》中首先提出来的，是以市场结构的不完全性为依据来解释国际直接投资行为，后经其导师著名的国际经济学家查尔斯·金德尔伯格（Charles Kindleberger）进一步完善后，使之成为研究跨国公司与对外直接投资最早和最有影响力的理论，通常被人们称为海—金传统（Hymer-Kindleberger Tradition），即垄断优势理论。

在该理论中，海默明确指出跨国公司对外直接投资的根本原因是利用由于不完全竞争市场所产生的企业特定优势对海外业务进行控制，充分利用自己具备的垄断优势，消除跨国竞争和国外经营所面对的种种不利而使企业处于有利地位并凭借其拥有的垄断优势排斥东道国企业的竞争，维持垄断高价，获得丰厚的利润回报。跨国公司的垄断优势主要来自于对知识产权的占有、垄断以及跨国公司的规模经济优势。其中，知识产权的特点是生产成本很高但一旦拥有该知识产权，则再次实施该知识或技术所要付出的边际成本很小，而不拥有该产权的企业为获取该知识却要付出相当高的成本。这就使得跨国企业可以通过将知识产权保持在企业内部对外进行直接投资来获取更大的利益。而处于规模经济的跨国公司，更可以通过企业大规模的生产，使单位成本递减或收益递增，从而产生价格竞争优势，使企业获得垄断势力，企业于是倾向于进行对外直接投资。因此，垄断优势理论是以不完全竞争为基本假设前提、以垄断优势为中心的跨国公司对外直接投资理论。

垄断优势理论作为最早系统解释对外直接投资的理论，它突破了传统国际资本转移理论的束缚，指出对外直接投资是以不完全竞争为前提的，垄断优势在对外直接投资中起到非常重要的作用，奠定了当代跨国公司与对外直接投资理论研究的基础，并对以后的各种理论产生了深远的影响。但是，该理论无法解释为什么拥有垄断优势的企业不能通过出口或转让技术许可证来代替对外直接投资获取利益。也无法说明一些并不比发达国家有更强的垄断优势的发展中国家企业为什么也在进行对外直接投资，而且有日益增多的趋势等。

（二）内部化理论

内部化理论也称为市场内部化理论，该理论是在 1976 年，由英国学者巴克利（Peter J. Buckley）和卡森（Mark C. Casson）在合作出版的《跨国公司的未来》一书中提出，后经加拿大学者拉格曼（Alan M. Rugman）等西方学者对其做了进一步的发展。提出了建立在垄断优势理论和科斯的交易成本理论基础之上的跨国公司内部化理论，用于解释对外直接投资动机及其决定因素。

所谓内部化，是指由于市场不完全，造成了中间产品交易的低效率，为了提高交易效率而把市场建立在企业内部的过程，即以内部市场取代原来固定的外部市场，把本来应该在外部市场交易的业务转变为在公司所属企业之间进行。当这种内部化过程跨越了国界，就形成了跨国公司的对外直接投资。

根据内部化理论，企业通过对外直接投资形成内部市场，在全球范围内组织生产与协调分工，既避免了外部市场不完全对其经营产生的影响，又有效地防止了技术迅速扩散，保护企业的知识财富。在不确定性不断增加的外部市场环境下，内部交易可以根据企业根据自己的需要进行内部资金、产品和生产要素的调拨，从而保证效益最优化。因此，内部化理论依然沿用市场不完全的假设，从内部市场形成的角度阐述了对外直接投资理论，对跨国公司的内在形成机理有比较普遍的解释力，和其他理论相比属于一般理论，大大推进了对外直接投资理论的发展。然而，内部化理论的不足之处在于其忽略了对影响企业运作的各种外部因素的分析，对跨国公司的国际分工和生产缺乏总体认识。

（三）国际生产折衷理论

国际生产折衷理论又被称为国际生产综合理论，是由英国著名的跨国公司专家、里丁大学教授邓宁（J.H.Dunning）在 1977 年撰写的《经济活动的贸易区位与多国企业：一种折衷理论的探索》中提出，邓宁教授认为，过去的各种对外直接投资理论都只是从某个角度进行片面的解释，比如工业组织理论、厂商理论和金融理论，未能综合、全面地分析，因此，需要用一种折衷理论将有关理论综合起来解释企业对外直接投资的动机，即形成了国际生产折衷理论。该理论认为一个企业必须同时具备三个条件才能从事境外直接投资：所有权特定优势、内部化优势和区位特定优势。所有权特定优势又称垄断优势，是指一国企业拥有或能够获得的他国企业所没有或无法获得的特定优势，主要包括技术优势、企业规模优势、组织管理优势、金融和货币优势等，邓宁认为所有权特定优势只是企业对外直接投资的必要条件，即企业开展对外直接投资必然具备上述所有权特定优势，但具有这些优势并不一定会导致企业进行对外直接投资。内部化优势，是指拥有所有权特定优势的企业，为了避免外部市场不完全对企业所具有垄断优势的产品在转让中利益受损，而将企业优势保持在企业内部的能力。即指企业通过对外直接投资方式，把所有权优势经过内部市场转移给国外子公司，从而取得更多收益。但邓宁认为，内部化优势和所有权特定优势一样，也是企业对外直接投资的必要条件，但不是充分条件。区位特定优势，是指跨国企业在投资区位上所具有的选择优势，即某一国外市场的投资环境相对于企业所在国市场在市场环境方面对企业生产经营具有的优势条件。主要包括：东道国丰富的自然资源、广阔的商品销售市场、低廉的生产要素成本以及当地政府为了吸引外资而实施的优惠政策等。邓宁认为，区位特定优势是企业对外直接投资的充分条件。

当一个企业同时具备了所有权特定优势、内部化优势和区位特定优势时，企业就可以进行对外直接投资了。邓宁国际折衷理论借鉴和综合了以往海外直接投资理论的精华，较为全面地分析了企业发展境外直接投资的动因和决定因素。但是，其不足之处在于该理论将所有权、内部化、区位优势三种因素等量齐观，缺乏主次之分且无动态变化分析，这与形式多样、变化频繁的跨国投资实践是有较大差距的。另外，其理论也不适用于那些并不具备独占性技术优势的发展中国家企业的境外直接投资行为。

（四）边际产业扩张理论

20 世纪 60 年代，随着日本经济的高速发展，其国际地位日益提高，与美国、西欧共同构成国际直接投资的"大三角"格局。然而，根据美国跨国公司对外直接投资的资料而归纳出来的理论无法解释日本跨国公司的对外直接投资行为。于是，日本一桥大学教授小岛清（K.Kojima）根据日本国情，在 1987 年发表的著作《对外贸易论》中提出了他的对外直接投资理论——边际产业扩张理论。

小岛清通过分析美国和日本对外投资情况后认为，美国企业的对外直接投资是从本国具有比较优势的行业开始的，其目的是垄断东道国当地市场，通过在海外设立子公司而把生产基地转移到国外，减少了母公司的出口，对本国经济产生了不利影响，违背了比较优势，因此，属于"贸易替代型"对外直接投资，同时也不利于东道国经济的发展。而日本企业对外直接投资则是从不具有比较优势的所谓"边际产业"开始的，即日本跨国公司的对外直接投资大多集中于那些已失去或即将失去比较优势的传统工业部门，属于"贸易创造型"投资，这些传统行业虽然不具备垄断优势，但很容易在海外找到生产要素与技术水平相适应的投资地点，获得的收益远远高于在国内投资，而它们拥有的适用技术在东道国当地具有较强的吸纳性，有利于东道国建立比较优势产业，增加就业和出口，促进东道国经济发展。

因此，小岛清认为境外直接投资应该从本国（投资国）已经处于或即将处于比较劣势的产业（可称为边际产业）依次进行。这些边际产业正好也是投资东道国具有比较优势或潜在比较优势的产业。而且两国可以在对外直接投资及其引致的贸易中互补并获得更大的收益。

该理论否定了垄断优势因素在境外直接投资中的决定作用，强调运用与东道国生产力水平相适应的标准化技术，来拓展国外市场。应该肯定，小岛清的理论比较符合日本 20 世纪六七十年代发展境外直接投资的实践，反映了这个后起的经济大国寻找最佳对外发展途径的愿望。但是，该理论无法解释日本 20 世纪 80 年代以来，许多大型企业纷纷加入了境外直接投资行列，越来越与美国方式趋同的现象。此外，该理论仅以日本的境外直接投资为研究对象，不能盲目用于指导发展中国家对外直接投资的实践。

第三节　开放型经济发展理论

一、国际区域经济一体化理论

（一）区域经济一体化的提出

第二次世界大战后，以美、苏为首的超级大国经济发展水平遥遥领先，其他国家为了缩小发展差距，纷纷开始寻求经济发展之路。根据亚当·斯密的分工理论，生产要素与商品的自由流动和优化配置能够在一定范围内促进地区经济的快速发展，西方国家开始对区域经济合作进行研究以促进本国经济的发展。一些发达国家之间形成了生产交换分工、要素自由流动并具有协调机制的有机整体，即区域经济一体化的最初形式。20 世纪 50 年代，区域经济一体化发展达到了第一次高潮，学术界也对国际区域经济一体化展开了大量的研究。由于研究的重点不同，学界对国际区域经济一体化的界定存在不同程度的差异，至今尚无公认的、明确的定义。1954 年，丁伯根（Tinbergen）第一个提出了经济一体化的定义，并把经济一体化分为消极一体化和积极一体化，他认为消除歧视和管制制度，引入经济变量自由化是消极一体化；而运用强制的力量改造现状，建立新的自由化政策和制度为积极一体化。1961 年，美国经济学家巴拉萨（Balassa）发展了丁伯根的定义，将一体化定义为既是一种过程，又是一种状态，认为区域经济一体化就是指商品和要素的流动不受政府的任何歧视和限制。

（二）关税同盟理论

国际贸易是世界经济自由化的最初形式和基本形式，随着国家之间贸易壁垒的大幅度降低，区域经济一体化发展有了较好的基础。1950 年，美国经济学家雅各布·维纳（Jacob Viner）在《关税同盟问题》一书中首次提出了关税同盟理论，即完全取消各参与国间的关税，对来自非成员国或地区的进口设置统一的关税。随着国际区域经济一体化的发展，关税同盟理论成了区域经济一体化的核心理论。雅各布·维纳认为关税同盟会产生贸易创造和贸易转移的动态效应以及规模经济、竞争、投资等动态效应，并主要从生产的角度，运用定量分析方法证明了贸易创造会增加一体化成员国的福利，而贸易转移会造成福利的减少。由于不能满足福利的最大化，一些学者对区域经济一体化采用关税同盟的形式产生了相当大的怀疑，直到 20 世纪 70 年代中期，它都被视为次优政策。

（三）共同市场理论

区域经济一体化的另一个基本理论是自由贸易区理论，英国学者罗布森（Robson）对此进行了较为全面的研究，他认为可以通过消除区域内贸易壁垒来实现成员国之间的贸易自由化，而对外实行统一的关税和贸易政策是贸易自由区的基本形式。1956 年，斯巴克根据完全竞争市场下的规模经济理论提出了共同市场理论，它是比关税同盟更高一个层次的区域经济一体化集团。关税同盟理论和自由贸易区理论假设成员国之间的生产要素不能自由流动，而共同市场不仅通过关税同盟而形成的自由贸易化实现了产品市场的一体化，还克服了集团内要素自由流动的障碍，实现了要素市场的一体化。经济学家西托夫斯基（T. Scitovsky）和德纽（J.F. Deniau）提出的大市场理论从动态的角度发展了共同市场理论，其核心思想有两点：一是建立大市场可以获得规模经济，从而实现经济利益；二是市场扩大会使竞争激化，进而促成规模经济利益的实现。古典经济学派比较优势学说可以说明区域经济一体化的国家分工原理，但日本学者小岛清认为比较优势可能导致产业向某国积聚以及长期成本递增和规模经济报酬递减，由此提出了协议性国际分工理论。该理论认为通过协议性分工，两国各自生产不同的产品，可以扩大市场、增加产量、降低成本，但前提是两国工业化水平相当，要素比率差别不大。

（四）区域经济一体化理论的进一步发展

随着国际区域经济一体化的发展，一些学者运用经济学的理论及模型对区域经济一体化的相关理论进行了完善和发展。如引入制度经济学对区域经济一体化效应的分析，奥尔森和佐克豪斯（Olson and Zexhhauser）1966 年提出了国际贸易和货币同盟的制度可以被看成是一个俱乐部，通过这种体制，俱乐部的成员可以分享排他性的公共产品的利益。1982 年，富莱希尼和帕特森（Fratianni M. and J. Pattison）提出了一个俱乐部的模型，他认为每个俱乐部的成员都期待净收益最大化，这些净收益不同于单个收益，俱乐部的产出在不同的国际经济组织中是不同的。20 世纪 70 年代初，肖分和瓦尔利（Shoven Whalley）开始运用福利经济学对区域经济一体化进行分析，利用 CGE 模型（可计算一般均衡模型）分析了税收对美国和英国经济的影响。80 年代以后，一些学者开始研究区域经济一体化对成员国以及成员国相互之间经济增长的影响。如 Torstensson（1999）、Brada 和 Mendez（1988）、Landau（1995）、Vanhoudt（1999）、Brodzicki（2003）、Waltz（1997a，1997b，1998）、Matias（2003）通过对不同区域经济一体化组织的实证分析，对这一问题进行了深入探讨。Puga 和 Venables（1998）、刘力（1999）、刘静（2005）、赵楠（2003）等还研究了参与不同模式的区域经济一体化对于本国经济增长的影响。

二、开放型经济发展研究

（一）开放型经济的概念界定

1. 西方学者的观点

在西方经济学中所使用的是"开放经济"（Open Economy）二词，美国学者 D.格林沃尔德认为，开放经济是一个地区的贸易不受限制的经济，在开放经济中，任何经济主体可以和本地区之外的任何一个经济主体发生自由的业务关系和贸易关系。英国的戴维·W. 皮尔斯认为，开放经济是参与国际贸易的一种经济，其经济的开放程度大致等于其外贸部门占国内生产总值的比重。

西方经济学中的开放经济已经是一个规范的概念，从定义来看，西方的开放经济的内涵包括三个层次：一是参与国际贸易的经济；二是国际贸易不受限制的经济；三是国际贸易和国际金融经济。西方开放经济的三层含义是开放经济初步的外在特征，完善的开放经济是生产、交换、分配、消费国际化的经济。

2. 国内学者的观点

对于开放型经济，国内学术界的主要观点有：

第一种观点：杨圣明（2000）从使用外资方面认为，开放型经济就是通过放宽贸易和利用外资，引进技术，大力发展面向国际市场的产业，以出口贸易带动企业和国民经济的技术改造，加速产业结构、产品结构优化升级，提升产品的国际竞争力，促进社会主义现代化建设。

第二种观点：张吉昌（2003）从生产要素和商品在不同空间上流动的角度认为，开放型经济就是劳动力、资本、技术、商品等能够自由地跨越边境流动，按照市场规律在全球范围内（包括国内）实现资源优化配置的一种经济模式。

第三种观点：曾志兰（2003）从经济制度的层面认为，开放型经济是开放程度较高的经济体系、运行机制和法律制度，开放型经济具有经济制度的性质，市场经济较为发达国家实行的都是开放型经济。

第四种观点：刘新智、刘志彬（2008）从经济形态角度认为，开放型经济是与封闭型经济相对应的一种经济形态，强调整体性的开放，并具有显著的发展效果，即在开放经济的基础上，充分运用市场规律，形成科学的发展战略，开放与发展相协调，形成有效的内部运行机制和较强的自主创新与自我发展能力。

以上几种观点从不同侧面或层次揭示了开放型经济的一些内容和特征，但尚不清晰和全面，其大多是从开放经济的角度来进行分析的。

3. 开放型经济与其他相关概念的区别

（1）开放型经济与封闭经济的区别。开放型经济在经济学上是明确与封闭经济相对照的概念。封闭经济是这样一种经济形态：一国或地区的经济活动，包括生产、流通、分配和消费，基本上都是在一国或地区范围内进行的，它强调对本国或地区以外的区域实行闭关锁国，是一种典型的内向型经济。而开放型经济强调一国或地区的经济活动、生产要素、产品要素等要与区域外经济发生联系，强调在世界范围内优化资源配置，积极参与国际分工和国际竞争与合作。

（2）开放型经济与外向型经济的区别。很多学者认为开放型经济就是外向型经济，显然这种认识是不全面和不准确的。外向型经济主要以出口导向作为经济发展的策略，以出口为龙头来带动一国或地区的经济增长，对多数国家来说，一般是指用制成品来替代初级产品作为主要出口产品，提高本国工业的国际竞争力，推动工业化和现代化。而开放型经济的内涵相比于外向型经济则更为丰富，它不仅强调出口，并且强调进出口并重，同时更加强调生产要素、产品要素在国际间的双向流动，认为只有通过在国际或地区间进行充分的竞争与合作才能实现经济的快速发展。

4. 本书关于开放型经济的界定

根据目前学术界关于开放型经济概念的分析，本书认为开放型经济是指在经济社会各个领域全面开放的基础上，通过一定的制度安排，形成的高效的经济运行机制，最终表现为一种经济形态。这一概念包含以下三个方面的含义：

（1）开放型经济建立在开放基础上，并且强调全面的开放。开放型经济是建立在开放经济基础上的，是开放度较高的经济。开放型经济不仅要求扩大经济贸易方面的双向往来，还要求在社会、文化等多方面加大对外交流与合作，即开放型经济是开放度较深、开放面较宽的双向开放经济。从表现形态上看，外向型经济只是开放型经济的初级形态，并不是最终的开放型经济。

（2）开放型经济的建立中，制度安排至关重要。一方面，包括取消对商品、资本、人员等双向流动的人为障碍，从而有利于生产要素的内外双向流动，有利于国内国外两个市场、两种资源的优化配置。另一方面，包括积极构建有利于生产要素和商品双向流动的各种政策和制度，促进商品和要素的优化配置。

（3）开放型经济是一种高效的经济运行机制，强调最终效果。构建开放型经济的目的是促进经济快速、协调发展，即在经济社会各领域全面开放的基础上，通过一定的制度安排，在尽可能短的时间内实现经济的又好又快发展，缩短与其他地区的发展差距，同时开放型经济还要求经济系统具有较强的自我发展能力。

（二）开放型经济其他方面的研究

1. 影响因素方面

董寿昆（1989）分析了经济体制因素对我国开放型经济发展的影响，研究表明封闭的经济体制与对外开放存在着尖锐的矛盾，经济体制改革必须同对外开放政策有机地结合起来，新的经济体制必须是一种既能适应世界经济和世界市场的发展变化，又能应对世界经济过度冲击的新的开放型经济体制；魏巍贤（1999）和范柏乃、王益兵（2004）等研究了对外贸易对我国经济增长的影响；陈浪南、陈景煌（2002）和沈坤荣、耿强（2001）等研究了外商直接投资对我国经济的影响，认为对外贸易和引进外商直接投资对我国开放型经济发展具有重要的贡献；邱立成、于李娜（2005）和吉宏、张运平（2008）等研究了对外投资和建立跨国公司对我国未来经济发展、体制改革和对外开放的重要意义；陈铁军（2008）分析了政策因素对我国开放型经济发展的影响，认为近30年我国经济持续快速发展同坚定不移地贯彻对外开放政策密切相关，对外开放的政策有力地促进了我国开放型经济的发展。

2. 发展阶段方面

兰宜生（2004）按发展的时间段，认为我国开放型经济的发展大体上经历了三个阶段：第一阶段（1979~1984 年）为对外开放的起步阶段，以建立深圳、珠海等经济特区为典型标志，拉开了对外开放的序幕。第二阶段（1984~1992 年）为对外开放的不断扩大阶段，以"沿海 14 个开放城市"、"经济技术开发区"、"沿海经济开放区"和"开发开放上海浦东"等为标志，我国的对外开放不断扩大。第三阶段（1992~2001 年）为对外开放的全面铺开阶段，以沿边开放城市、沿江开放城市、内陆开放城市为标志，对外开放在全国范围内全面铺开，初步形成了建设开放型经济的基本格局，目前处于对外开放的全面铺开阶段。张幼文（2001）指出按照经济发展规律和世界其他国家发展的经验，我国开放型经济按照发展水平将要经历规模扩张、结构提升及要素优化三个阶段，目前正处于结构提升阶段。

3. 发展战略方面

郝思军、杭许辉（2007）通过对我国东部沿海地区以及沿江地区的研究，认为我国实施大口岸、大经贸战略是开放型经济能够快速发展的重要战略；廖晓淇（2008）认为鉴于我国已经开始出现资本剩余，必须拓宽外商投资新领域，不断提高利用外资的质量和效益。

4. 发展模式方面

目前，比较突出的模式主要有：宁波模式、浦东模式、厦门模式、东莞模式、温州模式、苏州模式等。这些模式按其发展的动力可以归纳为：①"引进来"型发展模式。以苏州和浦东为代表，通过政府引导、优惠的税收政策、良好的投资环境引进世界大型跨国公司和高新技术企业来该地区投资，充分利用国外的资金来发展本地的经济。②"走出去"型发展模式。以温州为代表，这种模式是通过充分发挥该地区的市场机制、原始资本的积累等优势，以及特殊的区位优势，以出口为导向，促使外贸快速发展，以向境外投资带动出口，积极开拓国际市场，促进该地区的商品出口和经济快速发展。③"引进来"+"走出去"型发展模式。"内引"和"外输"是开放型经济的两个重要方面，开放型经济是外向型经济发展的高级阶段，它既强调"内聚"，又强调"外散"。因此，"引进来"+"走出去"型发展模式也是开放型经济发展的一个重要模式，即在强调引进域外资源要素（资金、技术、人才等）的同时，根据自身的比较优势大力培育一批有实力的本土跨国公司"走出去"，积极开拓国外市场，以此促进地区经济的更好更快发展。

5. 发展水平测度方法方面

杨波（2004）用指标集成的综合指数法以及聚类分析方法对山东省的开放型

经济水平进行了综合评价；谢守红（2003）通过洛伦兹曲线用基尼系数分析认为广东开放型经济发展存在较大的地域差异；傅钧文等（2005）建立风险评估模型对上海开放型经济发展进行了评估。

三、国内外研究述评

无论是国外还是国内的研究，都有许多可资借鉴的地方。国外研究所形成的经济地理学、区域经济学等理论构成研究这一问题的理论基石。当前国内学者对开放型经济的研究主要集中在东部沿海地区和少数沿边地区，对中西部地区的研究较少。另外，区域间联动发展开放型经济方面的研究也较少，地域相连、文化相近或者优势互补的地区，如果能在多层次内部合作的基础上，实施区域经济一体化发展，就能避免内耗，实现协同发展。总的来说，目前缺少对内陆省份开放型经济发展的系统性研究，本书将以中部六省（河南、山西、江西、安徽、湖南和湖北）开放型经济发展为例，从对内开放、对外开放以及对内对外开放协调发展的制度创新角度研究开放型经济发展的指标评价体系、制度创新、发展战略、提升路径以及引进外资和扩大对外贸易等问题。

本章小结

本章主要从区域经济发展理论、国际贸易理论、国际直接投资和开放型经济发展理论分析了中部地区开放型经济发展的理论基础。分析认为，区域经济发展理论包括平衡增长理论、非平衡增长理论和非平衡协调发展理论，这些理论都有利于指导中部地区的经济增长和协调发展；国际贸易理论主要包括比较优势理论和竞争优势理论，比较优势理论是竞争优势理论的基础，而竞争优势理论是比较优势理论的整合与发展，源于国际贸易理论的比较优势战略和竞争优势战略对中部地区的对外贸易发展有较强的借鉴作用；垄断优势理论、内部化理论、边际产业扩张理论和国际生产折衷理论构成了较为完整的国际直接投资理论体系，源于国际直接投资各个理论的外商直接投资吸收能力理论对中部地区利用外商直接投资和对外进行直接投资都非常富有启示意义；区域经济一体化理论对指导中部地区经济一体化发展和国际化都有很好的借鉴意义。

第三章　中部地区开放型经济发展现状及存在的问题

自 2006 年国家实施中部崛起战略以来，中部地区利用自身的比较优势，以中心城市和城市群为依托，以各类开发区为平台，抢抓机遇、开拓进取，不断扩大对外开放、加强区域合作，对内对外开放不断走向深入，全方位开放格局初步形成。但仍存在对外开放程度不高、对外经济结构不合理以及区域合作与一体化发展不足等问题。

第一节　中部地区开放型经济发展的现状

一、对外贸易发展迅速，贸易结构不断优化

自 2006 年以来，中部六省积极实施开放带动战略，加强出口基地建设，培育了一大批出口龙头和骨干企业，如富士康落户山西、河南和湖北，进出口贸易取得了较快发展。中部六省贸易总额从 2006 年的 540 亿美元增加到 2012 年的 1934 亿美元，增长了 2.6 倍，年均增长超过了 20%；进出口总额占全国比重也从 2006 年的 3.1% 上升到 2012 年的 5%。特别是 2011 年以来，面对严峻的国际环境，中部地区对外贸易依然保持较高增长率，进出口总额占全国的比重连续两年超过东北地区，改变了长期垫底的状态。同时，进出口商品结构也不断优化，中部六省高新产品进出口额占全部进出口额的比重由 2005 年的 6.95% 上升到 2012 年的 26.42%，而同期全国的平均比重由 29.25% 下降到 2012 年的 28.65%，占全国高新产品进出口额的比重由 2005 年的 0.69% 上升到 2012 年的 4.61%。

二、外商直接投资增加迅速，投资结构不断优化

外商直接投资已经成为中部六省经济平稳较快增长的重要"推进器"，实际使用外商直接投资额从 2006 年的 116 亿美元增加到 2012 年的 430.3 亿美元，增长了 2.7 倍，占全国的比重从 18.3% 增加到 38.5%。截至 2012 年年底，中部六省累计设立外商投资企业已突破 4 万家，大型跨国公司进入中部六省的数量明显增多，许多还建立了生产基地或研发营运机构。外资投向发生明显改变，投资结构进一步优化，由原来主要集中在房地产和商贸领域，逐步转向旅游开发、研发中心、金融、服务外包等现代服务业领域。

三、对外经济合作步伐不断加快

近年来，中部地区对外承包工程、劳务合作和直接投资取得了较快发展，对外经济合作领域和范围也不断扩展。2012 年，中部六省非金融类企业对外直接投资达到了 33.2 亿美元，对外承包工程新签合同金额为 147.5 亿美元，营业额为 136.8 亿美元，对外劳务派出 4.3 万人，累计在外劳务人员近 18 万人。对外投资领域也日益多元化，从过去以贸易服务和小型加工为主，逐步扩大到能源矿产资源开发、家电轻纺等加工制造业、基础设施和高新技术产业等领域。企业跨国并购和境外投资合作成为新亮点，其中，湖南省 2012 年对外直接投资额为 99499 万美元，居中部六省第 1 位，全国第 10 位。

四、国内区域合作日益深化

一是中部地区与东西部地区的合作不断深化。安徽省积极融入长三角，承接产业转移取得积极成效，2010~2012 年累计引进亿元以上省外境内资金 8369 亿元，年均增长 36.5%；湖南、江西不断深化与珠三角、长三角和海峡西岸经济区的合作，山西努力向环渤海地区靠拢，湖北加快与沿长江地区的经济合作与交流，河南以中原经济区建设为契机加强与山东、河北等省合作，中部六省还通过各种平台和载体开展与西部地区的交流合作。

二是中部六省之间的合作进一步深化，建立了政府间主要负责人定期会晤机制，签订了质量监督、人才合作、旅游合作、农产品流通、大通关合作等多方面的合作协议，特别是地处长江流域的湖北、湖南、江西、安徽四省共同打造长江中游城市群，在深化区域合作、推动一体化发展方面迈出了新的步伐。

第二节 存在的问题

一、外向型经济水平偏低

2012 年中部六省进出口总额占全国的比重只有 5%，外贸依存度也只有 10.5%，远远低于全国的 47.05%，仍存在着规模小、层次较低、对经济增长贡献率低等问题。受地理位置、思想认识、体制机制等因素的制约，中部地区对外开放度仍然相对较低，不仅远远低于东部沿海地区，而且与西部地区相比也没有优势。

二、对外经济结构不合理

从出口产品构成来看，中部地区出口商品主要为资源密集型、劳动密集型产品以及一般的机电产品，高技术产品所占比例仍低于全国的平均水平，高附加值产品少，利润空间较小，在国际贸易壁垒和摩擦日益增多、国内资源价格持续上涨的多重压力下，出口企业经营困难。从投资结构来看，中部六省外商直接投资中第三产业比重较低，第二产业比重偏高，2012 年中部各省第二产业比重均超过了 70%，而全国的平均水平为 48%，第三产业比重均低于 30%，而全国的平均水平为 50%，即现代农业、现代服务业等利用外资不够。同时中部地区项目质量有待优化和提高，对地区产业结构升级、主导产业拉动作用强的大项目不多。

三、"走出去"能力有待提高

中部地区企业与东部沿海地区相比在整体实力和竞争力上都不占优势，品牌建设和海外市场开拓力度不足，缺乏海外投资经营的经验和人才，企业抗风险能力弱，长期在低水平上参与国际竞争。2011~2012 年中部地区对外承包工程完成营业额只占全国的 20%，对外投资产业多数集中在建筑工程类，市场多集中在经济欠发达国家。对外劳务合作结构性矛盾突出，存在市场结构单一、劳务结构不合理、经营秩序有待规范等问题。

四、区域合作体制机制不健全

中部地区目前正处于体制转型和新型工业化、新型城市化发展过程中，虽然过去在体制、政策和观念上的劣势正在逐步改变，投资环境不断得到优化，但中部地区对内对外开放的体制机制还不完善。中部各省市之间为实现率先崛起，相互之间在政策上竞相博弈，在招商引资政策上恶性竞争。基于地方自身利益形成的保护主义还较严重，行政垄断与地区封锁在一定程度上仍然存在，市场体系不完备、市场中介组织不发达、市场法规不健全，公平透明规范的管理体制和营商环境还没有真正形成，省际间合作还不够紧密，缺乏有力的协调机制和工作机制，向心力不足，区域一体化程度不高，与东部、西部地区的合作也有待进一步加强。

本章小结

中部地区开放型经济发展的现状研究表明，自 2006 年以来，对外贸易发展迅速，贸易结构不断优化；外商直接投资增加迅速，投资结构不断优化；对外经济合作步伐不断加快；国内区域合作日益深化。

中部地区开放型经济存在的问题主要有：外向型经济水平偏低；对外经济结构不合理；"走出去"能力有待提高；区域合作机制不健全等。

第四章　中部地区开放型经济发展水平的测度

本章首先构建了测量地区开放型经济发展水平的指标评价体系，评价体系分为开放程度、开放结构和开放效益 3 个层面共 24 项具体评价指标，然后用熵值法计算了 31 个省市开放型经济发展水平的综合得分，对比分析了中部六省开放型经济发展水平在全国的位次及差距。

第一节　地区开放型经济发展水平的指标评价体系

一、我国开放型经济的发展历程及方向

（一）我国开放型经济的发展历程

改革开放以来，我国开放型经济发展经历了以下四个阶段。第一个阶段是沿海经济特区阶段（起步阶段）。1980 年，设立了深圳、珠海、汕头、厦门 4 个经济特区；1988 年，设立海南省，划定海南岛为海南经济特区。第二个阶段是沿海经济开放区阶段。1984 年，天津、上海、大连、秦皇岛、青岛、烟台、连云港、南通、温州、宁波、福州、广州、湛江和北海 14 个城市成为沿海开放城市；1985 年，珠江三角洲、长江三角洲和闽南厦门、漳州、泉州三角地区成为首批沿海经济开放区；1988 年，辽东半岛、环渤海地区、山东半岛的一些市、县也相继成为沿海经济开放区。沿海开放由点到面开始全面铺开。第三个阶段是以上海浦东新区开发开放为代表的沿江和内陆重点城市开放阶段。1990 年，上海浦东新区开发开放。之后，又进一步对外开放了重庆、岳阳、九江、武汉、芜湖 5 个长江沿岸城市和哈尔滨、长春、呼和浩特、乌鲁木齐、南宁、昆明、石家庄、太原、郑州、合肥、南昌、长沙、贵阳、成都、西安、西宁、兰州、银川 18 个

内陆省会城市。至此，我国的对外开放由沿海扩展到内陆广大地区。第四个阶段是 2000 年至今，伴随我国加入世界贸易组织、西部大开发、东北振兴和中部崛起，以大范围、大幅度降低关税及市场准入门槛，积极融入世界经济为标志，全方位、全国性的对外开放格局基本形成。当前，我国的开放型经济发展已进入由粗放型、规模型向质量型、效益型转变，由以"引进来"为主向"引进来"和"走出去"全面协调发展转变，由国际贸易和利用外资大国走向国际经济贸易强国的新阶段。

（二）我国开放型经济的发展方向

开放型经济是一种经济体制模式，表现为本国参与生产和交换的国际分工程度较高，能够把国内市场和国际市场紧密联系起来，并能充分发挥本国经济的比较优势。在开放型经济中，商品、服务、资本与技术等能够比较自由地在各国与地区之间流动，能够比较充分地实现国内外资源的最优配置，取得较高的经济效率。开放型经济体系表明了经济发展的要素之间、要素与外部环境之间是互相联系、互相制约的整体，因此，建立和完善开放型经济体系是一个系统工程。中共十八大报告进一步明确了我国开放型经济的发展方向，就是要实现"互利共赢、多元平衡、安全高效"。首先，互利共赢，就是指在着眼于自身利益的同时，尊重和支持对方利益，最大限度地寻找利益交汇点，既要努力争取我国正当的经济贸易权利，又要妥善处理我国与其他国家或地区间的经济贸易利益关系，实现互利共赢，这是我国构建开放型经济体系的根本目标。其次，多元平衡，就是指在对外开放中要坚持统筹协调，注重良性互动，实现多元发展、平衡发展。不仅要重视出口市场多元化，也要强调进口市场多元化；不仅要提升制造业开放层次，而且要重视扩大第三产业的开放；在注重引资来源多元化的同时，还要强调"走出去"的市场多元化；在提升沿海开放水平的同时，也要加快内陆地区的开放。多元平衡是开放型经济体系的内在特征。最后，安全高效，就是指在对外开放中要培育开放型经济发展的优势，在提高经济效益的同时，有效防范风险，保障经济安全，这是构建开放型经济体系的根本要求。

二、内陆开放型经济的内涵

（一）内陆开放型经济的内涵

对于任何一个经济体来说，没有欠发达地区的开放与发展就不是完整的有持续发展潜力的开放型经济。完整的开放型经济包括开放与发展双重内涵，我国一些地区提出的建设内陆开放型经济，就是以经济全球化为背景，以全国统一市场为基础，通过持续深化对内对外开放，充分利用国际国内两种资源、两个市场，在全球范围内优化资源配置，不断深化国际分工与合作的开放发展战略。这一界定体现了以下内涵：

第一，内陆开放型经济是内陆欠发达地区通过全面开放促进自身发展的战略思维。它强调内陆地区开放发展道路是把经济发展纳入全球化和国际化视野当中，加强与外部的战略协调，实现要素在全球范围的最优配置。

第二，内陆开放型经济是建立在市场化基础上的制度性开放发展战略。内陆地区既向国际开放，也向东部地区及内陆其他地区相互开放；既重视实体领域的开放，也重视思想观念的开放，是规则对接、经济运行机制统一的制度开放。

第三，内陆开放型经济是区域协调发展的国家战略。与东部"出口导向型战略"和内陆地区政府主导下的政策性开放相比，内陆开放型经济则把区域性、政策性开放转变为全方位开放和制度性开放，是政府引导与市场推动相结合、不断拓展外部空间的科学发展之路。

总之，发展内陆开放型经济的目的是深入发掘内陆地区的比较优势，通过市场一体化进程，逐步融入国家经济一体化和全球化，建立内外对接、内部整合的经济运行机制和区际协调机制。

（二）内陆开放型经济与沿海开放型经济内涵的区别

内陆开放型经济是近几年才提出的新概念，是相对于沿海城市的对外开放经济而言的。但其内涵却不仅仅限于地理区域上的区别，内陆开放型经济不仅强调对外开放，更注重对内的开放，以形成内外联动的开放态势。内陆开放型经济要求必须统筹国内发展和对外开放，统筹两种资源和两个市场，统筹国内产业发展和国际产业分工，运用我国内陆地区综合优势，拓展更加广阔的市场空间，提供持久可靠的资源保障；强调充分利用国外资源的同时，更加重视利用沿海地区的资金、技术和人才。内陆开放型经济主要是指通过承接国际和沿海发达地区的产业与贸易转移来实现资源的优化配置，从而借助外力实现广大内陆地区，尤其是内陆欠发达地区跨越式发展的市场经济体制。因此，内陆开放型经济必须统筹内外贸政策，将内贸延伸到国际市场，把外经贸深入到国内产业和国内市场，推动"引进来"和"走出去"更好地结合；必须把对外开放同转变经济发展方式结合起来，尤其要在需求结构上实现由主要依靠投资、出口拉动向依靠消费、投资、出口协调拉动转变。现阶段内陆地区扩大开放的重点不仅仅是扩大对外开放，更应该关注对内开放，实现内外公平和非歧视性开放，逐步消除地方保护主义，把市场竞争激励作为促进经济发展、产业升级和贸易结构转换的动力，并提升内陆地区参与经济全球化的能力，建立与国内和国外经济互动的协调机制。

三、地区开放型经济发展水平评价指标体系构建的原则

全面性原则。开放型经济所涉及的经济活动范围广、层次多、领域宽，因此在进行指标体系设计时必须综合考虑，以较少的指标，全面、系统地反映地区开放型经济的实际情况。

适用性原则。指标的设计必须与实际情况相结合，不能一味地照搬现有的指标，使之能准确地衡量开放型经济水平。

一致性原则。在指标的设计和计算过程中，必须考虑相关数据的可比性和统计范围的一致性。

可操作性原则。指标体系的设计必须具有可操作性，不能仅停留在理论的层面上，要便于数据的收集和计算。

可比性原则。即：每一个指标都能测度开放型经济实现程度的某一个侧面，并且能够在各个地区之间进行横向对比。

动态性原则。即：开放型经济发展水平的指标体系要能反映开放型经济发展的最新要求和特征。

四、地区开放型经济发展水平评价指标设置及解释

随着经济的发展和研究的不断深入，学者们提出的衡量开放型经济发展水平的评价指标也在不断发展和丰富，指标设置从一个或几个指标发展到构建评价指标体系。许多学者从不同维度设计指标评价体系反映开放型经济发展水平，综合评定一国或地区经济开放程度，如 Sachs Jeffrey 等、Sebastian Edwards、北京市统计局、肖俊夫等及陈子曦的研究。由于研究目标及经济发展阶段的限制，指标选取的侧重点与指标设置也有很大不同，现有的评价指标体系中多偏重数量型开放指标，很少涉及开放的质量与效益类的指标，本研究将在此方面进行补充与创新。

（一）指标评价体系的设置

本研究遵循全面性、适用性、一致性、可操作性、可比性以及动态性等原则，从开放型经济的内涵出发，构建区域开放型经济发展水平的评价指标体系，主要包括开放程度、开放质量和开放效益 3 个方面，下设 24 个二级指标（见表4-1）。与已有大多学者指标评价体系的设置不同，这里没有将开放基础方面的因素包括进去，因为开放基础方面的因素，包括地区经济实力、经济结构、创新能

力、市场化程度和政府职能转变等，是用来说明地区自身经济条件在促进开放型经济发展中的重要作用的，或者说这些因素仅仅是促进开放型经济发展的原因，并不表明地区开放型经济发展水平的高低，这里指标设置重在考察国内各地区开放型经济发展水平。指标的选取在前人研究的基础上，加入了地区对内开放、开放质量与开放效益的各项指标，使区域开放型经济发展水平评价指标体系更加科学、合理和完善。

表 4–1　地区性开放型经济水平的评价指标体系

一级指标	二级指标	指标内容
开放程度（A）	外贸依存度（A_1）	对外贸易总额/地区 GDP
	外资依存度（A_2）	地区引进外商直接投资额/地区 GDP
	对外直接投资开放度（A_3）	对外直接投资额/地区 GDP
	对外经济合作度（A_4）	（对外劳务合作+对外工程承包）合同金额/地区 GDP
	对外技术依存度（A_5）	省域技术引进合同金额/地区 GDP
	国际旅游依存度（A_6）	国际旅游收入/地区 GDP
	内资依存度（A_7）	全社会固定资产投资中利用内资总额/地区全社会固定资产投资额
	内贸依存度（A_8）	社会消费品零售总额/地区 GDP
	国内技术依存度（A_9）	地区技术成交额/地区 GDP
	国内旅游依存度（A_{10}）	国内旅游收入/地区 GDP
	非国有经济比率（A_{11}）	城镇非国有单位工资额/城镇从业人员工资总额
	城镇化率（A_{12}）	城镇人口/地区总人口
开放结构（B）	机电产品出口比重（B_1）	机电产品出口额/地区出口总额
	高新技术产品出口比重（B_2）	高新技术产品出口额/地区出口总额
	外资企业出口比重（B_3）	外资企业出口额/地区出口总额
	服务业外商直接投资比重（B_4）	服务业引进外商直接投资额/总引进外商直接投资额
	对外直接投资比重（B_5）	对外直接投资额/（引进外商直接投资额+对外直接投资额）
开放效益（C）	外资企业经济贡献度（C_1）	外资企业主营业务收入/工业企业主营业务收入
	外资企业税收贡献度（C_2）	外资企业所纳税款/地区总税收收入
	外资企业就业贡献度（C_3）	外资企业就业人数/地区总就业人数
	外资企业利润贡献度（C_4）	外资企业利润总额/全部工业企业利润总额
	外资企业投入产出率（C_5）	外商投资企业主营业务收入/企业平均人数
	外贸经济贡献度（C_6）	外商企业净出口额/地区总净出口额
	外贸技术贡献度（C_7）	高新技术产品进口额/地区进口总额

（二）指标的解释

1. 开放程度指标

开放程度指标（A）反映区域开放型经济发展的广度与深度，分对内开放和对外开放两大部分。

（1）对外开放方面的指标。在我国，省域作为地方性行政单元，在对外开放（国际开放）政策的制定上缺乏充分的自主权，特别是在金融、汇率、证券、保险、电信等领域的开放上受到更大的约束，因此，适合于测量国家经济对外开放度的指标并不能完全适用于测量省域经济的开放程度。借鉴学术界已有的研究成果，结合省域经济对外开放的具体实践和特点，选择以下 6 个指标构成省域经济对外开放程度测量指标体系。

外贸依存度（A_1），用对外贸易总额占地区 GDP 的比重表示，反映对外贸易活动对一个地区经济增长的影响程度。

外资依存度（A_2），用地区引进外商直接投资额占该地区 GDP 的比重表示，反映一个地区国内生产总值构成对外来资本的依赖程度。

对外直接投资开放度（A_3），用对外直接投资额在地区 GDP 中所占的比重来表示，与外资依存度共同体现一个地区的国际投资开放程度。

对外经济合作度（A_4），对外经济合作是资本、资本品、技术、劳务和管理等一揽子输出的载体，既有货物贸易，又有服务贸易；既有技术贸易，又有劳务合作。目前我国的对外经济合作统计数据中包括对外工程承包、劳务合作及设计咨询等内容，考虑到数据的可获得性，对外经济合作度用劳务合作与对外工程承包合同金额占地区 GDP 的比重表示。

对外技术依存度（A_5），用省域技术引进合同金额占地区 GDP 的比重表示，反映省域经济对国际技术市场的开放和依赖程度。

国际旅游依存度（A_6），用国际旅游收入占地区 GDP 的比重表示，反映省域经济对国际旅游的依赖程度和旅游创汇能力，该指标也是世界旅游协会用以衡量一国开放度的基本指标之一。

（2）对内开放方面的指标。主要反映国内区域之间要素和商品交换的程度，选择以下 6 个指标构成省域经济对内开放程度测量指标体系。

内资依存度（A_7），指在一定时期内利用内资总额在全社会固定资产投资中所占的比重，用地区全社会固定资产投资中国家预算内资金、国内贷款和自筹资金总额所占比重表示，反映本地区引进国内其他地区投资的强度。

内贸依存度（A_8），反映某一地区在国内的贸易情况，是其对国内市场依赖程度的主要指标，考虑数据的可获取性，用社会消费品零售总额占地区 GDP 的比重表示。

国内技术依存度 (A_9)，用国内技术购买和出售成交额占地区 GDP 的比重表示，反映省域经济发展对国内技术的依赖程度。

国内旅游依存度 (A_{10})，反映省域之间旅游的活跃程度和省域经济对国内旅游的依赖程度，用国内旅游收入占地区 GDP 的比重表示。

非国有经济比率 (A_{11})，改革以前，国有经济在整个国民经济中占有绝对统治地位，改革开放所带来的一个显著变化是非国有经济的快速发展。因此，非国有经济比率指标可以反映出省域经济内部开放程度的高低，用城镇从业人员工资总额中非国有单位工资总额所占比重表示。

城镇化率 (A_{12})，用城镇人口占地区总人口的比重表示，城镇化水平的高低是一个地区经济发展与社会进步程度的重要标志，也在一定程度上综合反映了一个地区对内对外开放的程度。

2. 开放结构指标

开放结构指标考察开放型经济的市场结构、产业结构及资源使用结构，结构的改善是经济发展质量的关键，也是中共十八大报告中开放型经济"多元平衡"的首要内容，该层面的指标体系主要包括以下 5 个指标。

机电产品出口比重 (B_1)，用机电产品出口额占出口总额的比重表示，机电产品的附加值相对较高，因此，机电产品出口比重越高，在贸易中获得的利益也就越多。

高新技术产品出口比重 (B_2)，用高新技术产品出口额占地区出口总额的比重表示，它不仅反映出口工业品中高新技术的含量和贡献以及科技进步状况，还包含科技进步对产业结构优化升级、增强国际竞争力等诸多经济发展质量的内容，是对前一指标的进一步细化。

外资企业出口比重 (B_3)，用外资企业出口额占地区出口总额的比重表示，反映引进的投资对地区出口贸易的贡献。

服务业外商直接投资比重 (B_4)，用地区服务业引进外商直接投资额占地区引进外商直接投资额的比重表示，反映引进外资对地区产业结构升级的影响。

对外直接投资比重 (B_5)，用地区对外直接投资额占该地区对外直接投资和引进外商直接投资总额的比重表示，反映一国或地区经济融入世界的方式，直接体现了"走出去"与"引进来"之间的均衡关系。

3. 开放效益指标

开放效益指标反映的是开放型经济发展的直接经济收益，以及开放对社会进步、技术创新等方面的间接效益，该层面的指标体系主要包括以下 7 个具体指标。

外资企业经济贡献度（C_1），反映外商投资企业对本地区经济发展的影响力，考虑到数据的可获得性，用外资企业主营业务收入占工业企业主营业务收入的比重表示。

外资企业税收贡献度（C_2），指一个地区外资企业所纳税款占当年当地税收总收入的比重，反映该地区的外商投资企业对增加当地财政收入所做的贡献。

外资企业就业贡献度（C_3），指外资企业吸收的就业人数占当地总就业人数的比重，此指标越大，说明外资企业在就业方面产生的社会效益也就越大。

外资企业利润贡献度（C_4），外资企业利润越高，说明外资企业的经营状况越好，一方面可以增加就业人员的收入、政府的税收，还可用于再投资，因此，外资企业的利润越高说明其对经济发展的贡献就越大，用外资企业利润总额占全部工业企业利润总额的比重表示。

外资企业投入产出率（C_5），指开放型经济发展过程中投入与产出的关系，它是衡量整个经济发展效率和资源配置有效性的重要指标。一般来说，单位投入获得的产出越多，表明生产要素的使用效率和经济发展效益越高。鉴于数据的可获得性，用外商投资企业的劳动生产率表示，即采用外商投资企业人均主营业务收入来衡量劳动生产率。劳动生产率的提高，意味着对外经济发展方式由数量型向效益型转变，由劳动力成本优势向劳动者素质提高转变。

外贸经济贡献度（C_6），用外资企业净出口额占地区总净出口额表示，反映外资企业外贸增长对经济增长的拉动作用，外资企业净出口对经济增长的拉动度=外资企业净出口对 GDP 的贡献度×GDP 增长的百分点，外资企业净出口对 GDP 增长的贡献度=外资企业净出口增加额/GDP 增加额×100%。

外贸技术贡献度（C_7），用高新技术产品进口额占地区进口总额比重表示，进口国外的高新技术产品，不仅可以弥补地区对高新技术产品的需求，还可以通过进口产生的示范效应和技术溢出效应来提高该地区的技术水平。

第二节　我国各省市开放型经济发展水平的实证研究

一、原始数据的收集

所需数据来自《中国统计年鉴（2013)》、《中国科技统计年鉴（2013)》、《中国对外直接投资报告（2013)》和各省市 2013 年统计年鉴，通过技术整理得到各项指标的原始数据，见表 4-2 和 4-3。

表 4-2　开放程度方面原始数据

单位：%

地区	A_1	A_2	A_3	A_4	A_5	A_6	A_7	A_8	A_9	A_{10}	A_{11}	A_{12}
北京	45.79	2.86	0.60	1.44	1.07	1.83	62.66	43.08	13.75	18.46	72.98	86.20
天津	60.62	7.41	0.33	0.82	1.07	1.10	87.28	30.41	1.80	12.87	65.89	81.55
河北	19.70	1.39	0.14	0.90	0.03	0.13	91.21	34.82	0.14	5.85	45.98	46.80
山西	8.72	1.32	0.16	0.34	0.03	0.38	91.55	37.21	0.25	14.58	49.39	51.26
内蒙古	5.60	1.58	0.21	0.02	0.05	0.31	94.83	28.79	0.67	6.80	33.23	57.74
辽宁	30.30	6.86	0.71	0.59	0.14	0.84	88.79	37.62	0.93	15.06	47.20	65.65
吉林	13.05	0.88	0.16	0.25	0.40	0.26	91.74	39.98	0.21	9.61	39.62	53.70
黑龙江	13.11	1.81	0.34	0.45	0.05	0.39	90.97	40.11	0.73	9.12	29.20	56.90
上海	136.88	4.79	1.05	3.25	1.40	1.73	74.10	36.73	2.57	15.98	71.04	89.30
江苏	69.29	4.21	0.37	0.92	1.14	0.74	82.36	33.91	0.74	11.20	57.17	63.00
浙江	63.91	2.40	0.43	0.66	0.13	0.95	79.21	39.20	0.23	12.91	69.16	63.20
安徽	12.18	3.19	0.26	0.93	0.11	0.58	85.30	33.33	0.50	14.64	47.66	46.50
福建	47.21	3.94	0.28	0.33	0.08	1.36	78.75	36.83	0.25	8.37	68.20	59.60
江西	14.86	3.35	0.18	0.85	0.03	0.24	87.72	31.10	0.31	10.60	38.78	47.51
山东	37.74	1.57	0.44	1.26	0.05	0.37	88.53	39.29	0.28	8.67	54.08	52.43
河南	11.68	2.60	0.07	0.75	0.02	0.13	90.73	36.88	0.13	11.23	50.23	42.43
湖北	9.28	1.62	0.14	2.11	0.21	0.34	88.12	42.98	0.88	11.48	47.18	53.50
湖南	6.16	2.09	0.29	0.92	0.03	0.27	85.76	35.76	0.19	9.82	48.18	46.65
广东	124.35	2.63	0.59	2.18	0.34	1.74	76.21	39.74	0.64	8.42	61.20	67.40
广西	19.95	0.37	0.13	0.14	0.04	0.62	85.59	34.65	0.02	12.11	37.52	43.53
海南	32.44	3.66	0.71	0.00	0.15	0.78	78.45	30.50	0.02	12.49	38.34	51.60
重庆	25.23	5.87	0.30	0.60	4.51	0.65	75.74	35.35	0.47	13.82	58.15	56.98
四川	13.78	2.61	0.16	0.87	0.13	0.21	84.58	38.82	0.47	13.53	36.81	43.53

续表

地区	A₁	A₂	A₃	A₄	A₅	A₆	A₇	A₈	A₉	A₁₀	A₁₁	A₁₂
贵州	4.69	0.46	0.02	0.20	0.02	0.16	84.54	29.59	0.14	26.99	30.90	36.41
云南	7.48	1.35	0.64	0.69	0.03	1.20	82.01	34.06	0.44	16.51	42.19	39.31
西藏	19.20	1.58	0.0001	0.001	0.001	0.96	88.11	36.32	0.001	17.09	2.98	22.75
陕西	6.69	1.29	0.27	1.17	0.06	0.70	88.75	30.33	2.32	11.14	30.10	50.02
甘肃	8.07	0.07	1.56	0.23	0.03	0.03	89.76	33.74	1.29	8.31	23.45	38.75
青海	2.73	0.69	0.04	0.74	0.01	0.08	89.13	25.14	1.02	6.44	23.35	47.44
宁夏	7.26	0.59	0.17	0.09	0.18	0.01	85.64	23.44	0.12	4.40	41.14	50.67
新疆	28.51	0.35	0.41	1.90	0.44	0.47	86.41	24.76	0.07	7.22	37.72	43.98

表4-3　开放结构和开放效益方面原始数据

单位：%

地区	B₁	B₂	B₃	B₄	B₅	C₁	C₂	C₃	C₄	C₅（亿元/万人）	C₆	C₇
北京	62.70	22.43	68.32	85.94	17.36	37.83	36.88	13.28	35.09	159.32	48.03	25.73
天津	69.53	38.75	66.88	36.94	4.30	40.46	30.81	10.94	30.23	131.30	47.75	30.54
河北	26.64	8.66	25.27	16.11	9.06	12.80	4.70	1.47	8.83	117.21	-14.08	2.89
山西	40.73	23.11	26.22	15.62	11.02	6.45	3.83	0.90	17.07	59.97	-0.99	17.93
内蒙古	9.83	3.80	16.26	19.87	11.61	7.42	7.08	0.42	9.02	190.74	-0.12	2.38
辽宁	48.90	9.53	44.76	38.28	9.35	16.82	16.85	2.76	21.84	116.84	0.19	7.62
吉林	36.00	4.88	24.83	12.29	15.22	10.89	7.95	1.02	12.79	238.49	64.71	11.48
黑龙江	44.31	2.76	5.65	27.31	15.66	9.35	1.64	0.55	4.49	75.95	-0.88	2.51
上海	75.12	46.52	71.65	83.50	17.92	60.73	26.72	20.07	58.72	129.79	26.68	34.82
江苏	65.07	39.77	61.23	31.25	8.05	37.10	20.27	4.76	36.95	93.89	64.60	35.59
浙江	39.20	6.08	25.74	49.46	15.30	25.71	15.94	15.92	27.09	73.54	16.14	8.60
安徽	54.88	6.18	22.24	28.31	7.60	11.22	6.12	0.57	12.62	103.40	-9.51	10.74
福建	39.88	15.58	44.05	51.71	6.57	43.31	32.77	8.65	43.33	63.31	13.80	23.36
江西	46.75	16.86	32.28	16.66	5.18	14.95	5.72	1.41	15.17	64.87	-3.81	14.38
山东	37.02	10.82	44.50	36.18	21.86	14.35	7.54	2.35	14.19	101.15	-76.72	9.86
河南	60.69	51.49	58.70	26.62	2.74	8.25	2.72	0.57	5.72	80.53	38.90	57.72
湖北	52.84	26.61	40.63	32.65	8.06	15.93	13.21	1.26	17.78	119.51	27.76	23.62
湖南	41.24	11.85	23.79	17.86	12.02	7.07	2.65	0.80	8.12	76.91	-12.60	13.08
广东	61.21	35.60	53.52	40.15	18.34	49.79	35.35	16.94	48.73	56.60	69.87	39.20
广西	63.16	15.50	38.44	55.87	26.64	17.94	10.83	0.78	23.64	95.68	11.32	3.74
海南	24.58	12.68	57.36	60.09	16.32	45.11	79.99	3.83	30.96	254.23	92.37	13.13
重庆	83.58	47.77	52.07	50.76	4.79	25.51	23.63	1.88	16.78	134.78	43.82	58.71
四川	81.43	55.56	58.61	55.34	5.72	11.23	12.68	0.67	14.92	86.33	59.56	60.90

续表

地区	B₁	B₂	B₃	B₄	B₅	C₁	C₂	C₃	C₄	C₅ (亿元/万人)	C₆	C₇
贵州	37.51	2.89	3.74	59.48	3.91	2.81	0.93	0.34	2.72	62.36	3.63	8.39
云南	30.79	4.50	6.29	65.46	32.21	4.93	0.78	0.22	6.78	85.69	-4.62	5.21
西藏	35.08	1.04	0.01	0.0001	0.001	8.33	3.82	0.27	11.87	101.17	-0.01	51.25
陕西	61.76	32.89	35.76	32.94	17.16	6.32	1.84	0.68	4.38	94.40	-3.82	51.95
甘肃	67.74	6.99	5.36	1.90	95.77	1.24	0.60	0.09	2.53	71.70	-2.23	3.83
青海	25.70	3.27	5.62	6.37	5.94	4.32	1.06	0.39	4.14	74.84	-2.01	18.96
宁夏	13.34	4.64	11.64	29.24	22.70	3.35	1.56	0.46	5.22	77.31	10.07	9.64
新疆	31.20	0.87	1.10	48.44	54.21	2.10	0.44	0.33	1.50	79.82	-0.76	0.83

二、计算方法及实证过程

（一）综合评价方法

1. 确定权重的方法

确定指标权重的方法一般分为主观赋权法和客观赋权法。主观赋权法各评价指标的权重是由专家根据自己的经验和判断给出的，因此，根据选取专家的不同而具有较大的主观性；而客观赋权法是从指标的统计性质上来考虑，以数理统计方法为基础，不需征求专家的意见，克服了主观赋权法的种种缺陷，因此，较主观赋权法更适用于不同地区开放型经济发展水平综合评价问题。本书采用客观赋权法中的熵值法确定各指标的权重。

2. 熵值法原理

设有 n 个地区，m 项评价指标，形成原始指标数据矩阵。

$$X = \begin{pmatrix} x_{11} & \cdots & x_{1m} \\ \vdots & \ddots & \vdots \\ x_{n1} & \cdots & x_{nm} \end{pmatrix}$$

其中，x_{ij} 表示第 i 个地区第 j 项评价指标的数值（i=1，…，n；j=1，…，m）。对于某项指标 x_j，指标值 x_{ij} 的差距越大，则该指标在综合评价中所起的作用越大；如果某项指标的指标值全部相等，则该指标在综合评价中不起作用。在信息论中，信息熵 $H(X) = -\sum_{i=1}^{n} p(x_i) \ln p(x_i)$ 是系统无序程度的度量，信息是系统有序程度的度量，二者绝对值相等，符号相反。某项指标的指标值变异程度越大，信息熵越小，该指标提供的信息量越大，该指标的权重也应越大；反之，某项指标的指标值变异程度越小，信息熵越大，该指标提供的信息量越小，指标的权重也越小。所以，可以根据各项指标值的变异程度，利用信息熵这个工具，计算出各指标的权重，为多指标综合评价提供依据。

3. 用熵值法进行综合评价的步骤

（1）数据的标准化。

$$x'_{ij} = \frac{(x_{ij} - \overline{x_j})}{s_j}$$

其中$\overline{x_j}$为第 j 项指标的均值，$\overline{x_j} = \frac{1}{n} \sum_{i=1}^{n} x_i$

s_j为第 j 项指标值的标准差，$s_j = \sqrt{\frac{1}{n-1} \sum_{i=1}^{n} (x_{ij} - \overline{x_j})^2}$

由于x_{ij}存在负值，为消除负值，可将坐标平移，令

$Z_{ij} = a + x'_{ij}$（a 等于能使所有标准化后数据均为正值的最小自然数）

（2）计算第 j 项指标下第 i 地区指标值的比重p_{ij}。

$$p_{ij} = \frac{Z_{ij}}{\sum_{i=1}^{n} Z_{ij}}$$

（3）计算第 j 项指标的熵值e_j。

$$e_j = -k \sum_{i=1}^{n} p_{ij} \ln p_{ij}$$

其中 k 为常数，$k = \frac{1}{\ln n}$，$e_j \geq 0$

（4）计算第 j 项指标的差异性系数g_j。

对于给定的 j，x_{ij}的差异性越小，则e_j越大，当x_{ij}全部相等时，$e_j = e_{max} = 1$，此时对于方案的比较，指标毫无作用，当各方案的指标相差越大时，e_j越小，该项指标对于方案比较所起的作用越大，定义差异性系数为：

$g_j = 1 - e_j$

则当g_j越大时，指标越重要。

（5）计算评价指标权重。

利用熵值法估算各指标的权重，其本质是利用该指标信息的价值系数来计算，其价值系数越高，对评价的重要性就越大，或称权重越大，对评价结果的贡献越大。第 j 项指标的权重为：

$$w_j = \frac{g_j}{\sum\limits_{j=1}^{m} g_j}$$

（6）计算各地区的综合得分 v_i。

$$v_i = \sum_{j=1}^{m} w_j p_{ij} \times 100$$

（二）计算结果

（1）数据的标准化处理。数据标准化处理后最小值为-3.36374，为了使所有数据变为正数，将所有的数据加上 4，等到的标准化数据 Z_{ij} 见表 4-4 和表 4-5。

（2）第 j 项指标下第 i 地区指标值的比重 P_{ij}。计算结果见表 4-6 和表 4-7。

（3）第 j 项指标的熵值 e_j、差异性系数 g_j 和权重计算结果见表 4-8。

（4）各地区的综合得分 v_i 见表 4-9。

表 4-4　标准化处理后的数据 Z_{ij}

地区	A_1	A_2	A_3	A_4	A_5	A_6	A_7	A_8	A_9	A_{10}	A_{11}	A_{12}
北京	4.50596	4.22831	4.73593	4.83772	4.79966	6.31883	0.63626	5.67067	9.20049	5.48024	5.75236	6.30702
天津	4.95934	6.65511	3.90800	3.99204	4.79966	4.90707	4.34743	3.15663	4.31913	4.23830	5.30625	5.97967
河北	3.70835	3.44427	3.32538	4.10116	3.58294	3.03117	4.93983	4.03168	3.64105	2.67865	4.05350	3.53335
山西	3.37267	3.40694	3.38671	3.33731	3.58294	3.51465	4.99108	4.50592	3.68598	4.61821	4.26806	3.84733
内蒙古	3.27729	3.54561	3.54003	2.90083	3.60634	3.37927	5.48550	2.83518	3.85755	2.88971	3.25127	4.30350
辽宁	4.03241	6.36176	5.07323	3.67832	3.71163	4.40425	4.57504	4.58727	3.96375	4.72486	4.13027	4.86035
吉林	3.50504	3.17226	3.38671	3.21455	4.01581	3.28258	5.01972	5.05556	3.66964	3.51402	3.65333	4.01910
黑龙江	3.50688	3.66828	3.93866	3.48736	3.60634	3.53399	4.90365	5.08135	3.88205	3.40515	2.99770	4.24437
上海	7.29074	5.25770	6.11581	7.30656	5.18574	6.12544	2.36070	4.41068	4.63366	4.92925	5.63029	6.52525
江苏	5.22440	4.94835	4.03065	4.12844	4.88156	4.21086	3.60580	3.85112	3.88614	3.86727	4.75758	4.67380
浙江	5.05992	3.98297	4.21464	3.77380	3.69993	4.61698	3.13097	4.90078	3.67781	4.24718	5.51200	4.68788
安徽	3.47845	4.40432	3.69335	4.14208	3.67653	3.90143	4.04897	3.73603	3.78810	4.63154	4.15921	3.51224
福建	4.54937	4.80434	3.75468	3.32367	3.64144	5.40989	3.06163	4.43052	3.68598	3.23852	5.45160	4.43444
江西	3.56038	4.48966	3.44804	4.03296	3.58294	3.24390	4.41375	3.29355	3.71049	3.73397	3.60047	3.58334
山东	4.25986	3.54028	4.24530	4.59220	3.60634	3.49531	4.53585	4.91864	3.69824	3.30517	4.56316	3.92969
河南	3.46316	4.08964	3.11073	3.89656	3.57124	3.03117	4.86747	4.44044	3.63696	3.87393	4.32092	3.22572
湖北	3.38979	3.56694	3.32538	5.75160	3.79353	3.43729	4.47405	5.65083	3.94333	3.92948	4.12901	4.00502
湖南	3.29441	3.81762	3.78534	4.12844	3.58294	3.30192	4.07308	4.21820	3.66147	3.56067	4.19193	3.52279
广东	6.90767	4.10564	4.70526	5.84708	3.94562	6.14478	2.67876	5.00793	3.84529	3.24963	5.01115	4.98355
广西	3.71599	2.90024	3.29472	3.06451	3.59464	3.97879	4.09268	3.99795	3.59203	4.06945	3.52119	3.30315
海南	4.09783	4.65500	5.07323	2.87355	3.72333	4.28822	3.01641	3.17449	3.59203	4.15387	3.57279	3.87126
重庆	3.87741	5.83373	3.81601	3.69196	8.82421	4.03681	2.60791	4.13685	3.77585	4.44936	4.81925	4.25000

地区	A_1	A_2	A_3	A_4	A_5	A_6	A_7	A_8	A_9	A_{10}	A_{11}	A_{12}
四川	3.52736	4.09497	3.38671	4.06024	3.69993	3.18588	3.94043	4.82538	3.77585	4.38493	3.47652	3.30315
贵州	3.24946	2.94825	2.95741	3.14635	3.57124	3.08918	3.93440	2.99392	3.64105	7.37537	3.10466	2.80192
云南	3.33476	3.42294	4.85858	3.81472	3.58294	5.10046	3.55304	3.88088	3.76359	5.04701	3.81503	3.00608
西藏	3.69306	3.54561	2.89639	2.87492	3.54901	4.63632	4.47254	4.32932	3.58427	5.17586	1.34792	1.84029
陕西	3.31061	3.39094	3.72401	4.46944	3.61804	4.13350	4.56901	3.14076	4.53154	3.85394	3.05432	3.76003
甘肃	3.35280	2.74023	7.67967	3.18727	3.58294	2.83777	4.72126	3.81739	4.11080	3.22519	2.63590	2.96665
青海	3.18954	3.07092	3.01874	3.88292	3.55954	2.93447	4.62629	2.11093	4.00051	2.80973	2.62961	3.57841
宁夏	3.32803	3.01758	3.41737	2.99631	3.75843	2.79910	4.10022	1.77361	3.63288	2.35650	3.74897	3.80579
新疆	3.97768	2.88958	4.15331	5.46516	4.06261	3.68870	4.21628	2.03553	3.61246	2.98302	3.53378	3.33483

表 4–5 标准化处理后的数据 Z_{ij}

地区	B_1	B_2	B_3	B_4	B_5	C_1	C_2	C_3	C_4	C_5	C_6	C_7
北京	4.80691	4.24085	5.56762	6.26566	4.06318	5.21169	5.39896	5.69759	5.17361	5.11082	4.94615	4.23994
天津	5.16637	5.21214	5.50314	4.01708	3.34401	5.37388	5.03655	5.28311	4.84284	4.53211	4.93779	4.49726
河北	2.90910	3.42131	3.64016	3.06121	3.60613	3.66815	3.47766	3.60569	3.38640	4.24110	3.09082	3.01809
山西	3.65064	4.28132	3.68269	3.03872	3.71406	3.27656	3.42572	3.50472	3.94720	3.05889	3.48184	3.82267
内蒙古	2.02440	3.13207	3.23676	3.23375	3.74655	3.33637	3.61976	3.41970	3.39933	5.75975	3.50783	2.99080
辽宁	4.08062	3.47309	4.51278	4.07857	3.62210	3.91605	4.20307	3.83418	4.27184	4.23346	3.51709	3.27112
吉林	3.40171	3.19634	3.62046	2.88591	3.94534	3.55036	3.67170	3.52598	3.65591	6.74595	5.44441	3.47762
黑龙江	3.83906	3.07017	2.76172	3.57517	3.96957	3.45539	3.29496	3.44273	3.09103	3.38894	3.48513	2.99776
上海	5.46057	5.67458	5.71671	6.15369	4.09402	6.62389	4.79236	6.90031	6.78182	4.50092	4.30839	4.72622
江苏	4.93164	5.27285	5.25018	3.75597	3.55051	5.16668	4.40726	4.18844	5.30019	3.75946	5.44112	4.76741
浙江	3.57012	3.26776	3.66120	4.59162	3.94975	4.46428	4.14874	6.16522	4.62914	3.33916	3.99354	3.32355
安徽	4.39535	3.27371	3.50450	3.62106	3.52573	3.57071	3.56244	3.44627	3.64434	3.95587	3.22734	3.43803
福建	3.60591	3.83316	4.48099	4.69487	3.46901	5.54963	5.15357	4.87748	5.73441	3.12788	3.92364	4.11315
江西	3.96747	3.90934	3.95401	3.08645	3.39247	3.80073	3.53856	3.59506	3.81789	3.16009	3.39761	3.63276
山东	3.45539	3.54987	4.50113	3.98221	4.31099	3.76373	3.64722	3.76156	3.75119	3.90940	1.21967	3.39096
河南	4.70112	5.97038	5.13690	3.54351	3.25811	3.38756	3.35945	3.44627	3.17474	3.48353	4.67342	5.95128
湖北	4.28798	4.48962	4.32786	3.82022	3.55106	3.86117	3.98575	3.56849	3.99552	4.28860	4.34065	4.12706
湖南	3.67748	3.61117	3.57390	3.14152	3.76913	3.31479	3.35527	3.48701	3.33808	3.40876	3.13503	3.56321
广东	4.72849	5.02467	4.90498	4.16439	4.11715	5.94924	5.30761	6.34589	6.10192	2.98929	5.59855	4.96053
广西	4.83112	3.82840	4.22981	4.88577	4.57421	3.98512	3.84365	3.48347	4.39434	3.79643	3.84956	3.06356
海南	2.80068	3.66057	5.07691	5.07942	4.00592	5.66064	7.97283	4.02371	4.89253	7.07104	6.27066	3.56589
重庆	5.90581	5.74898	4.84006	4.65127	3.37099	4.45195	4.60787	3.67831	3.92746	4.60398	4.82039	6.00424
四川	5.79266	6.21261	5.13288	4.86145	3.42221	3.57133	3.95410	3.46398	3.80087	3.60332	5.29057	6.12140
贵州	3.48118	3.07791	2.67621	5.05143	3.32253	3.05209	3.25257	3.40553	2.97057	3.10825	3.61985	3.31232

续表

地区	B₁	B₂	B₃	B₄	B₅	C₁	C₂	C₃	C₄	C₅	C₆	C₇
云南	3.12751	3.17373	2.79038	5.32585	4.88093	3.18282	3.24362	3.38427	3.24688	3.59010	3.37341	3.14220
西藏	3.35329	2.96780	2.50920	2.36782	3.10722	3.39249	3.42512	3.39313	3.59330	3.90982	3.51112	5.60516
陕西	4.75744	4.86338	4.10982	3.83353	4.05217	3.26854	3.30691	3.46575	3.08354	3.76999	3.39731	5.64261
甘肃	5.07216	3.32192	2.74874	2.40912	8.38098	2.95527	3.23287	3.36125	2.95764	3.30116	3.44480	3.06837
青海	2.85962	3.10052	2.76038	2.61425	3.43432	3.14520	3.26034	3.41438	3.06721	3.36601	3.45137	3.87777
宁夏	2.20913	3.18206	3.02991	3.66374	4.35724	3.08539	3.29019	3.42678	3.14071	3.41702	3.81222	3.37919
新疆	3.14909	2.95769	2.55801	4.54481	6.09240	3.00830	3.22332	3.40376	2.88754	3.46886	3.48871	2.90789

表 4-6 各地区指标值的比重 pᵢⱼ

地区	A₁	A₂	A₃	A₄	A₅	A₆	A₇	A₈	A₉	A₁₀	A₁₁	A₁₂
北京	0.03634	0.03410	0.03819	0.03901	0.03871	0.05096	0.00513	0.04573	0.07420	0.04420	0.04639	0.05086
天津	0.03999	0.05367	0.03152	0.03219	0.03871	0.03957	0.03506	0.02546	0.03483	0.03418	0.04279	0.04822
河北	0.02991	0.02778	0.02682	0.03307	0.02889	0.02444	0.03984	0.03251	0.02936	0.02160	0.03269	0.02849
山西	0.02720	0.02748	0.02731	0.02691	0.02889	0.02834	0.04025	0.03634	0.02973	0.03724	0.03442	0.03103
内蒙古	0.02643	0.02859	0.02855	0.02339	0.02908	0.02725	0.04424	0.02286	0.03111	0.02330	0.02622	0.03471
辽宁	0.03252	0.05130	0.04091	0.02966	0.02993	0.03552	0.03690	0.03699	0.03197	0.03810	0.03331	0.03920
吉林	0.02827	0.02558	0.02731	0.02592	0.03239	0.02647	0.04048	0.04077	0.02959	0.02834	0.02946	0.03241
黑龙江	0.02828	0.02958	0.03176	0.02812	0.02908	0.02850	0.03955	0.04098	0.03131	0.02746	0.02418	0.03423
上海	0.05880	0.04240	0.04932	0.05892	0.04182	0.04940	0.01904	0.03557	0.03737	0.03975	0.04541	0.05262
江苏	0.04213	0.03991	0.03251	0.03329	0.03937	0.03396	0.02908	0.03106	0.03134	0.03119	0.03837	0.03769
浙江	0.04081	0.03212	0.03399	0.03043	0.02984	0.03723	0.02525	0.03952	0.02966	0.03425	0.04445	0.03781
安徽	0.02805	0.03552	0.02979	0.03340	0.02965	0.03146	0.03265	0.03013	0.03055	0.03735	0.03354	0.02832
福建	0.03669	0.03874	0.03028	0.02680	0.02937	0.04363	0.02469	0.03573	0.02973	0.02612	0.04396	0.03576
江西	0.02871	0.03621	0.02781	0.03252	0.02889	0.02616	0.03559	0.02656	0.02992	0.03011	0.02904	0.02890
山东	0.03435	0.02855	0.03424	0.03703	0.02908	0.02819	0.03658	0.03967	0.02982	0.02665	0.03680	0.03169
河南	0.02793	0.03298	0.02509	0.03142	0.02880	0.02444	0.03925	0.03581	0.02933	0.03124	0.03485	0.02601
湖北	0.02734	0.02877	0.02682	0.04638	0.03059	0.02772	0.03608	0.04557	0.03180	0.03169	0.03330	0.03230
湖南	0.02657	0.03079	0.03053	0.03329	0.02889	0.02663	0.03285	0.03402	0.02953	0.02872	0.03381	0.02841
广东	0.05571	0.03311	0.03795	0.04715	0.03182	0.04955	0.02160	0.04039	0.03101	0.02621	0.04041	0.04019
广西	0.02997	0.02339	0.02657	0.02471	0.02899	0.03209	0.03301	0.03224	0.02897	0.03282	0.02840	0.02664
海南	0.03305	0.03754	0.04091	0.02317	0.03003	0.03458	0.02433	0.02560	0.02897	0.03350	0.02881	0.03122
重庆	0.03127	0.04705	0.03077	0.02977	0.07116	0.03255	0.02103	0.03336	0.03045	0.03588	0.03886	0.03427
四川	0.02845	0.03302	0.02731	0.03274	0.02984	0.02569	0.03178	0.03891	0.03045	0.03536	0.02804	0.02664
贵州	0.02621	0.02378	0.02385	0.02537	0.02880	0.02491	0.03173	0.02414	0.02936	0.05948	0.02504	0.02260
云南	0.02689	0.02760	0.03918	0.03076	0.02889	0.04113	0.02865	0.03130	0.03035	0.04070	0.03077	0.02424
西藏	0.02978	0.02859	0.02336	0.02318	0.02862	0.03739	0.03607	0.03491	0.02891	0.04174	0.01087	0.01484

续表

地区	A_1	A_2	A_3	A_4	A_5	A_6	A_7	A_8	A_9	A_{10}	A_{11}	A_{12}
陕西	0.02670	0.02735	0.03003	0.03604	0.02918	0.03333	0.03685	0.02533	0.03654	0.03108	0.02463	0.03032
甘肃	0.02704	0.02210	0.06193	0.02570	0.02889	0.02289	0.03807	0.03079	0.03315	0.02601	0.02126	0.02392
青海	0.02572	0.02477	0.02434	0.03131	0.02871	0.02367	0.03731	0.01702	0.03226	0.02266	0.02121	0.02886
宁夏	0.02684	0.02434	0.02756	0.02416	0.03031	0.02257	0.03307	0.01430	0.02930	0.01900	0.03023	0.03069
新疆	0.03208	0.02330	0.03349	0.04407	0.03276	0.02975	0.03400	0.01642	0.02913	0.02406	0.02850	0.02689

表 4–7　各地区指标值的比重 p_{ij}

地区	B_1	B_2	B_3	B_4	B_5	C_1	C_2	C_3	C_4	C_5	C_6	C_7
北京	0.03877	0.03420	0.04490	0.05053	0.03277	0.04203	0.04354	0.04595	0.04172	0.04122	0.03989	0.03419
天津	0.04166	0.04203	0.04438	0.03240	0.02697	0.04334	0.04062	0.04261	0.03906	0.03655	0.03982	0.03627
河北	0.02346	0.02759	0.02936	0.02469	0.02908	0.02958	0.02805	0.02908	0.02731	0.03420	0.02493	0.02434
山西	0.02944	0.03453	0.02970	0.02451	0.02995	0.02642	0.02763	0.02826	0.03183	0.02467	0.02808	0.03083
内蒙古	0.01633	0.02526	0.02610	0.02608	0.03021	0.02691	0.02919	0.02758	0.02741	0.04645	0.02829	0.02412
辽宁	0.03291	0.02801	0.03639	0.03289	0.02921	0.03158	0.03390	0.03092	0.03445	0.03414	0.02836	0.02638
吉林	0.02743	0.02578	0.02920	0.02327	0.03182	0.02863	0.02961	0.02844	0.02948	0.05440	0.04391	0.02805
黑龙江	0.03096	0.02476	0.02227	0.02883	0.03201	0.02787	0.02657	0.02776	0.02493	0.02733	0.02811	0.02418
上海	0.04404	0.04576	0.04610	0.04963	0.03302	0.05342	0.03865	0.05565	0.05469	0.03630	0.03475	0.03811
江苏	0.03977	0.04252	0.04234	0.03029	0.02863	0.04167	0.03554	0.03378	0.04274	0.03032	0.04388	0.03845
浙江	0.02879	0.02635	0.02953	0.03703	0.03185	0.03600	0.03346	0.04972	0.03733	0.02693	0.03221	0.02680
安徽	0.03545	0.02640	0.02826	0.02920	0.02843	0.02880	0.02873	0.02779	0.02939	0.03190	0.02603	0.02773
福建	0.02908	0.03091	0.03614	0.03786	0.02798	0.04476	0.04156	0.03933	0.04625	0.02522	0.03164	0.03317
江西	0.03200	0.03153	0.03189	0.02489	0.02736	0.03065	0.02854	0.02899	0.03079	0.02548	0.02740	0.02930
山东	0.02787	0.02863	0.03630	0.03211	0.03477	0.03035	0.02941	0.03034	0.03025	0.03153	0.00984	0.02735
河南	0.03791	0.04815	0.04143	0.02858	0.02628	0.02732	0.02709	0.02779	0.02560	0.02809	0.03769	0.04799
湖北	0.03458	0.03621	0.03490	0.03081	0.02864	0.03114	0.03214	0.02878	0.03222	0.03459	0.03501	0.03328
湖南	0.02966	0.02912	0.02882	0.02533	0.03040	0.02673	0.02706	0.02812	0.02692	0.02749	0.02528	0.02874
广东	0.03813	0.04052	0.03956	0.03358	0.03320	0.04798	0.04280	0.05118	0.04921	0.02411	0.04515	0.04000
广西	0.03896	0.03087	0.03411	0.03940	0.03689	0.03214	0.03100	0.02809	0.03544	0.03062	0.03104	0.02471
海南	0.02259	0.02952	0.04094	0.04096	0.03231	0.04565	0.06430	0.03245	0.03946	0.05702	0.05057	0.02876
重庆	0.04763	0.04636	0.03903	0.03751	0.02719	0.03590	0.03716	0.02966	0.03167	0.03713	0.03887	0.04842
四川	0.04672	0.05010	0.04139	0.03921	0.02760	0.02880	0.03189	0.02794	0.03065	0.02906	0.04267	0.04937
贵州	0.02807	0.02482	0.02158	0.04074	0.02679	0.02461	0.02623	0.02746	0.02396	0.02507	0.02919	0.02671
云南	0.02522	0.02559	0.02250	0.04295	0.03936	0.02567	0.02616	0.02729	0.02618	0.02895	0.02720	0.02534
西藏	0.02704	0.02393	0.02024	0.01910	0.02506	0.02736	0.02762	0.02736	0.02898	0.03153	0.02832	0.04520
陕西	0.03837	0.03922	0.03314	0.03092	0.03268	0.02636	0.02667	0.02795	0.02487	0.03040	0.02740	0.04550
甘肃	0.04090	0.02679	0.02217	0.01943	0.06759	0.02383	0.02607	0.02711	0.02385	0.02662	0.02778	0.02474
青海	0.02306	0.02500	0.02226	0.02108	0.02770	0.02536	0.02629	0.02754	0.02474	0.02715	0.02783	0.03127

续表

地区	B_1	B_2	B_3	B_4	B_5	C_1	C_2	C_3	C_4	C_5	C_6	C_7
宁夏	0.01782	0.02566	0.02443	0.02955	0.03514	0.02488	0.02653	0.02764	0.02533	0.02756	0.03074	0.02725
新疆	0.02540	0.02385	0.02063	0.03665	0.04913	0.02426	0.02599	0.02745	0.02329	0.02797	0.02813	0.02345

表 4-8　各项指标的熵值、差异性系数和权重

	A_1	A_2	A_3	A_4	A_5	A_6	A_7	A_8	A_9	A_{10}	A_{11}	A_{12}
熵值 e_j	0.99227	0.99175	0.99214	0.99183	0.99299	0.99164	0.98921	0.99052	0.99334	0.99165	0.99067	0.99142
差异性系数 g_j	0.00773	0.00825	0.00786	0.00817	0.00701	0.00836	0.01079	0.00948	0.00666	0.00835	0.00933	0.00858
权重 w_j	0.03859	0.04119	0.03924	0.04079	0.03500	0.04174	0.05387	0.04733	0.03325	0.04169	0.04658	0.04283
	B_1	B_2	B_3	B_4	B_5	C_1	C_2	C_3	C_4	C_5	C_6	C_7
熵值 e_j	0.99103	0.99163	0.99108	0.99129	0.99269	0.99178	0.9923	0.99216	0.99176	0.99209	0.99078	0.99167
差异性系数 g_j	0.00897	0.00837	0.00892	0.00871	0.00731	0.00822	0.0077	0.00784	0.00824	0.00791	0.00922	0.00833
权重 w_j	0.04478	0.04179	0.04453	0.04348	0.03649	0.04104	0.03844	0.03914	0.04114	0.03949	0.04603	0.04159

表 4-9　各地区的综合得分及排名

排名	开放程度		开放结构		开放效益		综合得分	
	地区	得分	地区	得分	地区	得分	地区	得分
1	上海	2.1857	上海	0.9300	海南	1.3014	上海	4.3880
2	北京	2.0467	四川	0.8741	上海	1.2724	北京	4.0824
3	天津	1.9044	北京	0.8558	广东	1.2336	广东	3.9079
4	广东	1.8910	重庆	0.8431	北京	1.1799	天津	3.8435
5	辽宁	1.8333	天津	0.7991	天津	1.1399	重庆	3.6978
6	重庆	1.7913	广东	0.7834	江苏	1.0973	江苏	3.6256
7	江苏	1.7478	江苏	0.7805	福建	1.0708	海南	3.5469
8	浙江	1.7405	河南	0.7756	重庆	1.0634	福建	3.4397
9	湖北	1.6825	广西	0.7613	吉林	0.9975	四川	3.4136
10	福建	1.6819	陕西	0.7370	四川	0.9927	辽宁	3.4070
11	山东	1.6571	甘肃	0.7250	浙江	0.9906	浙江	3.3789
12	安徽	1.5960	海南	0.7028	湖北	0.9327	湖北	3.3152
13	山西	1.5906	湖北	0.7001	河南	0.9143	河南	3.2453
14	云南	1.5896	福建	0.6870	辽宁	0.8977	陕西	3.1305
15	黑龙江	1.5758	辽宁	0.6761	西藏	0.8876	吉林	3.1301
16	河南	1.5554	山东	0.6726	广西	0.8733	广西	3.0970
17	吉林	1.5547	云南	0.6505	陕西	0.8578	山东	3.0940
18	四川	1.5468	浙江	0.6478	内蒙古	0.8573	安徽	3.0410

续表

排名	开放程度		开放结构		开放效益		综合得分	
	地区	得分	地区	得分	地区	得分	地区	得分
19	海南	1.5427	新疆	0.6439	江西	0.8242	山西	3.0259
20	陕西	1.5357	安徽	0.6256	安徽	0.8194	云南	3.0053
21	湖南	1.5322	江西	0.6251	山西	0.8111	甘肃	2.9738
22	江西	1.5134	山西	0.6242	河北	0.8064	江西	2.9628
23	甘肃	1.5107	湖南	0.6039	宁夏	0.7801	黑龙江	2.9248
24	河北	1.5035	贵州	0.6004	青海	0.7800	湖南	2.9151
25	新疆	1.4757	黑龙江	0.5834	湖南	0.7790	河北	2.8744
26	广西	1.4623	吉林	0.5779	黑龙江	0.7656	新疆	2.8597
27	内蒙古	1.4605	河北	0.5646	云南	0.7653	内蒙古	2.8364
28	贵州	1.4451	宁夏	0.5525	山东	0.7643	贵州	2.7978
29	西藏	1.4189	内蒙古	0.5186	贵州	0.7523	西藏	2.7922
30	青海	1.3294	青海	0.4996	新疆	0.7402	宁夏	2.6381
31	宁夏	1.3055	西藏	0.4857	甘肃	0.7381	青海	2.6090

第三节 结果分析及政策建议

一、结果分析

根据国家统计局 2011 年 6 月 13 日的划分办法,为科学反映我国不同区域的社会经济发展状况,为党中央、国务院制定区域发展政策提供依据,根据《中共中央、国务院关于促进中部地区崛起的若干意见》、《国务院发布关于西部大开发若干政策措施的实施意见》以及中共十六大报告的精神,将我国的经济区域划分为东部、中部、西部和东北四大地区。

东北地区包括:黑龙江省、吉林省、辽宁省。

东部地区包括:北京市、天津市、上海市、河北省、山东省、江苏省、浙江省、福建省、台湾省、广东省、香港特别行政区、澳门特别行政区、海南省。

中部地区包括:山西省、河南省、湖北省、安徽省、湖南省、江西省。

西部地区包括:内蒙古自治区、新疆维吾尔自治区、宁夏回族自治区、陕西省、甘肃省、青海省、重庆市、四川省、西藏自治区、广西壮族自治区、贵州省、云南省。

（一）四大地区开放型经济发展水平比较分析

表 4-10 四大地区开放型经济发展水平平均得分

	开放程度	开放结构	开放效益	综合平均得分
东部地区	1.7901	0.7424	1.0857	3.6181
东北地区	1.6546	0.6125	0.8869	3.1540
中部地区	1.5784	0.6591	0.8468	3.0842
西部地区	1.4893	0.6576	0.8407	2.9876

注：平均得分等于各省市区总得分的算术平均值。

由表 4-10 可知，从四大地区开放型经济发展水平综合平均得分来看，东部地区最高，其次依次是东北地区、中部地区和西部地区。东部地区在开放程度、开放结构、开放效益和综合得分方面都排在首位；东北地区在开放程度、开放效益和综合得分方面均排在第二位，但其开放结构却排在了最后一位；中部地区在开放程度、开放效益和综合得分方面均排在第三位，而开放结构方面排在了第二位；西部地区在开放程度、开放效益和综合得分方面均排在最后一位，开放结构方面排在第三位。

由表 4-9 也可知，我国各省、市、区开放型经济发展水平综合排名呈东高中西低的态势，东北地区的辽宁省排在第十位，中部六省整体来看处于中等偏下的位置，均排在第十二名和第二十四名之间，西部地区的重庆市和四川省排在了前十名，其他大部分省区排在二十名之后。

（二）东部地区开放型经济发展水平分析

在所考察的东部地区 10 个省市中（台湾、香港和澳门未列入研究对象），总共有 7 个省市的综合得分排在了前十位，分别是上海、北京、广东、天津、江苏、海南和福建，仅有河北省、山东省和浙江省排在了 10 名以外。开放程度、开放结构、开放效益和综合得分均排在前十位的省市有上海、北京、广东、天津、江苏等。东部地区较高的开放型经济发展水平主要得益于我国改革开放的政策、优越的地理位置以及较好的经济基础。

（三）东北地区开放型经济发展水平分析

东北地区中，辽宁省的综合得分排在了第十位，超过了东部地区的河北省、山东省和浙江省，其中开放程度方面排在了全国第五位，但开放结构方面和开放效益方面均排在了十名之后。辽宁综合得分排名靠前的主要原因是辽宁省在20世纪90年代以前一直是我国最重要的工业基地，1990年以来，由于体制性和结构性矛盾日趋显现，东北老工业基地企业设备和技术老化，竞争力下降，随着改革开放的深入，东北地区的经济发展速度逐渐落后于东部沿海地区，2003年国家提出了东北地区等老工业基地振兴战略，随着各项优惠政策、资金和项目的逐渐落实，东北三省的经济快速发展，改革开放以来被拉开的发展差距逐年缩小，但吉林省和黑龙江省由于基础较差，目前开放型经济发展水平在全国的排名仍较靠后。

（四）中部六省开放型经济发展水平分析

在中部六省中，湖北省和河南省的综合得分排名比较靠前，分别位于第十二位和第十三位，安徽省、山西省、江西省、湖南省分别排在第十八位、第十九位、第二十二位和第二十四位，整体来看中部六省开放型经济发展水平在全国处于中等偏下的位置。河南省和湖北省排名靠前的原因是，湖北省位于长江经济带，处于长江流域中心位置，交通枢纽地位突出，自然资源丰富，产业基础较好，科技实力在中部六省中最强，2010年武汉市又被国务院批复为中部地区的区域中心城市。河南省具有承接东部地区和国际产业转移的区位优势，一方面，河南省是我国第一人口大省，劳动力资源丰富；另一方面，河南省是全国重要的交通枢纽，在历史上，河南一向是我国人民南来北往、西去东来的必经之地，也是各族人民频繁活动和密切交往的场所。现在的京广、京九、焦枝、陇海、新菏等铁路干线纵横交织于河南，因此，河南铁路是全国铁路的心脏，这种优越的地理位置和方便的交通条件，更加密切了河南与全国各地的联系。河南的高速公路优势也非常明显，截至2012年年底河南省高速公路通车总里程达到5800公里，连续七年位居全国第一，公路也是全国公路的中心。因此，无论从与全国经济联系考虑，还是从相邻省区经济技术交流着想，河南均处于中心位置。在当前大力发展开放型经济背景下，对全国经济活动中的承东启西、通南达北的重要作用是其他省区不可比拟的。更重要的是，河南省作为传统的农业大省，具有推进工业化、实现结构转型的内在要求。

（五）西部地区开放型经济发展水平分析

在西部地区中，重庆市的开放型经济发展水平综合得分在全国排第五位，甚至超过了江苏省、海南省、福建省、浙江省等东部沿海地区的水平，四川省的综合得分也排在了全国第九位，超过了浙江省和山东省，重庆市和四川省开放型经济发展水平较高的原因主要有：一是重庆市和四川省是我国重要的工业基地之一，工业基础和科研实力雄厚。二是西部地区在劳动力成本、环境容量等方面比中部地区更具比较优势，以致国际上和东部地区的产业转移有可能跳过中部地区而直接落户到西部。三是国家从 20 世纪末开始实施西部大开发战略，经过 10 年的发展，重庆市和四川省已经初步构建起较为成体系的开放型体制机制，同时，国家层面还在持续不断地支持西部地区发展内陆开放型经济。四是 1997 年重庆市升为直辖市，2007 年重庆市获批成为国家统筹城乡综合配套改革试验区，同年10 月，重庆市政府与国家商务部签署《共同建设内陆开放型经济合作备忘录》，2008 年两路寸滩保税港区获批成立，2009 年颁布《国务院关于推进重庆市统筹城乡改革和发展的意见》，重庆市改革开放已经上升到国家战略层面，迎来更大的发展机遇，因此，重庆市开放型经济的发展离不开国家政策的支持。五是重庆市的快速发展也对整个四川省起到了辐射和带动作用。而宁夏回族自治区、青海省、西藏自治区由于教育水平、交通条件、地理位置等因素排在全国后三位。

二、结论及建议

（一）各地区开放型经济水平差异较显著，国家区域振兴战略作用逐渐显现

主要表现为东部沿海省市区开放型经济水平高，而广大中西部地区的开放型经济水平相对较低。这既是国家对外开放政策引导的结果，也是区域经济发展不平衡规律的体现。同时也发现，振兴东北老工业基地战略、西部大开发战略、中部崛起战略的作用逐渐显现，东北的辽宁省、西部的重庆市和四川省以及中部地区的湖北省和河南省等开放型经济发展势头强劲，逐渐成为区域经济发展的领头羊。

（二）内陆省市区要抢抓国家战略机遇，大力发展开放型经济

内陆省市区发展开放型经济承担着国家转变发展方式、积极扩大内需的历史使命，继国家三大区域性振兴战略实施之后，为了加快内陆开放型经济的发展，国务院又针对不同的省市区出台了一系列的国家级振兴战略，如广西北部湾经济区发展规划（2008 年）、辽宁沿海经济带发展规划（2009 年）、鄱阳湖生态经济区规划（2009 年）、关中—天水经济区（2009 年）、皖江城市带承接产业转移示范区规划（2010 年）、中原经济区发展规划（2011 年）、郑州航空经济综合实验区（2013 年）、宁夏内陆开放型经济试验区（2012 年）等。内陆省市区要抢抓国家战略机遇，扩大对内、对外开放的广度和深度，既要向国际开放，也要向东部地区及内陆其他地区相互开放，在组织保障上建设与内陆地区开放型经济相适应的跨区域行政管理体制。

（三）东部沿海地区要继续发挥引领作用，加快提高开放型经济的质量和效益

东部沿海地区作为我国开放型经济发展的领头羊，对全国经济的发展起着引领、示范和影响作用，其发展水平、速度和质量直接关系到我国整体的发展和影响到其他地区的发展。目前东部地区开放型经济存在的主要问题有：利用外资结构不科学、对外贸易结构不合理、要素聚集能力与收益能力不匹配等。东部地区要利用较好的经济基础、区位优势和技术条件，在"引进来"的同时也要"走出去"，实现资源在全球范围内的有效配置和整合；在注重引资的同时更加注重引智，大力引进先进技术、管理和人才、研发机构，实现由引进资金向引进全要素的转变，促进产业升级，培育在国际市场有竞争力的高科技战略型产业；在扩大高新技术产品出口的同时也要加大高新技术产品的进口，使进出口相互促进；另外要积极深化长三角和珠三角经济一体化进程，提升区域开放型经济协调发展水平，最终实现开放型经济发展的"互利共赢、多元平衡、安全高效"。

本章小结

根据开放型经济的内涵和开放型经济的发展方向，构建了测量地区开放型经济发展水平的指标评价体系，评价体系分为开放程度、开放结构和开放效益 3 个方面共 24 项具体评价指标，并介绍了指标的内容和计算方法。

用熵值法计算了全国 31 个省市开放型经济发展水平的综合得分，对比分析了中部六省开放型经济发展水平在全国的位次及差距。结果表明，从四大地区开放型经济发展水平综合平均得分来看，东部地区最高，其次依次是东北地区、中部地区和西部地区。从各省、市、区来看，各地区开放型经济水平差异较显著，但四大区域中，都有开放型经济发展较好和较快的省市，如东北地区的辽宁省，中部地区的湖北省和河南省，西部地区的重庆市和四川省等，都已成为区域经济发展的领头羊。

建议指出，国家区域振兴战略作用逐渐显现，内陆省市区要抢抓国家战略机遇，大力发展开放型经济，东部沿海地区要继续发挥引领作用，加快提高开放型经济的质量和效益。

第五章　制度创新与开放型经济的关系

我国区域经济发展实践证明，开放型经济发展水平的差异主要体现在区域制度创新水平的差异，因此，本章从制度创新与开放型经济发展的关系出发，首先分析了制度和制度创新的概念以及制度创新对区域经济增长的影响途径；然后分析了制度创新在我国区域开放型经济发展中的作用；最后分析了制度创新对内陆地区开放型经济发展的必要性和紧迫性。

第一节　制度及制度创新

一、制度

制度是指"人与人之间关系的某种契约形式或契约关系"，制度是社会游戏的规则，是人们创造的用以限定人们相互交流的框架，即指各种办事程序和行为规则的集合。以科斯、诺斯为代表的新制度经济学派在新古典经济学分析的基础上，以制度为研究对象，强调研究人、制度与经济活动以及它们之间的相互关系，对制度在社会和经济活动中的作用进行了分析。制度包括正式制度和非正式制度，诺斯认为，正式制度是人们有意识地设计并创造出的行为规则，包括法律、规章以及经济主体之间签订的正式契约；非正式制度则包括所有在正式制度无定义的场合起着规范人们行为作用的惯例或作为标准的行为，主要包括文化传统、价值观念、伦理规范、道德观念、意识形态等因素。正式制度和非正式制度是相互联系相互制约的，非正式制度支持正式制度，并为正式制度提供合法性，非正式制度的变化要比正式制度的变化缓慢得多。

新制度经济学特别强调非经济因素对经济发展的关键意义，特别重视对包括政治、法律、社会文化等因素在内的制度背景的分析，认为欠发达地区经济开发的主题是"矫正制度"。许多欠发达地区长期忽视制度缺陷及其带来的发展障碍，忽视对基本的制度框架的"软投资"，而只突出特定的能带来短期增长效应的"硬投资"，结果在旧的制度框架下，市场经济得不到顺利运行，经济发展常常陷入困境。因此，在任何国家和任何欠发达地区，经济发展的首要选择是选择适当的制度。

二、制度创新

一种制度的确立并非永恒不变的，制度能刺激经济发展，也能阻碍经济发展。因此，经济要不断发展，就必须不断地促进制度变迁和制度创新。所谓制度创新，是指制度变迁的过程，是制度创新主体为获得潜在收益而进行的制度安排。对制度创新研究最具代表性的理论成果是诺斯的制度变迁理论。诺斯制度变迁理论的一个核心观点就是"制度是重要的"。"制度"的重要性就在于它是一个地区、一个国家经济增长的最终决定力量。制度变迁分为诱致性制度变迁和强制性制度变迁。诱致性制度变迁是创新者在预期收益大于预期成本的情形下，自发倡导并组织实施的新的制度安排。强制性制度变迁是由政府命令和法律引入并强制性组织实施的一种制度安排。强制性制度变迁是对诱致性制度变迁的一种补充，从市场和政府的关系来看，前者是对市场功能失灵的一种弥补，是一种政府职能的发挥。制度创新即是对经济、社会等进步有重大积极影响的制度变迁，制度创新既是一个经济学范畴，也是一个社会关系范畴，既包括经济领域或企业的制度创新，也包括整个社会的各个具体领域和各团体的制度创新，其涉及一个社会的宏观、中观和微观组织的各个层面。

三、制度创新与经济增长

（一）为经济增长提供激励机制和约束机制

1. 形成有效率的经济组织

20 世纪 70 年代末，中央政府的"放权让利"作为一种激励机制，增强了地方政府发展区域经济的积极性和主动性，地方政府自发地充当了区域经济发展的主角，结合区域实际，创新出不同的发展模式，如闻名于世的"苏南模式"等，制度变迁和制度创新促进了有效率的私人经济组织的产生，并对私营经济主体的财富加以保护，从而推动了经济主体的投资积极性，促进了市场经济的大发展，提高了资源配置的效率，体现出制度创新的良好效果。

2. 影响经济发展的速度与质量

20 世纪 70 年代末，中国农村实行土地家庭联产承包责任制这一制度的创新，在劳动力、生产资料的投入没有增加的情况下，农业的产出却得到了大幅度的增加。其实，一大批经济学家很早就认为，促进经济增长所必需的条件主要是合理的制度结构。在这种合理的制度结构框架下，并不需要过分担心组织或个人进行努力的愿望及不断地进行知识积累和资本积累等问题，因为所有这一切都是人们追求自身利益最大化的本能反应，当然上述因素也同样可能会被错误的制度所抑制。

（二）降低交易成本

制度创新可以减少交易风险，提高交易效率，优化交易行为来提高产出增长率。比如，市场价格制度通过为参与者提供信息而增强交易的确定性，质量法、合同法可减少交易中的不守信用、提供假冒伪劣产品等机会主义行为。一旦制度稳定，各方利益达成均衡，人们将对经济活动的未来收益有稳定的预期，自觉地按既定规则从事经济活动，降低交易费用，促进专业化分工，实现区域经济增长。

（三）制度创新可以提高资源配置

制度创新把资源从非生产性或生产效率低的部门转移到生产性或生产效率高的部门。制度创新的意义在于通过设定新规则，把人们的努力及资源引导到生产性的创造财富的部门，这种创新虽然不能改变资源禀赋的状态，但却能向外移动生产可能性曲线，在不改变资源总量的情况下，增加产出与积累。创新的作用是把人们的努力从争夺既定财富分配的斗争引领到争相创造财富的有序竞争中，这种过程可以看成是一种帕累托改进。制度创新孕育出新的社会生活秩序。通过制度创新可以挖掘制度的效率潜能，使社会制度体系不断接纳新的变化，从而使其更具有弹性和活力，促进社会各领域的共同进步和经济的增长。

（四）保障区域间的有效合作

在我国区域经济发展进程中，区域竞争要比区域合作表现得更广泛、更突出。随着专业化程度的不断提高以及本区域市场的逐渐饱和，越来越多的区域已经认识到区域之间的合作比竞争更为重要。但是，目前区域间的合作程度和范围受到区域合作制度不健全的限制，更多的合作是基于区域领导人做出的承诺来保障的，缺乏法律效力，使得合作缺少稳定性。只有建立具有法律效力的合作制度，成立相应的合作机构，拥有相应的合作基金，才能保证区域间公平高效合作，促进区域经济增长。

第二节　制度创新在我国区域开放型经济发展中的作用

一、区域制度差异导致了区域开放型经济发展水平的差异

由前一章的实证研究结论可知，我国四大区域中，开放型经济发展水平最高的是东部地区，其次依次是东北地区、中部地区和西部地区。造成这种差距的原因，一方面是由于自身的经济社会条件决定的，另一方面主要在于我国实行的非平衡的区域发展战略。众所周知，我国的改革开放首先是从东部沿海地区开始的，而开放就是最大的制度创新。中国的对外开放作为市场化制度变迁的一个重要方面，其水平和进程更是具有非常明显的区域差异性和递进性，如1980年设立沿海经济特区，1984~1990年设立沿海开放城市和沿海经济开放区，2000年以后才提出了西部大开发、东北振兴、中部崛起等发展战略。东部地区由于得天独厚的区位条件以及良好的基础设施和经济技术基础，但更关键的是得到了中央十分特殊的优惠政策支持，东部地区的开放程度和水平在全国一直是遥遥领先。

随着国家发展战略和政策向西部地区、东北地区和中部地区的倾斜，这些地区的开放型经济发展水平也不断提高，特别是一些经济技术基础较好的省市区开放型经济发展水平已超越了东部地区的某些省市，如重庆市2012年开放型经济发展水平的综合排名居全国第五位，已超越了江苏、海南和福建等东部地区重要的开放省份。重庆市取得的成绩无疑是与国家的政策支持分不开的，2000年的西部大开发战略，2008年，重庆率先提出"建设我国内陆开放高地"，随后国务院批准重庆设立内陆保税港区；2009年，国务院批准"设立重庆北部新区内陆开放型经济示范区"；同年6月，国务院批准《关中—天水经济区发展规划》，要求该区"率先建成内陆开放区"；2010年，国务院批准重庆设立"两江新区"，要求建成"内陆地区对外开放的重要门户"。另外还有东北地区的辽宁省，中部地区的湖北省和河南省，西部地区的四川省等，都已成为区域开放型经济发展的领头羊。

二、区域制度差异导致了区域经济发展水平的差异

从我国区域经济发展实践来看，东中西部经济差距的根源在于制度供给和制度创新，主要表现在市场化程度、开放程度以及政府行政机制创新等方面。

在中国 20 世纪 80 年代以农村"家庭联产承包责任制"为重点的改革期间，区域发展差距是比较小的，其原因在于：一是当时农业增加值几乎占到 GDP 的 1/3，中西部地区农业发展水平起点低，扮演了改革的主要角色，具有较强的活力，所以受益较大；二是改革具有"分享式改进"的性质，大多数地区几乎均等地从中受益；三是改革效应以提高生产效率为主，主要通过激励生产者和管理者的投入积极性为主，与市场的发育程度关系不大，这使市场缺乏发育的中西部未受损失。

20 世纪 90 年代以来，随着改革重点从农村经济转入到城市经济，国有企业改革从试点转入全面推开并进一步延伸到金融、财税、生产要素价格等各个方面，地区之间从改革中受益的格局发生了很大的变化，地区发展差距不断扩大。其原因在于：一是东部地区的非国有企业快速发展，非国有经济比重不断提高，带来了地方经济的快速发展。二是由于国家对东部地区与西部地区实施了不同的区域经济政策，如在价格改革方面，我国采取的是先从终端产品和直接消费品市场开始进而向上游产业推进的反向价格改革使以重工业和能源原材料等基础产业为主的中西部地区蒙受了巨大的"剪刀差"利益损失，双轨制的价格政策使东西部地区处于不平等的竞争环境，从而扩大了产业结构不同的东西部的区域经济差异。三是在中央政府一系列优惠政策的影响下，资本、劳动和技术等生产要素流向东部地区的"热岛效应"越发明显，要素的集聚大大推进了东部沿海地区的外向型经济和高新技术产业发展。四是中西部的政府行政机制创新落后于东部地区，一方面，是由于经济开放发展程度难以在经济力量上为政府机制创新提供支持；另一方面，更重要的是非正式制度（如市场经济观念、文化观念、习俗等）对创新的制约，中西部开放观念、开放意识和风俗习惯等非正式制度对人们的影响根深蒂固，创新一旦触及这些就很难进行下去。2000 年以后，国家为了缩小地区差距，先后提出了西部大开发、振兴东北老工业基地、促进中部地区崛起等战略，地区差距不断加大的趋势有所减缓。

因此，改革开放以来，由于国家采取了市场化改革推进上的区域非均衡措施，又由于东南沿海与内陆地区在传统体制和传统文化的积淀与积累效应上的不同，使得东西部市场化制度变迁进程存在很大的差异性，正是这种差异导致了东中西部地区经济发展上的差距。

第三节　中部地区加快开放型经济制度创新的必要

中共十八大报告指出：要"坚决破除一切妨碍科学发展的思想观念和体制机制弊端，构建系统完备、科学规范、运行有效的制度体系，使各方面制度更加成熟更加定型"。"加快内地开放"，更需要以制度的规范性、秩序性和稳定性来确保开放的科学、协调和可持续发展。只有这样，加快内陆开放型经济发展，才能避免以拼土地、资源、环境为代价招商引资扩大对外开放的"路径依赖"及其梯度承接国际产业转移的"锁入效应"。制度创新对内陆地区开放型经济发展的必要性主要体现在以下三个方面：

一、有利于将国家战略转化为地区经济发展的内生动力

加快内地开放，是我国"全面提高开放型经济水平"的重大战略部署。近年来在国家的政策鼓舞下，内陆地区都加快了开放步伐，纷纷提出建设"内陆开放高地"的目标。2010 年年底河南省提出，"十二五"期间河南将更加积极主动地实施开放带动主战略，打造最具活力、最具吸引力、最富竞争力的内陆开放新高地。2012 年湖北省提出"坚持开放先导，以开放促改革促创新促发展"，"努力把湖北建成内陆开放的新高地"、"成为全国发展软环境最优地区"的奋斗目标。2012 年江西省提出"努力打造中部地区对外开放高地，不断提升对外开放水平"。2010 年湖南省提出"争做'四化两型'的排头兵，着力提升湖南的开放度，打造中部乃至全国的开放高地"。2014 年山西省提出"积极构建山西开放型经济新体系，培育山西开放型经济新优势，打造中西部地区开放新高地"。

为了提高中部内陆地区开放型经济发展水平，除了中部崛起区域发展战略外，国务院又针对不同的省份出台了一系列的国家级振兴战略，国家这些政策措施已经成为中部地区加快开放型经济发展的启动力和重要条件，如安徽省的国家级战略有："皖江城市带承接产业转移示范区规划（2010 年）"、"安徽省大别山片区区域发展与扶贫攻坚规划（2011~2020 年）"、"安徽省国家级战略性新兴产业区域集聚发展试点（2013 年）"。河南省有："河南省国家粮食生产核心区建设规划（2009 年）"、"中原经济区发展规划（2011 年）"、"郑州航空经济综合实验区（2013

年)"。山西省有："晋陕豫黄河金三角区域合作规划（2014 年)"、"山西省国家资源型经济转型综合配套改革试验区（2010 年)"。湖北省有：2006 年，武汉被国家确定为中部崛起的战略支点；2007 年，武汉城市圈获批"两型社会"综合配套实验区；2009 年，武汉东湖高新区获批国家自主创新示范区。湖南省有：2007 年，长株潭城市群被批准为全国"两型社会"建设综合改革试验区；2011年，湘南国家级承接产业转移示范区获批，11 月 15 日，"武陵山片区区域发展与扶贫攻坚规划"获得国务院批准。江西省有：2009 年，"鄱阳湖生态经济区规划"上升为国家级战略；2014 年，"赣闽粤等原中央苏区振兴发展规划"获国务院批复，上升为国家级战略。

国家级的发展战略作为一种外来的制度动力，具有很强的植入性和变动性，如何将国家的优惠政策转变为地区经济发展的内生动力，享受国家层面的制度红利，需要地方政府不断地进行制度创新来落实和实施，只有这样才能实现国家的发展战略，才能把国家政策启动的制度外来助力转变为以内陆开放型经济发展需求诱致形成的制度内生动力，才能最终实现地区开放型经济的发展。内陆开放型经济制度创新，是指制度供给主体通过调整与改变资源要素配置的边界和条件，形成适应内陆地区获得开放利益最大化要求的高度开放的经济体制和经济结构，这种高度开放的经济体制和经济结构的形成，必须通过制度创新来实现，有了制度内生力才能使经济主体在加快开放发展过程中具有较强的活力，东部沿海的经验也告诉我们，开放型经济发展的成功就是得益于制度创新的红利。

二、有利于推动开放模式创新

与过去东部沿海扩大开放不同，今天加快内陆开放既有严峻的国际经济环境的巨大压力，又有落实科学发展"加快转变经济发展方式"的新要求。要从根本上促进"加快开放"与"转变方式"的双重互动发展，就必须彻底"破除一切妨碍科学发展的思想观念和体制机制弊端"。目前，按照"加快转变经济发展方式"的要求，加快内陆开放还存在制度供给不足的问题：一是对外开放政策与制度的适用范围仍有局限；二是对外开放政策与制度的实施机制存在瓶颈；三是对外开放政策与制度的系统性、配套性、实效性水平有待提升；四是对外开放政策与制度对接的平台和法律性组织机制还未形成；五是制度供给主体的政府强制性主导与企业主动参与还很不匹配。因此，加强内陆开放型经济制度创新可以弥补中部内陆开放的制度供给不足，推动"开放模式创新"。

三、有利于保持地方政府对外开放政策的连续性和稳定性

"人事有代谢，往来成古今"，政府开放政策的实施不应该受到"人事代谢"的影响。"加快内陆开放"不能依靠领导人"个人的吸引力"，不能因为领导人的"人事更替"影响其发展的速度和进程，也不能靠领导人的解释去"保持对外开放政策的连续性、稳定性"。应该做的事是，加强内陆开放制度建设和制度创新，以制度的规范性、秩序性和稳定性来保障开放发展的连续性和稳定性。

本章小结

制度和制度创新分析表明，制度包括正式制度和非正式制度，正式制度是人们有意识地设计并创造出的行为规则，非正式制度则包括所有在正式制度无定义的场合起着规范人们行为作用的惯例或作为标准的行为。制度变迁分为诱致性制度变迁和强制性制度变迁，诱致性制度变迁是创新者在预期收益大于预期成本的情形下，自发倡导并组织实施的新的制度安排，强制性制度变迁是由政府命令和法律引入并强制性组织实施的一种制度安排。制度创新对区域经济增长的影响途径有：为经济增长提供激励机制和约束机制；降低交易成本；制度创新可以提高资源配置；保障区域间的有效合作。

制度创新在我国区域开放型经济发展中的作用表现为：区域制度差异导致了区域开放型经济发展水平的差异；区域制度差异导致了区域经济发展水平的差异。

制度创新对内陆地区开放型经济发展的必要性和紧迫性体现在：制度创新有利于将国家战略转化为地区经济发展的内生动力；有利于推动开放模式创新；有利于保持地方政府对外开放政策的连续性和稳定性。

第六章 中部地区开放型经济发展中的制度和政策创新

本章首先回顾了自中部崛起战略实施以来，中部六省经济社会合作方面制度和政策创新进展情况；然后从宏观层面、中观层面和微观层面分析了中部六省经济一体化的制度和政策创新；最后研究了中部六省对外开放的体制机制和政策创新。

第一节 中部六省经济合作进展情况

一、中部投资贸易博览会

中国中部投资贸易博览会（简称"中部博览会"）经国务院批准，由商务部、国家税务总局、国家工商总局、国家广电总局、国家旅游局、中国贸易促进会、全国工商联、中国工业经济联合会，山西、安徽、江西、河南、湖北、湖南六省人民政府联合主办，由中部六省轮流每年举办一次。第一届中部博览会于2006年9月26~28日在湖南长沙举办，截至2014年已成功举办九届。目前已成为中部六省引进省外和境外资金的主要平台。

"中部博览会"的活动内容主要包括货物贸易、投资洽谈、旅游洽谈、旅游推介和高峰论坛等。货物贸易主要是宣传展示中部各省优势产业及名优特产品。投资洽谈主要是开展会前投资促进、展示洽谈、投资推介、项目对接洽谈等。旅游推介主要是各省通过特装布展的形式展示和推介旅游资源，开展推介和洽谈。高峰论坛是围绕"中部崛起"，邀请国内外政要、商界精英、专家学者发表主旨演讲。

"中部博览会"是为了落实中央政府关于促进中部崛起的重大决策而举办的

大规模、高规格的区域性经贸活动，是推动中部六省扩大对外开放和加强区域及国际交流合作的重要平台。"中部博览会"对提高中部地区对内对外开放水平，促进区域经济协调发展，利用区域间生产要素和产业流动及转移加快的有利时机，发挥优势，促进中部地区国内外贸易发展，搞活流通，拉动内需，扩大消费，更好地承接国际产业转移和东部沿海地区产业梯度转移，借助外部资金加快发展，激发中部地区发展内在动力具有重要意义。

"中部博览会"为境内外投资贸易客商全面了解我国中部地区投资政策、获取重点项目建设信息、选择投资项目、开展经贸往来提供了绝好机会，同时，也为世界各地的企业进入中国、进入中国中部、展示自我寻求商机搭建了大好舞台。

二、旅游合作协议

（一）旅游合作协议

2006年9月26日在长沙举行的"中国中部旅游投资暨旅行商洽谈会"上，中部六省旅游局局长签订了《中部六省旅游合作协议》，联手打造"无障碍旅游"。协议主要内容如下：

一是积极促进客源互送，互为旅游目的地和客源输出地。积极宣传和促销六省的旅游资源和产品，力争每年组织一次对口旅游促销活动，引导和组织游客到其他五省旅游，力争互送游客逐年递增。

二是联合拓展旅游市场。加强对六省旅游精品的深度研发，在国内外市场上联合运作形成合力，轮流举行高层管理人员会议商讨市场营销良策。

三是共同营造发展环境。推进无障碍旅游区建设，逐步消除区域间的政策、市场和交通、服务等方面存在的障碍，加强六省旅游监管部门的信息沟通和执法联动，实现六省旅游网站的相互衔接和信息互动，协助相关部门尽快实现六省重点景区之间的地面、空中衔接。

中部六省旅游资源丰富，文化底蕴厚重，旅游客源市场巨大，合作交流空间广阔。《中部六省旅游合作协议》从优势互补、利益兼顾、共同发展的原则出发，推动了中部六省无障碍旅游区建设，促进了旅游业的一体化发展。

（二）旅游之声战略合作协议

继2006年签订《中部六省旅游合作协议》之后，2008年4月中部六省旅游局和中部六省人民广播电台在郑州共同签署了《中部旅游之声战略合作协议》，通过六省节目的互相推介，向占国土面积1/10、拥有3.6亿人口的中部地区进行旅游宣传推介，首期节目于 2008 年 4 月 25 日开播。《中部旅游之声战略合作协议》实际上是《中部六省旅游合作协议》的具体措施。

三、产品质量合作协议

（一）农产品质量安全合作协议

2009 年 11 月 18 日，在第四届中部六省省会城市农业经济协作会议上，中部六省省会城市签订了《农产品质量安全合作协议》，建立六城市农业部门农产品监督信息和执法协调信息通报协查制度，共同追溯不合格农产品的源头。协议的主要内容有：

一是六城市间加强农业标准化合作，相互及时通报农业地方标准、"三品"认证企业与产品名单、农产品地理标志登记产品名单等信息，加快推进农业标准化。

二是在六城市的农业信息网站上开设专栏，宣传、推介六城市的有机食品、绿色食品、无公害农产品、区域性优势产品和特色农产品及其生产企业。

三是组织优质农产品生产企业参加六城市举办的重大农业经贸交流展示活动，提高六城市优质农产品的市场知名度和竞争力，共同打造"中部农产品"知名品牌。

四是鼓励六城市农产品机构开展多种形式的技术合作活动，积极创造条件通过互派检测技术人员等形式加强学习、交流，提高六城市的农产品检测技术水平，为农产品的质量安全提供有力的技术支撑。

五是六城市要加强农产品质量安全检测合作互认，建立六城市农业部门农产品质量检测结果互认制度，在中部六城市内，任一城市县级以上农产品检测机构出具的农产品质量安全检测结构，其他省会城市均认可。

六是建立六城市农业部门农产品监督信息和执法协调信息通报协查制度，定期或不定期通报涉及六城市的农产品质量安全案件办理情况和查处结果，共同追溯不合格农产品的源头。

（二）质量信用体系建设合作协议

2010 年 9 月 26 日，在第五届中国中部投资贸易博览会重大合作项目签约仪式上，中部六省质量技术监督部门共同签署了《中部六省质量信用体系建设合作协议》，标志着中部六省将合力打造"质量中部"、"诚信中部"。在这届中博会上，中部六省质监局还召开了联席会议，以确立更紧密的合作关系。

《合作协议》本着"服务经济、优势互补、协同发展"的原则，努力构建中部六省企业质量信用管理体系，整合企业质量档案以及行政许可、认证认可、监督检查、表彰奖励、违法违规、重大事故等信息资源，探索建立中部地区企业质量信用等级评价体系，加强企业质量信用信息的动态更新与信用等级的实时评价，实现企业质量信用管理体系的统一性和可兼容性。

《合作协议》明确，建立质量信用信息共享与交流机制，实现企业质量信用信息互联互通。以统一的企业质量信用管理体系为基础，对中部六省合作各成员单位认定的质量信用等级实施互认制度。对质量信用记录良好的企业，在中部六省区域内享受同等优惠政策，对质量信用记录不好的企业，在中部六省区域内形成联合监管网络，努力构建起引导企业"讲诚信、重质量"的良好环境和强大合力。

《中部六省质量信用体系建设合作协议》是中部六省质监事业发展的现实需要，也是中部地区实现崛起的现实需要，有助于共同推进中部地区赶超发展、加速崛起。

（三）质监局稽查机构合作协议

2012年12月26日，中部六省质监局稽查机构负责人在武汉签署《中部六省质监局稽查机构合作协议》。这是全国质监系统建立打假扶优合作机制、提升区域企业质量和效益的一种新探索。湖北省62家名优企业负责人和10名执法打假技术顾问参加了《协议》签字仪式。

根据《协议》，中部六省质监局稽查机构将在五个方面展开合作。一是构建六省合作联动机制。二是加大对六省名优企业产品服务和保护力度、对涉及假冒名优企业及其产品的投诉举报事项，各成员单位应建立办理的绿色通道，并及时知会办理结果。三是开展联合执法打假活动，在六省区域内，加强制售假冒伪劣产品违法行为查处领域的合作，联合开展专项执法打假活动，探索联合执法、联合办案途径，组织开展联合执法检查，加大对制售假冒伪劣产品违法行为的打击力度，形成执法打假合力。四是建立信息通报机制。五是建立打假扶优协作年会制度，通报合作进度和合作成效，协调解决打假扶优合作中的有关问题，研究部署六省打假协作重大事项，指导和推进六省合作深入开展。

中部六省地域相近、经济发展程度相同、历史渊源深厚，交流合作日益频繁，市场竞争也十分激烈，加强六省合作，建立中部打假扶优协作长效机制，在信息互通、资源共享、互动协作，重大事项通报协商，加大对六省名优企业产品服务和保护力度，对企业的合法性诉求予以支持等方面开展全面合作，既是一种工作创新，也是提升区域企业质量和效益的一种有效途径。

四、口岸"大通关"合作协议

（一）上海口岸办与中部六省口岸办大通关合作协议

2006 年 9 月 26 日，在湖南长沙举办的首届中国中部贸易投资博览会上，上海口岸办与中部六省口岸办签订了"加强口岸'大通关'合作，促进现代国际物流发展"的框架协议。加强上海与中部省份口岸"大通关"合作，促进中部现代国际物流发展，是落实党中央、国务院关于实施中部崛起战略的重要举措，也是上海服务长江流域、服务全国发展的战略要求。

上海口岸与中部各省口岸合作有着良好的基础，统计显示，湖北、湖南、江西、安徽有相当数量货物进出口是依托长江水道，通过上海口岸进出的。湖北从上海口岸出口的货物总量、集装箱量比重占到本省出口比例的 98%；江西通过上海水运中转的集装箱总量占本省口岸集装箱总运量的 97%；湖南通过上海口岸的进出口货运总量、集装箱量约占全省进出口总量的 40%；安徽通过长江从上海进出口货物占全省的进出口货物的 25%。

合作协议从六个方面提出了加强口岸合作建议：

一是上海口岸工作领导小组办公室和中部六省人民政府口岸办公室要充分发挥口岸管理和"大通关"协调服务的职能，围绕发挥口岸功能，提高通关效率，促进现代国际物流发展，加强交流合作。

二是支持上海海关与中部六省海关在海关总署统一部署下加强关区合作，积极探索上海与中部地区区域通关改革，方便物流通关，降低物流成本，促进现代国际物流发展。

三是支持上海国际港务（集团）股份有限公司与中部六省港口运营管理部门的合作，依托长江黄金水道，不断拓展港口物流合作的领域，为长江流域中部省份发展现代物流提供上海海港口岸的枢纽服务功能。

四是支持上海空港口岸和铁路口岸运营管理部门与中部六省空港口岸和铁路口岸运营管理部门的合作，探索切实可行、互惠互利的合作领域，为中部六省发展现代物流提供上海空港口岸和铁路口岸的集疏服务功能。

五是支持上海"大通关"信息平台运营单位上海亿通国际股份有限公司与中部六省"大通关"信息平台运营单位的合作，探索符合实际的上海与中部地区通关物流信息化合作项目，为构建上海与中部六省口岸快速通关物流体系服务。

六是支持上海口岸相关单位和中部各省口岸相关单位按照自愿、规范和市场化运作的要求开展促进现代国际物流发展合作。

（二）沿海部分省市与中部六省口岸大通关合作框架协议

在 2007 年 4 月举行的中部博览会上，青岛、天津、上海、福建、宁波、广州、深圳等沿海六省市一起与中部六省签署了《沿海部分省市与中部六省口岸大通关合作框架协议》。此次沿海省市与中部六省口岸大通关合作是在 2006 年开始的中部六省与上海口岸合作的基础上，进一步向沿海主要口岸的延伸与拓展。

合作各方将加强横向联系，建立联络协调机制，拓宽合作渠道和合作领域，建立多层次、多渠道的合作格局。同时，各方还将创新通关便利措施，简化通关手续，规范通关程序，积极实行 24 小时预约通关制度，对守法的进出口企业实行跨区域"属地申报、口岸验放"。

这一合作既有利于进一步理顺中部地区的出海通道，促进中部地区扩大进出口，实现中部地区国民经济又好又快发展，又可以发挥沿海口岸向内陆辐射的功能。

五、人才合作协议

（一）第一、第二届中部崛起人才论坛人才合作协议

为推动人才战略区域一体化进程，中部六省组织人事部门联合发起了"中部崛起人才论坛"。首届论坛 2005 年在河南省郑州市举办，通过了《中部六省人才开发合作共同宣言》（简称《郑州共同宣言》），第二届论坛 2006 年 12 月 11~12 日在武汉举行，通过了《促进中部地区崛起六省人才共同行动宣言》（简称《武汉共同宣言》）和《中部六省高层次专业技术人才合作协议》（简称《东湖合作协议》）。

《武汉共同宣言》提出牢固树立"人才资源是第一资源"、"中部崛起，人才先行"的科学理念，确定经过 3~5 年的努力，逐步实现中部地区人才总量稳定增长，人才结构趋于合理，人才素质明显提高，人才创业环境进一步优化的人才工作目标；提出消除人才流动的身份、户籍、所有制、社会保障等体制性障碍，科学界定人才资本产权，建立中部地区两院院士、"长江学者"计划、特聘教授等各类高层次人才信息库，互相开放博士后科研工作站，建立"中部人才网"，构建统一、开放的中部人才大市场等人才合作的具体措施。

《东湖合作协议》提出建立中部六省高层次人才合作联席会议制度；建立各省高级专家库及其他各类高层次人才资源信息库；联合举办大型高层次人才交流会或网上高层次人才招聘会；逐步实现中部六省人事部门评聘的各类高级专业技术职务资格及证书、各类高层次人才证书互认，构建统一的人才评价体系；共建

各类高层次人才培养基地或培训中心，共同组织各类专家服务团定期深入农村基层为新农村建设服务。

(二) 第三届中部崛起人才论坛人才合作协议

在2008年11月2日结束的第三届中国·中部崛起人才论坛上，中部六省组织、人事部门经过沟通协调，就进一步加强人才合作达成了三个协议，分别是《关于进一步加强中部六省人才合作的意见》、《中部六省高层次专业技术人才培养合作协议》、《中部六省联合举办高校毕业生就业服务月活动协议》。三个协议的主要内容如下：

(1) 建立高层次人才共引、共育、共享机制。为解决高层次创新创业人才普遍缺乏问题，六省将采取以下措施进一步加强高层次人才开发与合作：一是建立高层次人才共引机制，统一面向社会发布和招聘高层次人才。二是建立高层次人才共育机制，定期轮流面向中部六省高层次人才举办培训班，实现高层次人才培养优势互补。三是建立高层次人才共享机制，开展互派博士服务团、互派青年干部挂职锻炼活动，建立中部六省高层次人才库。四是试行人才特区制度，引导和鼓励特区内高层次人才自由流动。此外，六省还将各自建立一个具有本省特色的高层次人才培训基地。各培训基地每年面向六省办一期培训班，名额为每个省10人左右。

(2) 合力建设一批人才创新创业载体。为加强资源整合、统筹协调，六省将合力建设一批人才创新创业载体：即依托国家在中部地区建立的重点实验室、工程技术中心、科研基地、博士后科研流动（工作）站和高新技术产业基地，联合推动产学研一体化和科技成果的转化；打破行政区划界限，鼓励支持联合申报建立国家级区域科研中心、工程技术中心和人才培养实践基地，联合申报国家实施的重大高新技术研发计划项目资助计划及政府资助创办的各类高新技术研究中心；鼓励支持相互开放重点实验室、图书馆、技术评价机构等，共享科技信息、科技文献等基础性科技资源。

(3) 联合举办"高校毕业生就业服务月"活动。从2009年开始，每年的第四季度，六省联合举办"高校毕业生就业服务月"活动，并与国家人力资源和社会保障部的"高校毕业生就业服务周"活动相衔接。服务月期间，除共同举办网络招聘大会外，各省人才市场还将举办一次现场招聘大会。各省组织人才部门将广泛收集毕业生人才信息，扩充并更新高校毕业生人才库，帮助用人单位招聘合适人才，提高毕业生就业推荐成功率。

(三）先进装备制造业人才合作协议

中部六省都是人力资源大省，但六省却普遍面临装备制造业人才匮乏的制约瓶颈。2010 年 10 月 26 日中部六省共同签署了《中部六省先进装备制造业人才合作协议》(简称《协议》)，迈出了破解这一难题的有力步伐。深化人才合作、助推中部崛起，是中部六省的共同愿望、共同使命。

《协议》明确当前和今后一个时期，中部六省将重点搭建先进装备制造业人才培训教育、智力引进、供求信息和组织机构联络四大互动平台，在人才培养、高层次人才引进、产学研、人才信息资源共享、职业资格证书互认 5 个重点领域加强合作。逐步建立"人才共育、信息共享、项目共建、工作共荣"的区域人才开发合作一体化联盟。统筹协调，进一步完善合作机制，共同推进资源共享、政策协调、制度衔接和服务贯通，形成互相兼容的人才政策框架、人才市场网络和人才服务体系。扩大共赢，进一步发挥合作优势，从平等自愿、优势互补、互惠互利、合作共赢、共同发展的视角出发，协同作为，在有序竞争中发展适合自身特点的人才合作"中部模式"。

根据中部六省装备制造业人才合作协议，六省将开辟高层次人才合理流动绿色通道。联合举办大型人才招聘会，以中部六省统一的社会形象、品牌形象组织六省先进装备制造业用人单位到区域外招聘各类人才，形成人才招聘的品牌效应。

推进区域间人才开发和合作，是人才工作贯彻落实科学发展观的重要举措，也是促进区域协调发展、加强区域经济协作的必然要求。近年来，中部六省区域性人才服务、合作机制陆续建立，人才开发与合作不断加强，有力地促进人才在不同区域间的流动。中部崛起人才论坛作为全国区域性人才开发、合作的重要一环，围绕各自特点开展合作，在促进中部人才开发合作和经济共同发展上取得丰硕成果，有利地推动了中部地区崛起战略的实施。

六、创新服务联盟合作协议

2012 年 10 月 31 日，在太原生产促进中心成立 20 周年座谈会上，中部六省省会城市生产力促进中心签订了《创新服务联盟合作协议》，中部六省省会生产力促进中心正式结成创新服务联盟。

创新服务联盟的成立，在中部六省会之间架起一道加强联谊、密切协作、交流经验、相互促进的桥梁，将在整合科技资源、促进成果转化、服务产业创新、推动企业技术创新等方面加强交流和合作，共谋发展，共创未来。

七、知识产权发展合作机制协议

2004 年 11 月 1 日，中部六省知识产权局局长在湖北宜昌签署了《中部六省知识产权发展合作机制协议》，开始建立和加强中部六省知识产权发展合作机制。中部六省将本着"自愿、协作、整合、发展"的原则，在知识产权管理与交流、知识产权战略研究、专利技术开发实施、专利行政保护、专利文献信息的开发利用、知识产权人才培养等方面，开展全方位、多层次、多形式的合作。

中部六省将成立中部六省知识产权发展协调领导小组，由国家知识产权局领导任协调领导小组组长，国家知识产权局有关部门负责人及中部地区各省知识产权局局长为成员共同组成，六省知识产权局分别设立秘书处，负责具体的协调工作。

中部六省同处中部地区，其区位相同、经济发展相当，知识产权发展处于同一水平，面对新一轮区域经济发展调整的历史机遇，建立中部六省知识产权发展合作机制，有利于中部六省知识产权工作形成资源共享、优势互补、相互促进、共同发展的良好局面，促进中部地区经济发展。

第二节 中部地区经济一体化的制度和政策创新

上节的分析表明，为了促进中部崛起和区域经济协调发展，中部六省在旅游、人才、产品质量、口岸"大通关"、创新服务、知识产权等方面都签署了相关的合作协议，对促进中部区域经济协调发展起到了一定的推动作用，但目前来看，中部地区经济一体化的程度还很低，行政区划和经济区划的矛盾并没有根本解决，地区壁垒仍然大量存在，合作协议的约束力和执行情况效果并不是很显著，需要继续探索新的促进经济一体化的制度和政策。

一、区域经济一体化的内涵、性质及障碍

经济一体化（Economic Integration）有三个不同的层次：不同国家间的经济一体化；世界范围内的经济一体化；一个国家内某些地区间的经济一体化。不同国家间经济一体化的目的是为了获得因国际分工而带来的经济利益，提高参与国的国际竞争地位。同样一个国家内部不同地区间的经济一体化也是为了获得因地

区间的合理分工合作带来的利益，提高各个地区的经济实力以及整个地区的国际竞争力。一个国家内经济一体化的概念源于不同国家间的经济一体化，但并不涉及国家与国家间的经济关系，因此，它有其特定的内涵。长期以来我国的区域经济发展呈现出"行政区经济"的发展态势，它表现为行政区划对区域经济的刚性约束。行政区经济加剧了不同行政地区经济的结构同化，自成体系，重复建设，资源不能优化组合，影响了规模经济效益和产品质量的提高，削弱了区域的整体优势与特色。因此，目前笔者比较认可的是朱金海教授对国内区域经济一体化的定义："冲破行政管理体制的界限，以市场为纽带，以企业为主体，并由宏观调控组织引导，建立功能合理分工、资源合理配置、产业相互协调、资金互为融通、技术相互渗透、人才互为流动的现代经济一体化区域。"因此，我国区域经济一体化的主要障碍是跨行政区的制度创新不足。

经济一体化包含两种性质：制度性一体化与功能性一体化。制度性一体化指的是根据各国（或地区）达成的协议和条约，由特定的一体化组织管理机构加以指导的，有明确的制度性安排的一体化进程。功能性一体化指的是成员国之间（或地区间）在经济各领域中实际发生的各种障碍的清除及经济的融合和依赖性的增强。制度性一体化是在功能性一体化发展的基础上，彼此认识到需要有一定的规则加以规范和指导，从而达成某种协议和条约。功能性一体化虽然代表了经济一体化的实质性内容，代表了各国（或地区）市场经济自发的内在要求，但在这种自发力量支配下的国与国（或地区与地区）之间的经济活动往往是不稳定的、脆弱的；而制度性一体化通过国与国（或地区与地区）之间的协议、条约的方式，将国际（或区域）经济关系加以巩固和经常化，因此，它成为经济一体化走上正轨的直接因素，功能性一体化从中获得了持续健康发展的保障。

二、中部地区区域经济一体化的制度创新

（一）宏观层面：构建跨行政区的协调机构

区域经济一体化的制度创新包括各行政区内的制度创新和各行政区间的制度创新，对于跨行政区的制度创新其难度要大于单个行政区的制度创新，其原因在于：由于地方政府领导业绩考核指标的经济导向而造成的地方保护主义。因此，各行政区政府在区域一体化过程中参与制度创新的目标导向将是影响一体化进程的主要因素。在我国目前的政治体制及经济体制下，只有充分发挥地方政府在制度创新过程中的主导作用（即强制性制度变迁）才能保证经济一体化进程的顺利推进。

1. 地方政府的制度创新

根据地方政府在制度创新中所处的地位和角色，地方政府制度创新行为主要有以下三种类型：①中央政府授权的制度创新行为。如地方政府实施的国家发展战略，如"中部崛起战略"、"中原经济区"等。②地方政府自主的制度创新行为。如地方在行政改革中根据本地的实际采取不同的策略和模式。③地方政府与微观主体合作博弈的制度创新行为。例如，改革开放以来我国私营企业的蓬勃发展就是地方政府与微观主体合作博弈制度创新行为的生动体现。无疑后两种制度创新类型（称为地方政府主导型制度变迁方式）具有收益大、风险小的优点，有利于制度创新的供求达到社会最优的均衡状态，取得较大的规模效益。因此，要充分发挥地方政府在制度创新中的主导作用。

但同时地方政府主导的制度创新也会带来影响地区间经济协调发展的制度障碍，例如：①地方政府制度创新可能会形成"地方保护主义"。地方政府的行为目标是使本地区的经济利益最大化，保护并发展本地区微观主体的经济福利。因此，政府的制度创新有可能演变成凭借行政权力从外部吸引稀缺资源，刺激地方经济发展。如在市场开放方面，对本地企业和外地企业在政策上实行差别待遇。②地方政府制度创新可能会产生"短期行为"。有些地方政府主要官员在任期内实施制度创新，其目的主要是实现垄断租金最大化（主要表现为职位的升迁、权力的稳定性、对资源的支配力及灰色收入等）。如许多地方政府往往将"引进外资"列为主要政绩，盲目批出大量土地，使"开发区"不开发。

对于以上两种地方政府的制度创新的弊端必须加以纠正，否则地方政府的制度创新程度越高，其地区经济一体化的障碍越大，为此，建议如下：①解决地方保护主义，关键是要加快市场经济体制建设，保证各类企业和各地方自由竞争、公平竞争，形成统一、开放、有序的市场体系，充分发挥市场进行基础性资源配置的作用，调整利益分配关系，控制和消除"权力寻租"的基础。为此，要改变传统的政府对微观经济的过度干预现象，真正实行政企分离，建立新型的政府与企业关系，形成以企业为主体的利益格局，政府对微观经济主体的活动，采取"引导而不直接干预"的做法，使地方保护主义失去存在的前提。②进一步改革我国政治体制，改革地方政府的业绩考核指标，进一步淡化地方政府的经济职能。在我国中央或上级部门对于地方政府领导人功绩的评价，总是以各种经济指标衡量，如地方经济总量、GDP 的增长率、财政收入增长情况、税收情况等，因而这种评价方法在无形中就增加了地方政府的经济职能，难以充分发挥市场的纽带作用和企业在经济中的主体地位。因此，为了实现区域经济的一体化发展，必须进一步改革我国政治体制，淡化地方政府的经济职能。通过政府从"权力政府"向"责任政府"的转变，进一步推动经济体制改革的深化，加快计划经济向市场经济和法制经济转变。

2. 跨行政区的制度创新

（1）欧盟的制度创新过程借鉴。众所周知，欧盟是第二次世界大战后区域经济一体化发展最快的经济一体化组织，也是一体化程度最高的区域，其运作机制值得我们深入研究和借鉴。纵观欧盟经济一体化的进程，其实质是一个跨国度的制度创新过程，作为一种制度安排，欧盟在一体化的每个阶段都制定相关法律，成员国彼此实施一致的政策。如《巴黎条约》建立了欧洲煤钢共同体，反映了特定部门的一体化；《罗马条约》建立了关税同盟，实行区域内贸易自由化；《单一欧洲法案》对商品、劳务、人员和资本的自由流动列出了约300项立法；1993年，欧洲统一大市场正式形成，随后，欧共体成员国签署了《马斯特里赫特条约》，并于1999年实现了经济货币联盟。同时为了保证统一的法律、法规和政策的有效实施，欧盟要求各成员国让渡部分经济主权，由超国家机构统一调控，到目前为止欧盟已建立了一套结构紧密的"超国家共同体机构"，包括欧洲理事会、部长理事会、欧盟委员会、欧洲法院和欧洲中央银行等。在此期间，欧盟一体化范围不断扩大且向纵深方向发展。

（2）中部地区跨行政区的区域制度安排。跨行政区的制度创新主要是制度一体化，制度一体化就是制度上的接轨、游戏规则的接轨，就是要消除区域内政府行为的差异。长期以来，我国各行政区域政府的制度安排都是以本区域的经济发展为出发点的，缺少各区域间的相互协调，区域间的制度摩擦较大，导致了区域间经济联合、共同发展的成本加大。

新制度经济学的代表道格拉斯·诺斯曾有这样的名言："有效的经济组织是经济成长的关键，一个有效率的经济组织在西欧的发展正是西方兴起的原因所在。"因此，区域经济一体化的主体组织机制是一体化进程的"变压器"，既能加快也能阻碍区域一体化的发展。芒福德也指出："如果区域发展想做得更好，就必须设立有法定资格的、有规划和投资权利的区域性权威机构"，一定形式的管理组织是区域发展调控的基础与实施主体。从欧盟的一体化进程可知，区域内的制度一体化是保证其功能一体化实现的重要保障，同时制度一体化需要有一个高效的区域合作协调机制，如美国曾建立过密西西比河管理局，因此，我们需要将已有的区域一体化发展的一些对话平台打造成一种制度平台，保证经济一体化所需的制度供给，为此，建议建立如下有权威的组织保障体系：

第一方案：由国务院批准设立中部六省特别行政区。在当前全国传统行政区划的设置、功能和性质一时无法改变的情况下，采取经济"特别行政区"的办法，以确保个别具有特殊经济潜能的地区，克服传统行政区划的束缚，充分发挥其规划、组织、协调的功能，是完全必要的。行政区划范围的设定应由国务院牵头，六省共同协商。

第二方案：国家成立"中部六省经济管理局"，统一规划、协调和实施中部六省经济的互动，这在国外已有成功先例，如美国曾建立过密西西比河管理局。并赋予"中部六省经济管理局"规划、决策和协调的职能。同时，可以颁布《中部六省协调发展管理法》，设立跨地区的中部六省地区法院等，以克服地方保护主义，统一执法。

除了建立有权威的组织保障体系外，还可通过以下方式来加强中部六省之间的合作和交流：

一是定期召开六省联合会议。六省政府之间要建立起六省的联合会议制度，定期召开会议，对中部六省的发展情况进行汇报和讨论，提出新一轮的发展方案，加强六省之间的合作和联系。会议领导可由六省领导分别担任，会议做出的决策高于各省政府的决策，对中部发展起到指导性的作用。

二是举办中部论坛。中部的发展规划除了要有中央政府的正确决策以外，更需要相关人士的集思广益、献言建策。建议定期开展中部论坛，由六省轮流举办，齐集专家、企业家和政府部分代表对生产发展中的问题、困难和成就进行沟通和交流，这样各个部门、角色之间才能够互相理解，打通沟通障碍的环节，集合多方的观点和意见，更好更快地促进中部地区的发展。目前合作比较成功的是"中国中部投资贸易博览会"（简称"中部博览会"）。

三是成立专家顾问委员会。中部发展离不开专家的学术性指导。成立专家顾问委员会，能够为中部地区发展战略的实施提供正确的理论指导，负责从学术角度提出更具实际操作性和更科学的决议决策，带领中部更快更好地发展。

（二）中观层面：建立跨行政区的行业协会等中介组织

为了促进中部六省产业一体化发展，可考虑建立跨行政区的行业协会等中介组织。协会组织是近30年来引起广泛关注的一个制度领域，在制度化较强的场合，它甚至被称为"私欲政府"（Streeck and Schmitter, 1985）。行业协会是具有同一、相似或相近市场地位的特殊部门的经济行为人组织起来的，界定和促进本部门公共利益的集体性组织。其行为方式主要有以下四种：组织和（强制）实施成员间的合作行为；与其他协会组织订立集体性合约；为了成员的利益变通或影响政府政策；提供交易的各类信息。行业协会作为一种治理机制不仅在欧洲和日本，甚至在美国的经济部门的治理中都发挥着重要的作用。

1. 行业协会的中观协调作用

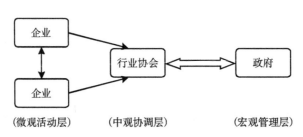

图6-1　行业协会的中观协调作用

随着政府机构的改革和职能的转换，以及社会主义市场经济的建立，政府将逐渐退出微观领域的经济管理，也就是说，政府不再直接管理企业的经营，而是处在宏观层面从事宏观经济调控和社会管理。从理论上讲，企业是市场的主体，应根据市场要求，按利益最大化原则做出自己的决策，处于国民经济的微观活动层。但是，市场是复杂多变的，企业要做出正确的决策，就必须及时、准确、全面地掌握与处理信息。这靠单个企业的力量是难以做好的。因此，从宏观经济到微观经济之间还有一个中观经济的层面，即各种行业经济，而行业协会属于这一中观实体。可由行业协会来帮助企业收集信息，协调关系，规范行为。因此，政府退出微观经济管理之后，由于行业协会所具有的专业优势和人员优势，政府可以将一些诸如行业发展规划、质量标准、业务统计、职称评定、产品展销、政策建议等任务授权行业协会来完成。政府则主要指导、监督行业协会的活动，发挥行业组织管理中观经济的作用。使政府从繁杂的事务中解脱出来，把不应由自己行使的职能分解出来，集中精力做好经济社会宏观发展的规划和管理。因此，要建立和健全行业协会，充分发挥行业协会的作用。

服务企业、服务政府，行业协会这种双重服务的职能赋予了其沟通政府和企业的桥梁作用。一方面，国家要将宏观调节信号，通过市场传到微观领域；另一方面，微观经济活动主体对宏观调节信号做出反应，并将结果反映在宏观经济总体上。行业协会能够获得来自政府和企业两方面的信息，形成其他组织所不具有的信息优势。即行业协会利用自己所具有的专业优势和人才优势可以通过自己组织的各种活动和渠道，宣传政府的方针政策，及时传播国家发出的与本行业有关的调控政策。同时还可以广泛收集和整理企业信息、市场动态和经济参数，以及来自各方面的愿望和建议，及时反映给国家有关部门，加强信息的集聚和反馈，为政府制定产业政策、行业发展规划提供可靠依据。因此，行业协会具有双向传递信号作用，可减少损耗、缩短反馈时间，提高反应灵敏度和信息准确度。

对于企业来说，行业协会可为业内企业带来如下优势和效益：①行业协会能够将同行业的新产品、新技术以及市场需求等信息及时地反馈给企业，使企业对技术、市场的变化做出及时、准确的反应；②行业协会通过举办展销会、交流会、研讨会，为企业提供展示各自企业产品和科研成果的平台，同时加强企业之间的技术、质量等的交流与合作，实现行业内各企业间的资源共享、优势互补；③通过行规、行约实行行业自律，为各种所有制企业平等参与市场竞争创造条件，维护正常的市场秩序，制定统一的行业"游戏规则"；④通过指引、协商、劝导等方式，促进行业内产权的合理流动和重组，优化产业结构和资源配置，避免重复建设和引进。

2. 跨地区的行业协会与中部地区产业一体化

产业结构特别是工业结构雷同现象在中部六省各城市间相当普遍且严重，已成为提升该地区产业竞争力的重要障碍，也是中部地区实现一体化发展的难点和最大障碍。因此，目前中部六省工业领域的竞争性远远大于其合作性，产业结构调整的难度很大。

中部地区工业结构仍以重工业为主，优势产业主要集中在以电力、热力生产和供应及黑色金属冶炼及压延加工业上，具体中部各省比较优势产业如下：①湖南：烟草加工业，有色金属矿采选业，有色金属冶炼及压延加工业，自来水生产和供应业，石油加工及炼焦业，非金属矿采选业，印刷业，记录媒介复制业；②湖北：交通运输设备制造业，黑色金属矿采选业，非金属矿采选业，食品加工业，黑色金属冶炼业等；③河南：有色金属矿采选业，煤炭采选业，非金属矿采选业，有色金属冶炼及压延加工业，食品加工业，食品制造业，专用设备制造业，电力、蒸汽、热水生产和供应业，造纸及纸制品业；④山西：煤炭采选业，有色金属冶炼及压延加工业，黑色金属冶炼及压延加工业，石油加工及炼焦业，黑色金属矿采选业，电力、蒸汽、热水生产和供应业；⑤江西：有色金属冶炼及压延加工业，有色金属矿采选业，医药制造业，印刷业，记录媒介复制业，木材加工及竹、藤、棕草制品业，木材及竹材采运业，交通运输设备制造业，食品加工业，自来水生产和供应业，电力、蒸汽、热水生产和供应业；⑥安徽：黑色金属矿采选业，煤炭采选业，饮料制造业，橡胶制品业，木材加工及竹、藤、棕草制品业，烟草加工业，有色金属冶炼及压延加工业。中部六省除去山西（山

西主要以煤炭及相关产业带动为主）几乎所有省份的产业相似系数都大于 0.8，
而西部地区平均产业相似系数为 0.7 左右，东部地区为 0.75~0.8 左右。

产业的空间整合主要根据市场经济的原则由企业作为主体来运作，企业是经
济活动的主体，是市场竞争的直接参与者，企业集团该不该组建、何时组建、如
何组建都应该取决于企业而不是政府主管部门。根据市场经济运行的原则（要素
的流动是利益导向的），不可人为地规定某地区应该发展何产业、不应该发展何
产业，否则不仅不会实现联合发展，而且还会阻碍计划经济向市场经济转变的进
程。然而如何推动企业间的联合发展呢？

基于以上的分析可知，从行业协会的功能来看，它具有传递信息的中介作
用，还具有优化配置资源、促进行业内产权的合理流动和重组、避免重复建设以
及统一行业竞争规则等作用；另外从难易程度来看，这类组织目前正处于发育初
期，在区域范围内进行重组和调整阻力也较小。因此，组建区域性的非政府组织
如行业协会，以及其他区域性社会中介组织，使之成为区域经济、社会一体化整
合的工具，是中部六省经济一体化的制度和组织创新的一个重要突破口。

不同地区的行业协会应加强联系，突破地区间的封锁，形成开放的、有机的
统一体。通过各个地区间行业协会的相互联合，实现整个中部地区产业发展的互
动与融合。行业协会的联合对于行业内部发展来说将很有好处，如通过指引、协
商、劝导等方式，加快信息、资金、人才等在整个地区不同企业间的流动，促进
整个中部地区行业内产权的合理流动和重组，最终推动产业的纵向一体化和横向
一体化的发展；另外通过行规、行约实行行业自律以及统一的"游戏规则"，为
各种企业平等参与市场竞争创造条件，维护正常的市场秩序。因此，在一定意义
上讲中部地区行业协会的发展可以优化该区域内产业结构和资源配置，避免重复
建设，促进产业集群。

同时，行业协会的联合更有利于推进中部地区制度一体化的建设，如政府行
为一体化。一般来说，中部各地区政府制度的安排都是以本地区的经济发展为出
发点的，因此，各地区间政府制度安排的差异性成为一体化发展的深层次障碍，
故推进各地区政府行为的一致性，是解决中部地区经济一体化的关键所在。行业
协会与政府的作用机制如下：

各个地区的行业协会首先本着各地区共同发展的方针和互惠互利的原则，同
时利用自己所拥有的信息优势和行业知识对不同地区的行业发展政策进行研究和
磋商，消除阻碍行业发展的壁垒，制定能够实现"多赢"的行业发展政策建议和
共同遵守的行业法规，并将这些建议传达至各自的地方政府，各地方政府根据它

们的政策建议，修改有关已有的发展政策并达成一致，然后反馈给各地区的行业协会，指导各地区的行业发展，从而实现政府行为的一致性，保障中部地区产业的一体化发展。

通过行业协会的联合来推动产业的联合发展，是建立在行业协会职责明晰、功能完善的基础之上的。目前中部地区行业协会主要存在的问题：一是行政依附性强，独立性差，没有实现真正的"政会分开"，政府色彩较浓；二是行业协会功能不强、整体水平不高，许多行业协会的职能存在缺陷，自律机制不健全。为此，对行业协会的发展提出如下建议：

（1）进一步推动"政会分开"，唯有如此行业协会才能成为真正意义上的行业协会。否则行业协会就不会发挥它应有的功能。具体措施如：政府经济职能部门须在机构、人事等方面与行业协会剥离等；政府要敢于授权，把不适宜自己完成的任务（如行业发展规划、质量标准、行业法规、政策建议等）授权行业协会来完成。但行业协会与政府经济职能部门脱钩之后，行业协会同时接受政府的"社团组织管理"与"中介组织管理"的双重监管。

（2）行业协会的成员组成中，要吸收不同规模、不同所有制、不同经营方式的企业共同参与，同时要与科研机构、科研人员、金融机构、产权交易所等与行业发展有关的机构和人员进行合作和交流，为行业的健康发展共同出谋划策。

（3）进一步加强行业协会的功能，即一是进一步加强行业协会经济信息的双向传递功能，协会要在企业市场竞争中发挥作用，要为企业服务，为领导服务；二是行业协会要在生产要素（包括设备、资金、人才等）交流中，促进信息交流，促进企业间的合作以及产权重组等，组建大的企业集团；三是行业协会要成为行业的发言人、企业的代言人，要敢于做政府和企业的协调人，敢于与政府对话；四是行业协会要对当前有关该行业的迫切性的问题进行研究，要与政府联手进行研究。

（三）微观层面：加快不同地区企业制度的整合

经济一体化的过程就是市场化程度不断提高的过程，是逐渐增强企业为主体的市场经济过程，因此，区域经济一体化必然要求企业制度的一体化，以满足跨地区区域经济活动的需要，如果不同地区企业制度不规范，企业与企业间的经济交流成本就会增加，为此，要积极推进不同地区企业制度的整合，建议如下：

1. 加快国有企业的现代企业制度建设

建立现代企业制度是适应社会主义市场经济的必然要求，而产权清晰既是建立现代企业制度的主要内容，又是建立现代企业制度的基础环节。国有企业产权改革的思路是：实行产权多元化，逐步减持国有股。因为如果是国家独资或国家控股 50% 以上，政府作为绝对控股的大股东，当然自己要任命董事长、总经理，其结果实际上是企业根本无法摆脱行政干预。具体措施有：将国有独资企业改为混合所有制企业，一部分国有企业要从国有经济领域退出，可以分步退出，也可以一步到位，对规模较大的国有企业，可以先将独资企业改造由国家控股的混合所有制企业，然后逐步转让股份，变国家控股企业为国家不控股企业；加强与国外公司合资合作，即进一步扩大对外商开放的投资领域，允许外商以收购、兼并、参股、控股等多种形式参与国有企业资产重组；与国内非国有企业合资合作，即鼓励合资企业、民营企业、私营企业以多种形式参与国有企业改组改造。

2. 加快非国有企业的制度建设

政府要积极地、适时地引导有条件的个体私营企业改造成为以自然人持股为主的有限责任公司或股份有限公司，健全企业法人治理结构，因此，政府要积极地以较低的费用向这些企业提供优质的法律、产权、企业发展战略等咨询服务，加快非公有制企业的制度变迁。

3. 构建企业自主技术创新体系，促进中部地区在高层次、高水平上合作

中部与东部在创新资源、创新主体的创新意识、区域创新环境和创新机制等方面存在差距。中部地区科教资源丰富，但中高级科技人才大量流向东部，国有企业科技创新动力不足，民营科技企业发展落后，科技进步对社会经济的贡献不明显。技术自主创新离不开政策的扶持与引导，具体措施如下：要加强知识产权保护，既要保护区域内技术创新者的利益，还要保障区域外的技术转让方的利益，形成一个支持创新、保护创新的创新文化和创新环境，吸引创新要素和创新型企业在中部集聚；建立自主创新激励机制，扶持中小企业科技创业，激励创新型人才流向中部企业，使企业成为自主创新的主体，使企业家成为创新型群体；建立产学研与产业转移的联动机制，围绕特色产业和优势产业创建公共创新平台，加强中部企业、高等院校、科研机构与技术中介机构的技术合作，促进技术交易和科技成果的产业化。

第三节　中部地区对外开放的体制创新

中部地区发展开放型经济，建设内陆开放高地，必须进一步提高对开放创新重要性的认识，将开放创新纳入深化体制改革中，利用好对外开放的条件和政策优势，在开放创新上有更大的作为，实现开放型经济的快速和可持续发展。

一、改革外商投资管理体制

创新外商投资管理体制，加快建立"备案+审批"的新的管理模式，积极探索负面清单管理模式，抓住国家放宽外资市场准入的机遇，完善面向所有国家和地区、各种资本主体开放的政策体系，在法律无禁止的领域都要实现对外开放。在持续扩大工业领域开放的同时，重点推进现代服务业领域开放，加快农业、文化、基础设施、社会事业等领域的开放步伐，着力补短板、提水平。进一步完善《外商投资产业指导目录》和《中西部地区外商投资优势产业目录》，制定和完善鼓励外商投资中部的政策措施，制定和完善鼓励外商投资参与国企改组改造，引导和规范外资并购的政策措施，进一步完善外商投资企业监督管理办法。

二、改革对外投资合作管理体制

改革对外投资合作管理体制，放宽对外投资准入，境外投资实行以备案为主的管理方式，对不涉及敏感国家和地区、敏感行业的投资逐步由审批核准改为备案管理，逐步放开社团组织、自然人对外投资限制，开拓民间对外投资渠道。完善对外工程承包和劳务合作管理制度，允许公民自担风险自由到境外承揽工程和劳务合作项目。出台《境外投资管理条例》，制定加快实施"走出去"战略的指导意见。建立健全境外国有资产监管制度，加强对境外企业监管。健全"走出去"应急保障机制，支持企业建立海外投资风险防范制度，规避跨国经营风险。

三、改革口岸监管服务模式

与沿海、沿边口岸不同，物流成本过高始终是制约内陆开放型经济的"瓶颈"，迫切需要深化以贸易便利化为主要内容的大通关协作。因此，内陆地区要优化通关流程，建立信息互换、监管互认、执法互助的通关协作机制。提高通关便利化水平，扩大跨关区"属地申报、口岸验放"通关模式适用范围，实现"一次申报、一次查验、一次放行"，对外发加工采取"集中审批"模式，实现"一次审批、多次外发"。缩短出口退税审核审批时限，简化货物贸易本外币结算业务审核，减少出口环节行政事业性收费。加快电子口岸建设，建立与国家电子口岸平台相统一的信息化数据标准体系，整合各相关部门信息，推进跨境贸易电子商务平台建设，提高贸易便利水平，从而缩小与沿海、沿边地区在开放软硬件环境上的差距。

四、推进外贸促进体系和信用体系建设

进一步减少和规范行政审批，继续推进外贸促进体系和信用体系建设，加强政府政策引导、统计监测、对外谈判和公共信息服务职能，完善和发挥行业组织的自律和协调职能，完善外贸法律法规，加强外贸运行预警体系建设，健全贸易摩擦应对机制。

五、深化行政审批制度改革

进一步简政放权，做好涉外经济审批权限的"接、放、管"工作，承接和落实好国家取消和下放的行政审批事项，全面清理省本级行政审批事项，凡是能够下放的权限全部下放，对保留的审批事项要规范行政行为、优化审批流程、简化审批程序、提高审批效率，推动涉外经济管理体制从事前审批向事中、事后监管和提供服务转变。

六、构建内陆对外开放新模式

主要包括：一是探索内陆加工贸易新模式。改变传统加工贸易中"两头在外、大进大出"模式，探索"一头在内，一头在外"的整机加零部件垂直整合一体化加工贸易模式，即零配件来自本地，再由本地企业加工制造，最终运往海外。二是加快申报内陆自由贸易试验区。各省要利用自身的政策优势和区位优势，加快自由贸易试验区的申报工作。三是着力构建内陆货运通道体系。发展江海联运、铁海联运，增辟航空物流通道，实现空中与地面、飞机与卡车之间无缝对接，形成横贯东西、联结南北的货运通道体系。

七、建立和完善区域合作机制

中部各省发展开放型经济不是独立进行的，承接东部地区产业转移是发展开放型经济的重要内容，因此，需要强调区域之间的产业梯度转移，协调好与其他省份特别是东部沿海地区省份之间的经济关系。为此，首先要突破传统的区域概念对生产要素流动和统一开放市场的障碍；其次要通过政府间的合作与交流，建立区域经济合作对话机制，通过举办区域间的经贸合作等方式强化交流，扩大交流的内容；最后要鼓励企业之间的合作，特别是产业之间的合作，形成稳定的生产供应关系，最终形成相互支撑、优势互补的利益共享合作体系。

本章小结

中部六省经济合作进展情况研究表明：自中部崛起战略实施以来，中部六省在旅游、产品质量、口岸"大通关"、人才、创新服务、知识产权等方面都签署了相关的合作协议，这些协议的签署和执行对促进中部经济协调发展和中部崛起起到了积极的推动作用，但目前来看，中部地区经济一体化的程度还很低，行政区划和经济区划的矛盾并没有根本解决，地区壁垒仍然大量存在，合作协议的约束力和执行情况效果并不是很显著，需要继续探索新的促进经济一体化的制度和政策。

中部地区经济一体化的制度和政策创新研究表明：要想实现中部地区经济一体化必须从宏观、中观和微观三个层面构建制度和政策创新体系。宏观层面，由国务院批准设立中部六省特别行政区，或国家成立"中部六省经济管理局"，统一规划、协调和实施中部六省经济的互动。中观层面，为了促进中部六省产业一体化发展，可考虑建立跨行政区的行业协会等中介组织。微观层面，加快不同地区国有企业和非国有企业的现代企业制度建设和加快构建企业自主技术创新体系。

中部地区对外开放的体制创新包括：改革外商投资管理体制；改革对外投资合作管理体制；改革口岸监管服务模式；推进外贸促进体系和信用体系建设；深化行政审批制度改革；构建内陆对外开放新模式；建立和完善区域合作机制等。

第七章　中部地区开放型经济发展战略及路径选择

中部地区要缩小与东部地区的差距，就必须倡导大力推进开放型经济，用科学的手段和速度因地制宜来实现跨越式发展。本章首先根据中部地区自身的禀赋、区位以及经济社会发展特点，从制度创新、发展方式、产业选择等方面对中部地区开放型经济的发展战略进行了思考；其次借鉴了国内外内陆开放型经济发展的经验；最后提出了中部地区提高开放型经济发展水平的具体措施。

第一节　中部地区发展开放型经济的战略思考

一、确立以市场化为基础的全方位和制度性开放发展战略

开放型经济所运行的经济环境是市场经济，因此，中部地区发展开放型经济，提高开放型经济发展水平，必须坚持以市场为基础，发挥市场在资源配置中的基础作用。首先，中部地区发展开放型经济要坚持市场化取向，与"出口导向型"和政府主导下的政策性开放不同，要强化市场对资源配置的基础性作用，要通过进一步深化体制机制改革，促进政策透明、信息公开，建立开放、自由、稳定的贸易和投资体制，推进市场特别是生产要素市场的开放和充分竞争，消除地方保护主义和区域市场分割现象，促进资源的合理配置。其次，中部地区要通过市场一体化进程的不断推进，逐步融入国家经济一体化和经济全球化，建立内外规则对接、内部整合统一的经济运行机制和区际协调机制。把局部性、政策性开放转变为全方位、制度性开放，选择以市场推动为主，政府适当引导，不断拓展外部空间的科学发展之路。最后，既向国际开放，也向东部地区及内陆其他地区开放，既重视实体领域的开放，也要重视思想观念的开放，既要"引进来"，也

要"走出去"，既要扩大出口，也要扩大进口，既要对国有经济开发，也要对非国有经济开发，既要对制造业开发，也要对农业和服务业开放，形成全方位、宽领域、多层次的开放新格局。

二、确立以扩大内需为主和外需为辅的经济发展方式

中部地区发展开放型经济要确立以扩大内需为主的经济发展方式，其原因为：首先，国际经济形式的变化和国内经济发展方式的转变要求中部地区开放型经济的发展必须以扩大内需为主。改革开放以来，我国积极参与国际分工，大力吸收外商直接投资和发展加工贸易，这种以出口导向为主要特征的经济全球化放松了市场对我国发展的硬性约束，实现了经济的高速增长，使我国成为经济全球化的最大受益者之一。但 2008 年以来，国际金融危机对我国经济的冲击表面上来看是对经济增长速度的冲击，实质上是对我国经济发展方式的冲击。从短期来看，为了保增长我国需要稳定外贸出口，而从中长期来看，确立适应外向型经济向开放型经济转变的发展新阶段的新开放观，做好应对新一轮的、以扩大内需为主要特征的经济全球化将是我国全面提升开放型经济发展水平的最主要内容。因此，中部地区开放型经济的发展也应和全国开放型经济的发展战略和世界经济发展形势相吻合。其次，中部地区区位劣势导致的物流成本过高也决定了中部地区的开放型经济不可能是大进大出的外向型经济发展模式。现代大工业主要以稳妥的海运作为国家间货物运输的主要方式，内陆地区远离出海口，物流成本过高，尽管近年来中部地区都加大了基础设施建设和现代物流业的发展，但相对于东部沿海地区天然的区位优势来说，仍处于劣势地位。所以中部地区开放型经济的发展模式不可能走沿海地区外向型经济的路子。最后，中部地区是国内市场的枢纽，中部地区作为人口密集区域，又是国内市场培育潜力最大的区域，中部地区相对于沿海地区而言，处于国内市场的前沿，因此，以扩大内需为主的经济发展模式是中部地区开放型经济发展的必然选择。

三、确立以培育和建立竞争优势的产业发展战略

比较优势战略忽略了产业结构调整、技术进步和制度创新等所带来的动态贸易利益。我国东部沿海地区开放型经济遭遇的现实困境表明，发展中国家或地区如果不能积极培育和发展自己处于比较劣势的资本和技术密集型产业，则该地区将永远处于价值链条的最低端，大量的廉价劳动密集型产品的出口会遭遇贸易条件恶化以及贫困化增长，陷入比较利益陷阱，同时还会带来贸易摩擦的增加，影

响与贸易伙伴国的国际经济关系。对中部地区而言，一方面要认清自身的资源禀赋结构，鼓励能充分利用本地资源禀赋优势的产业发展，如拥有丰富的劳动力，可以承接大量由于东部地区产业升级、生产成本上升等导致的劳动密集型产业转移，其中包括大量外商投资企业；另一方面还要考虑到在比较优势即将丧失时，产业动态竞争优势的培育问题，如借助中部地区的产业基础、市场、资源等优势，充分利用中部崛起、航空港、城市群、经济区、综合配套改革试验区等一系列政策优势，调动各方政策资源，拓宽利用内外资的渠道，通过重点项目建设，大力吸引资本、专利、技术、管理等具有极高流动性特征的生产要素和高素质劳动力等到中部地区，实现要素组合的跨越式变革，重点在高新技术领域、服务贸易领域建立起中部地区结构性的竞争优势和动态的竞争优势。

四、确立推进城乡统筹、促进经济与社会联动发展战略

开放型经济的典型特征是市场的统一和生产要素的自由流动。中部六省都是典型的城乡二元结构，在一定程度上阻碍了生产要素的自由流动，降低了市场调节，不利于开放型经济的发展。统筹城乡发展就是把乡村和城市作为一个有机整体进行统一筹划，以市场化发展为基础，通过制度创新和政策调整，重构城乡关系，重建城乡平衡，调整城乡利益关系，平衡城乡权力和发展机会，缩小城乡差距，实现城乡有机联系，使城乡经济社会发展水平和生活环境质量在逐步提高和改善的基础上差距不断缩小，通盘考虑，整体兼顾，合理、公平地分配公共资源，破除城乡分割的二元结构，最终实现城乡经济社会一体化发展，提高开放型经济发展水平。长期以来，社会发展总是被当作经济发展的结果，事实上经济发展与社会发展具有一定的联动性，社会发展与经济发展相互促进，互为因果。在推进统筹城乡发展的基础上，注重和促进经济与社会联动发展是发展内陆开放型经济的重要保障和必经之路。

五、确立"三化"协调、"四化"同步发展战略

2011年9月28日颁布的《国务院关于支持河南省加快建设中原经济区的指导意见》（以下简称《指导意见》）指出："积极探索不以牺牲农业和粮食、生态和环境为代价的'三化'协调发展的路子，是中原经济区建设的核心任务。""三化"协调指的是把加快工业化、城镇化与推进农业现代化结合起来，努力促进"三化"协调发展。"三农"问题突出，不仅是中原地区的共同特点，也是中部六省乃至我国的基本国情。与东部地区相比，中部六省是传统的农业大省，城市化

水平低，工业落后，"三农"问题是制约中部崛起的桎梏。"三化"协调发展，是破除二元结构，缩小城乡差距，统筹城乡一体，实现全面小康的奋进之路；是突破工业发展瓶颈，推动集聚集约、转型升级，实现富民强省的跨越之门；是建设新型农村社区，推进新型城镇化进程，实现一体连双化、一肩挑两头的畅通之桥；是有效破解发展与环境、人类与自然矛盾，建设资源节约型、环境友好型社会的和谐之道。

随着我国工业化、城镇化进程的加快，怎样保护好 18 亿亩耕地，怎样增强农业的可持续发展能力，怎样保障国家的粮食安全，这些问题都将变得越来越突出和重要。因此，积极探索出一条不以牺牲农业和粮食生产为代价的"三化"协调发展道路，不仅是中原经济区建设的核心任务，也是中部其他省份从根本上破解发展难题的必然选择。走好这条路子，一是要强化新型城镇化引领，统筹城乡发展、推进城乡一体。二是要强化新型工业化主导，加快转型升级、提升支撑能力。三是要强化新型农业现代化基础作用，维护粮食安全、促进城乡繁荣。四是要强化"三化"协调的保障能力，增强发展后劲、推动持续发展。五是要强化"三化"协调的驱动力量，破解发展难题、拓展发展空间。

2012 年，党的十八大提出"促进工业化、信息化、城镇化、农业现代化同步发展"，强调了信息化在推进"三化"协调发展中的重大作用。

六、确立以科学发展观为指导的发展思路

一是坚持经济发展与环境保护协调发展。沿海地区在实现率先发展、率先开放的同时，客观上形成了"先污染、后治理"，"先发展、后科学发展"的"两步走"路径。而科学发展观几乎是和中部崛起战略同时提出的，这就要求中部地区必须走一条实现发展与环境保护同步进行、科学与发展一步到位的新路子，做到发展好与发展快的相互协调，发展经济与保护环境的相互协调，承接产业转移与结构优化升级的相互协调，因此，中部地区在充分利用国外资源、资本、技术和市场的同时，还要更多地开发和利用国内资源、资本、技术和市场，探索和形成内生型为主的发展模式。

二是以内涵扩大再生产为核心。外延扩大再生产依靠增加生产要素的数量来扩大生产规模，而内涵扩大再生产则依靠提高生产要素的配置和使用效率来实现生产规模的扩大。改革开放以来，我国沿海地区主要是采用外延扩大再生产方式实现了经济总量的迅速扩张。当前，在国际金融危机和外需市场萎缩的"倒逼"之下，沿海地区已经开始进入产业结构升级和提升经济素质阶段。中部地区作为

后发区域，必须走"科学发展一步到位"的路子，实施外延扩大再生产和内涵扩大再生产相结合的方式，在扩大经济总体规模的同时，要以自身现有产业基础为依托，着力推进结构升级和整体素质提升，实现内涵式发展。

第二节　国内外内陆开放型经济发展的经验分析

在发展内陆开放型经济过程中，只有借鉴国内外其他内陆地区发展的成功经验，才能少走弯路，摸索出适合自己的经济发展路径。

一、国外内陆开放型经济发展中的经验借鉴

（一）美国芝加哥市

芝加哥位于美国的中西部，地处北美大陆的中心地带，东临密歇根湖，不靠海，是一个典型的内陆地区，是连接美国中西部的门户，有近300万人口。20世纪60年代以前的芝加哥，是一个老工业城市，以商业贸易和制造业为主，尤其是重工业。20世纪60年代后，随着美国工业结构的转型，重工业的重要性日益下降，芝加哥市政府抓住机遇，采取了一系列对策实施产业多元化战略，进行产业调整、转型与升级，形成了以服务业、制造业和高科技产业三足鼎立的多元化经济体系，发展成为美国最重要的工业、金融和商业中心之一，并成为美国中西部最大城市和美国第三大城市。芝加哥发展开放型经济的成功之处在于：

一是国家政策的扶持。在芝加哥的历史上，芝加哥抓住了一个个国家政策扶持和世界科学技术发展的机会，实现了城市的腾飞。在美国开发西部之际，芝加哥充分利用此机会成为美国全国交通中心和美国最大的联合货运市场。20世纪90年代末，芝加哥建设成为美洲大陆光缆通信的中心节点，并发展成为世界金融中心和会展中心。

二是积极发展公共服务。发展了一批具有世界水准的公共服务设施，芝加哥交通运输业发达，交通四通八达，被称为"美国的动脉"，是美国最大的空运中心和铁路枢纽，也是世界上最大的一个内陆港口。芝加哥可以称得上美国东西交通、水、陆、空运输的中心。

三是升级制造业。芝加哥一直以来是重工业城市，在推动"多元化经济"战略发展进程中，始终将制造业的优势地位放在重要位置，涌现出大片的高科技走

廊，造就了 33 家世界 500 强企业，其中有 14 家是制造业公司，实现了制造业的成功升级转变。

四是大力发展现代服务业。依托特殊的地理位置和传统的经济地位，积极发展会展业，加强信息交流，在全球化进程中发挥了积极的作用，拥有世界级的商业会务、贸易展览中心。在提高城市世界知名度的同时，拉动了旅游业的发展。积极进行产业调整，大力发展金融、咨询、医疗、通信等服务业，提升城市品质，助推经济发展和促进就业，特别是金融业方面，芝加哥已成为世界金融中心之一。

（二）印度班加罗尔市

班加罗尔是位于印度南部的一个内陆城市，人口约 650 万人，是印度第三大城市，是印度最为国际化的城市，素有"印度电子之都"、"花园城市"、"全球 10 大高科技城市"和"印度硅谷"之称。1958 年，德克萨斯公司在班加罗尔建立了一个设计中心，为其他跨国信息技术公司来此设点开辟了道路。20 世纪 60 年代，中央政府把重点国防和通信研究机构，如科学研究所、国家航空研究所、雷达电子发展公司等设在该市，使该市的信息技术产业得到迅速发展，目前该市已成为印度的科学和技术中心。班加罗尔的崛起源于信息技术的快速发展，服务外包业悄然兴起，为内陆城市提供了发展机遇。班加罗尔的软件科技园区，不单被世界公认为软件外包业发源地，还是全球五大信息科技中心之一，已成为发展中国家乃至全世界创新型城市的楷模。在其经济腾飞过程中，制度创新主要表现在：

一是政府的扶持。创业伊始，班加罗尔市的基础设施还比较落后，面临的一个最主要问题是"最后一英里障碍"，即所有管道都铺设好了，如果只有最后一英里没有通，整个系统就无法工作。当时对于软件公司来说，这个"最后一英里障碍"就是数据传输问题。为解决这个问题，印度政府于 1991 年投资兴建了可高速传输数据的微波通信网络 Softnet，"这在当时是个创举，至少满足了 10 年内软件企业的发展需求，这也为后来班加罗尔市能够不断吸引其他著名企业前来提供了很重要的帮助。" 1999 年，印度成立 IT 产业部，成为当时世界上少有的专门设立 IT 部门的国家之一。

二是紧抓国际产业转移的重大机遇。自 20 世纪 90 年代中期开始，伴随着信息技术的快速发展，服务外包业悄然兴起。这个不受时空条件限制的新兴产业，为内陆城市，尤其是人力资源丰富的内陆城市构建开放型经济提供了新的契机，班加罗尔正是抓住了这一历史机遇。

三是提供法律保障和扶持性优惠政策。印度政府十分重视利用法律来确保信息产业的发展。《信息技术法案》的出台为信息技术业和电子商务业的发展提供了立法保障。该法在很大程度上保护了消费者和企业的信息安全，为解决信息纠纷提供了法律规范。为了吸引外来投资，政府对科技园实行了一系列优惠政策，如允许外商独资经营、免除全部进口关税、10 年内免征所得税等。同时，政府还加大对班加罗尔的基础设施投入，以营造更好的发展硬件环境。

四是国际化的文化和教育科研背景。长期的殖民统治，使英语成为了印度的主要语言，与世界服务外包最大的美国 12 小时的时差等，对其开放地融入国际交流提供了很好的基础条件。另外班加罗尔市所在的卡邦从 20 世纪 70 年代开始进行教育改革，目前是印度平均受教育程度最高的邦之一，现在，卡邦共有工程学院 125 所，在数量上居印度首位，是美国工程学院数量的一半。除了培养人才，还通过各种优惠措施吸引人才，特别是流出国外的人才回国创业，班加罗尔的软件人才远远超过亚洲其他任何一个城市。因此，较高的教育水平和大量的人才会聚是班加罗尔具备发展以信息产业为核心、以出口为导向的高科技城市的条件。

二、国内内陆开放型经济发展中的经验借鉴

重庆加快内陆开放型经济发展，制度创新发挥了极其重要的作用。重庆成为直辖市 16 年来，不断推进开放型经济正式与非正式的制度变迁，以强有力的制度执行力，为重庆开放发展提供了动力与活力。李继樊（2013 年）总结了重庆开放型经济发展过程中的制度创新，并归纳出以下五个方面：

一是抢抓机遇，善用国家政策支持。重庆地方政府、企业主体在开放实践中自觉将国家政策的制度外生动力演变为推动内陆开放的制度内生动力。重庆善于整合国家多项优惠政策的叠加效应，不断将叠加政策优势衍化为符合重庆内陆开放需要的、更加稳定可控、更加成熟定型的制度工具。

二是大胆探索，实践诱致制度创新。重庆地方政府、企业主体在开放实践中自觉以开放发展的需要诱致开放制度创新，如解放思想大讨论、转变政府职能、培育开放意识，为加快内陆开放营造良好的制度环境；如创新"产业承接"、"贸易加工"、"外贸物流"、"通关结算"等，为内陆加快开放建立起有效的制度安排。

三是政府主导，推动开放制度变迁。政府作为制度供给的主体，积极推动着开放型经济制度建设。重庆政府总是依据本地企业、市场的要求不断争取中央政

府的支持来推进开放制度创新和制度变迁，由此对外来投资者产生出巨大的吸引力、聚集力、导向力，以及对周边区域形成了辐射力、影响力和带动力。

四是重组资源，倒逼开放制度改革。重组资源，就是创新资源配置制度。重庆在"重组"全球资源要素的过程中，推动了利用外资模式、外贸物流模式、海关通关模式、境外投资模式、内陆离岸金融结算模式以及要素市场和劳动用工的改革创新，倒逼涉外体制、机制改革以适应内陆开放的需要。

五是创造优势，营造开放制度环境。创造开放优势是内陆开放制度环境建设。重庆通过搭建以"两江新区"、"两路寸滩保税港区"、"西永综合保税区"为核心的开放平台，以各类要素市场、金融机构、40个国际级市级开发区为基础的开放载体，创造出新的比较优势，助推重庆建成为内陆开放的重要门户。

第三节　中部地区开放型经济发展的路径选择

一、以承接产业转移作为内陆开放型经济发展的重点

始终坚持把招商引资作为富民强省的第一选择，把招商引资作为发展开放型经济的重中之重，加大招商引资工作力度，提高招商引资的质量和水平。全面开放投资领域，拓宽投资领域和引资渠道，坚决打破地区、部门和行业垄断，除国家明令禁止的领域外，其他领域一律向省内外投资者开放。注重产业招商、大项目招商，着力引进世界500强企业和各类战略投资者来中部投资，力争使中部地区成为其战略投资地和名牌产品加工地。引导外资投向，鼓励外资重点投向现代农业和农产品加工业、先进制造业、高新技术产业、战略性新兴产业、现代商贸和物流、旅游休闲等产业。采取多元化招商手段，综合运用产业集群招商、产业链招商、抱团招商、乡情招商、中介招商、园区招商、网络招商、以商招商等多渠道多方式引进外资。

中部地处内陆腹地，具有承东启西、接南进北的区位优势，农业特别是粮食生产优势明显，生态环境容量较大，工业基础比较雄厚，产业门类齐全，市场需求旺盛，集聚和承载产业的能力较强，在我国经济社会发展中具有重要地位。

（一）中部地区产业发展定位

关于中部地区的产业发展定位，《中部地区产业转移指导目录》（2012）（以下

简称《转移目录》）提出，中部地区要加快承接国际和东部发达地区产业转移，建立现代产业体系，建设成为全国重要的高新技术产业、装备制造业、原材料产业和农产品加工基地，以及区域性科技创新基地。新中国成立以来，中部地区作为我国重要的农产品、能源、原材料和装备制造业基地，为全国经济发展做出了重要贡献。2006 年，《中共中央、国务院关于促进中部地区崛起的若干意见》（中发〔2006〕10 号）印发实施以来，中部地区经济实现了快速增长，粮食生产基地、能源原材料基地、现代装备制造及高技术产业基地和综合交通运输枢纽（"三基地、一枢纽"）建设加快。但也应看到，中部地区产业结构不尽合理、城镇化水平偏低、资源环境约束强化、对外开放程度不高等矛盾和问题仍然突出，经济发展水平与东部地区依然存在一定差距。2012 年《国务院关于大力实施促进中部地区崛起战略的若干意见》（国发〔2012〕43 号）对中部地区的发展提出了进一步的要求，中部地区必须更加注重转型发展，加快产业结构升级，构建以高新技术产业、装备制造业、原材料产业和农产品加工业为核心的现代产业体系；必须更多依靠科技创新驱动经济社会发展，成为区域性的科技创新基地，不断提高发展的质量和水平；必须更加注重协调发展，在新型工业化、新型城镇化深入发展中同步推进农业现代化。《转移目录》对中部地区的发展定位与中部崛起战略有很好的衔接。《转移目录》对中部地区的发展定位也体现了主体功能区战略的要求。《全国主体功能区规划》中国家层面的重点开发区域中有四个位于中部，分别是太原城市群、江淮地区、中原经济区和长江中游地区。这四个区域主要定位于全国重要的能源、原材料、煤化工、装备制造以及高新技术产业基地，《转移目录》与其保持了较高的一致性。

（二）中部地区承接产业转移的载体

《转移目录》中列出的中部地区承接产业转移的载体主要有太原城市群、皖江城市带承接产业转移示范区、鄱阳湖生态经济区、中原经济区、武汉城市圈、环长株潭城市群等共 21 个，这些载体普遍具有较好的产业转移承接能力。中部地区承接产业转移载体，一是包括了中部地区列入国家级区域规划的 5 个城市群和经济区。国务院近年先后批复了《武汉城市圈资源节约型和环境友好型社会建设综合配套改革试验总体方案》、《长株潭城市群资源节约型和环境友好型社会建设综合配套改革试验总体方案》、《鄱阳湖生态经济区规划》、《皖江城市带承接产业转移示范区规划》，并出台了《关于支持河南省加快建设中原经济区的指导意见》，对中部有关区域的发展进行了统筹规划。列入《转移目录》的皖江城市带承接产业转移示范区、鄱阳湖生态经济区、中原经济区、武汉城市圈、环长株潭城市群5个载体，即体现了与相关规划的衔接。二是将《全国主体功能区规划》中提出的太原城市群作为重要承接载体之一。三是将各地"十二五"规划中提出的重点发展地区作为承接产业转移的载体，如湖北省的武汉城市圈、鄂西生态文化旅游圈、湖北长江经济带；湖南省的长株潭经济区、湘南承接产业转移示范区、环洞庭湖地区、湘西地区；山西的晋北中部城市群、晋南中部城市群、晋东南中部城市群；江西的赣北经济区、赣南经济区、赣东经济区、赣西经济区。四是发挥交通干线优势，形成沿线承接载体，如河南沿陇海经济带、河南沿京广京九带。

二、坚持"引进来"和"走出去"双向发展

要壮大中部地区开放型经济，必须积极鼓励本土企业参与经济全球化，增强自身实力，实施"走出去"战略，在更大范围、更广领域、更高层次上融入全球经济，更好地利用国内外两个市场、两种资源，培养本土跨国企业。企业"走出去"的目的有三：一是建立稳定的海外资源基地，满足区域乃至国内经济发展中日益增长的资源需求；二是产业转移，将本区域不具备竞争优势的部分产业和过剩生产能力转移到海外，促进企业的国际化经营；三是在海外建立研发中心，充分利用国际科技资源，增强自主创新能力。

在"走出去"发展战略中要进一步推进中部地区对外投资主体的多元化，除国有企业外，政府应鼓励有实力的民营企业，结合自身特点，实施多种形式的"走出去"战略：一是大力发展对外贸易，特别是出口贸易；二是由于民营企业缺乏国际经营经验且自身实力不足，可以通过积极开展国际合作，与合作伙伴联手"走出去"；三是鼓励有实力的民营企业在国外建厂，设立研发机构，通过跨国并购在国外设立营销网络，同时民营企业的"走出去"应该更加注重品牌建设、技术和研发资源的积累。

中部地区本土企业目前还只是以要素优势而不是企业优势去参与国际竞争与合作，应努力培育具有整合全球资源能力的本土企业。在经济全球化时代，企业的竞争力主要表现为其吸纳整合资源的能力，培养具有整合全球资源能力的企业和企业家，在学习国际先进技术和管理经验的基础上不断提高自主创新能力，进而实施品牌战略，这是企业努力的方向，也应是政府引导和扶植的重点。

三、充分发挥保税区在对外开放中的先导作用

（一）保税区在对外开放中的作用

保税区在连接两个市场、扩大外贸出口和促进国际贸易中，发挥着不可替代的重要作用，主要表现为：

一是开创了国际贸易的新形态、新市场。保税区在国内超前实行市场准入，采取较为宽松的贸易政策，从而成为大批国际贸易企业的聚集地，大大促进了转口过境贸易、国际商品展示展销业务的成长，这些既为跨国公司进入中国市场创造了条件，也为国内企业参与国际市场竞争架起了桥梁，对有效地利用两种资源，辐射两个市场，参与经济一体化进程，产生了积极的作用。

二是发挥了培育现代物流的示范作用。保税区作为国际货物大进大出的绿色通道，发挥了培育现代物流的示范作用。对于进入保税区的国外货物不征关税，不征进口环节增值税和消费税，企业利用保税区可获得减少资金占压、提高周转效率的便利。保税区已成为国际商品的重要集散地，形成了集货物仓储、分拨、配送功能为一体的现代物流模式，极大地提高了贸易效率，降低了贸易成本。

三是保税区具有加工出口的天然优势。作为享有特殊政策的开放区，保税区具有加工出口的天然优势，出口加工是国家赋予保税区的三大功能之一，与一般出口加工区相比，保税区免税范围更广，因此，保税区也是最佳的出口加工区。

（二）中部六省保税区的发展建议

1. 突出效率优先原则

保税区特有的保税功能固然有助于企业资金成本的降低，但其更本质的意义在于提高贸易与物流的效率，这正是低关税的发达国家自由贸易区长盛不衰的原因所在。在我国关税逐年下调的情况下，保税区应把效率原则摆到首要位置。一是做到一线切实放开；二是实现港区直通；三是简化出区环节；四是保障即时配送，使保税区真正成为周转环节最少、流通成本最低、运转效率最快、经济效益最好的大进大出的绿色通道。

2. 拓展功能辐射空间

区域功能产业的培育是保税区生存与发展的根基所在，只有向国内外市场延伸和辐射，才能最终实现其功能作用和经济效益。"孤岛经济" 状态不仅难以加快发展，甚至不能维持生存。通过整合延伸发展空间，推进行政审批制度改革，创新体制机制，推动与周边区域功能联动，实现进出口货物海、空、铁的通畅链接和直通放行，加强与周边地区合作，探索联动发展方式，充分发挥引领和服务

省市开放型经济发展的排头兵作用。

3. 积极推进出口加工区向综合保税区转型

综合保税区是我国目前开放层次最高、政策最为优惠、功能最为齐全的海关特殊监管区域，叠加了保税区、出口加工区和保税物流中心的全部功能和优惠政策，拥有保税加工、保税物流、口岸作业和综合服务四大功能。

四、加强基础设施建设，完善现代物流体系

一是改进物流政策环境。现代物流的环境系统包括法律、政策、规划、人才培育等要素。大力发展现代物流业，应在以下几个层面加大力度：在体制层面上，积极探索物流业体制改革，着力培育现代物流市场，努力形成政府扶持、市场引导、企业运作的新机制；在政策层面上，应积极探索政府在物流业发展中的作用，尽力为现代物流业提供良好的政策环境；在企业经营层面上，应大胆引进外资参与商贸经营，为国内物流企业提供理念和技术方面的支持，帮助企业开拓物流市场。

二是降低物流成本，提高物流效率。首先，完善便捷通畅的基础设施，加快完善铁路网络，尽快贯通"四纵四横"客运专线中部段，加强普通国省干线公路建设、推进国家高速公路网中部路段建设，提升长江干流及重要支流航道等级，加强枢纽空港建设，有序推进城际轨道交通建设，推动公、铁、空、海等多式联运和无缝衔接，加快建立现代化基础设施体系。进一步扩展与东部沿海和西部地区的交通通道，实现"准沿边"、"准靠海"，并着力强化中部六省之间的互联互通。加强能源、信息等基础设施建设，努力提高便捷功能和服务水平，为发展内陆开放型经济打造便捷的交通通道、畅通的信息网络、国际货物大进大出的保税港区。其次，按国际水准规划和建设大城市，完善城市功能，构建内陆开放型经济发展平台，打造拥有一流口岸、一流人才、一流配套能力、一流创业环境的一流城市，吸引聚集各种要素流入，提高开放水平。可以学习借鉴上海发展开放型经济的经验，采取高起点、赶超型、跨越式的发展模式，通过高起点规划、建设和管理特大型城市，突出强化金融、贸易、信息中心的功能，为发展现代化大工业提供足够的配套能力。

三是加快建设现代物流的支撑系统。制造业、流通业、金融服务业、信息业的总体发展状况，会对区域物流中心系统的运作方式、运作水平产生重大影响。要加快推进高新技术为代表的创新型高附加值产业，为发展现代物流业、建设物流中心提供理想的成长空间。要通过政策扶持形成一批初具规模、在全国有较高

知名度的批发市场。跨国连锁公司陆续登陆中部地区，要通过发展连锁经营等现代流通方式，提高物流效率，促进产业结构和产品结构的调整。在经济全球化和网络经济快速发展的形势下，中部地区要对传统的交易方式进行大胆的创新，发展网上交易、直达供货和连锁经营等新型交易方式，为现代物流业的发展提供广阔的市场空间。

五、加快外贸扩总量转方式，以质取胜

中部地区在保持传统产品出口优势的同时，要优化外贸商品结构，实施"以质取胜"战略，支持出口企业加快技术改造升级，提升出口产品质量和附加值，因此，要引导企业严格执行国际标准，加强出口产品质量检测，创造全新品牌形象。在进一步开发美国、欧盟、东南亚、日本、韩国等传统出口市场的同时，大力开拓俄罗斯、澳洲、非洲、中东、南美等新兴市场，推进市场多元化发展。以抓重点出口商品为切入点，推进出口商品多元化，培育出口过亿美元的拳头产品，扩大大宗农副产品出口。积极承接东部沿海地区产业转移，大力发展加工贸易。围绕优势产业和战略性新兴产业，加大承接产业转移力度，积极承接国际国内产业转移，促进产业转型升级。在承接产业转移的同时，加快推进新型城镇化进程，完善社会保障体系，加强劳动力储备式教育培训，积极促进农村劳动力转移。

六、培育开放文化，加快开放型经济体系建设

一是增强开放意识，培育开放型经济文化底蕴。各级领导、管理人员要冲破狭隘的旧观念，不断增强开放意识，树立全球化战略的观念，以全球视野、开放思维，统筹把握国内外市场的变化，树立危机意识、创新意识、合作意识，既要发扬中部地区淳厚朴实的本土文化，也要善于将其他地区先进文化的优秀内容有机融合到本土文化中形成独具特色的优秀文化，推动开放型经济的发展。

二是加快建立开放型经济体系，夯实要素市场和产品市场的发展基础。营造亲商重商、公平竞争的良好环境，做好金融、法律、财务、管理、技术等涉外人才储备，尤其是既精通产业知识，又熟悉 WTO 法规知识，拥有对外谈判和交涉能力的高端人才的培养和引进。促进内陆地区企业快速发展、产业快速升级，尽快形成产业链和产业集群，促进各方资源要素充分流动，促进内陆地区市场逐步成熟，逐步实现与国际市场的融合。

七、整合区域产业结构，实现产业一体化发展

经济结构区域整合是实现中部地区经济整体性发展的关键。中部地区具有丰富的土地资源、矿产资源、水能资源、旅游资源，资源优势明显。这些资源与经济的地区优势和互补性是实现中部地区经济结构地域整合的基础（张秀生、卫鹏鹏，2006）。

要强化区域内部产业分工，建立区域统一的多个企业群和产业基地。企业群利用企业内各方的资源、品牌、资金、信息等要素进行优势互补，可以形成规模经济与范围经济，并获得经济利益的最大化。中部各省不宜强调在自身行政区划内培育和形成所谓的主导产业、支柱产业，以避免重复建设和产业同构现象，而是要充分发挥自身优势，在区域性的主导产业、支柱产业定位中寻找自己的位置，因地制宜地配合区域主导产业、支柱产业的形成和发展。与此同时，各地要着力于发展特色产业，提高某些重要的优势产业的竞争力。具体来讲：

（一）建立统一的中部地区农业区

中部地区是我国粮棉油生产水平较高的老基地，为了加快农业的发展，提高劳动生产率，中部地区应根据比较优势，打破地域限制，加强合作，建立一批规模化、专业化、现代化的粮食生产基地。中部地区要重点发展以下几个重要的优势产业带：

1. 建设以湘赣为核心的水稻生产基地

湖南、江西、湖北和皖南是我国水稻的主要种植基地，因此，四省应打破地域限制，加强合作，进行统一的种植、收购与销售等，实现水稻的种植加工规模化、一体化，提高水稻的整体议价能力，同时可以共同引进先进的稻米加工设备，对优质水稻进行深加工，打造名优产品，提高附加值。

2. 打造以河南为核心的优质小麦生产基地

中部地区的河南、安徽淮北地区、山西是我国冬小麦的主产区，虽然三省的小麦种植面积以及产量比较大，但品质并不是很高，多以传统小麦种植为主。因此，为了尽快实现中部地区小麦的规模化、产业化，提高小麦的质量，三省应加强合作，共同开发优质高产的优质小麦品种，调整小麦种植结构，形成规模化种植，使之成为我国优质小麦的主要生产基地。

3. 打造特色经济作物生产基地

虽然中部地区的经济作物品种丰富，比如湖北、安徽、湖南的双低油菜，河南、安徽、湖北的芝麻，皖西、鄂北、江西的蚕茧，湖南、江西的油菜籽等，但

种植比较分散，集中化程度比较低，而且缺少储藏和深加工环节，产业化水平较低。因此，中部地区可以将具有共同优势经济作物的地区进行整合，共同制定特色农产品的区域规划布局，将分散进行的种植、加工等进行集中管理，执行统一的生产、加工标准，推出优势品牌，实现生产基地和特色品牌的整合，把中部地区建设成全国最大的棉油麻烟等特色经济作物生产基地。

（二）打造中部特色资源工业经济带

1. 联合建立中部地区电力工业基地

联合山西、河南的火电优势和湖北、湖南的水电优势，建立中部地区的电力工业基地。

2. 联合建设钢铁工业基地

以武钢为龙头，太钢、马钢和安钢为重点，整合中部地区的钢铁企业，建立中部地区钢铁企业联盟，提升钢铁企业竞争力，增强企业议价能力。同时要发挥各自的比较优势，加强内部分工与合作，将武钢发展成全国最大的冷轧硅钢片生产基地，太钢发展成全国最大的不锈钢生产基地，马钢发展成全国最大的冷热轧薄板生产基地，并通过延伸产业链条，带动相关配套企业的发展，促进钢铁产业集群发展。

3. 构建有色金属产业带

利用山西、河南铝土矿资源优势，重点发展民用和工业用铝型材，提高加工深度，延长产业链条。发挥江西、湖南、安徽和湖北的铜、铅、锌资源优势，打造优势产业链。

（三）建立一体化的具有国际竞争力的汽车工业基地

以湖北、安徽、河南三省的整车企业为核心，发挥中部各地的资源和技术优势，进行专业化分工与合作，形成汽车产业的集群化发展，打造中部地区较为发达的汽车产业整合体系。其中，湖北和安徽两省通过加强科研合作，研发出具有国内自主产权的汽车体系，河南重点生产客车和轿车，江西、湖南以及山西主要发挥生产零部件的优势。

（四）协调发展电子信息工业基地

对电子信息工业进行合理分工与整合，形成各具优势、各有侧重的全国重要的电子工业基地。湖北重点发展光电子信息产业，湖北、安徽、江西、湖南重点发展家电产业，湖南重点发展电子信息、新材料、计算机软件产业，河南重点发展手机产业等。

（五）整合中部地区的旅游资源

中部地区拥有丰富的旅游资源、悠久的发展历史，厚重的文化积淀和共同的发展背景，在地区旅游合作、开发与发展方面已经迈出了坚实的步伐和做出了很多的努力。2006年中部六省在郑州签署的《旅游合作框架协议》，一致同意：加强全面合作、建立决策协调机制、建立市场联动开发机制、构建统一的市场体系、全面开放旅游市场和服务，加强旅游人才培养合作。同年山西太原、大同，安徽芜湖、安庆，河南郑州、洛阳，湖南张家界等十七家中国优秀旅游城市的代表齐聚长沙签署《旅游合作宣言》，承诺共建和谐旅游，促进中部崛起。2010年，中国中部地区六省旅游协会与香港入境旅游接待协会、台湾旅游品质保障协会等港澳台地区旅游组织签署合作协议，各方将在拓展旅游业发展空间、共享旅游信息和资源等方面加强交流与合作，实现共赢与发展。

1. 中部地区旅游业的合作发展仍需要注意的问题

尽管中部地区旅游业在区域合作和发展方面都取得了不错的成绩，但仍存在以下需要注意的几个问题：

一是要做好旅游规划，做到环境保护与合理开发并重，保障资源的可持续利用。

二是中部的旅游发展需要进一步完善交通等基础设施，只有进一步加大交通等基础设施建设的力度，才能促进中部大旅游、大市场的发展。

三是旅游制度建设要先行，既要通过改革开放促进体制机制创新，又要把制度建设作为基本保障。

四是加强相互之间的协作，建立区域旅游合作机制，建立新型的合作模式，实现资源互享、客源互送、线路互推、政策互惠、信息互通、节庆互动、交通互联、争议互商，充分发挥中部地区旅游协作年会的作用，努力建设中部无障碍旅游协作区。

五是要加大宣传促销的力度，尤其是要增加对海外市场宣传促销，以吸引更多的入境游客到中部地区观光旅游。

2. 着力打造独具中部特色的旅游"四大王牌"

一是名城之旅。中部地区是华夏文明发展最早、最为发达的地区之一，五千年的历史造就了河南郑州、洛阳、开封，山西大同、平遥，湖北武汉，湖南长沙、岳阳、凤凰，江西南昌、赣州、景德镇，安徽亳州、安庆、歙县、寿县等24座历史文化名城，留下了美不胜收的名胜古迹。中部六省将把这些"古城"串点成线，打造中部地区旅游"名城之旅"强势品牌。

二是红色之旅。大别山横跨皖、鄂、豫三省六市 36 个县，是与井冈山、延安齐名的红色圣地，留有众多革命遗存，已被国务院公布为重点开发的 13 个红色旅游区之一。

三是禅宗之旅。禅宗自达摩祖师开创以来，经二祖、三祖逐次南移而流传四海，现今已成为最大的佛教流派，修禅在日本、韩国及我国港澳台地区十分流行。河南、安徽、湖北等省禅宗旅游资源十分丰富，嵩山少林寺，安庆司空山、花亭湖、天柱山，湖北黄梅等皆有禅宗祖庭。中部地区将以禅宗文化为主线，把相关节点串接起来，联手打造一条具有国际影响力的中华禅宗寻根朝圣之旅。

四是长江之旅。长江黄金水道流经湘、鄂、赣、皖等省，造就了一大批秀丽多姿的自然景观，积淀了厚重的文化。鄱阳湖、洞庭湖烟波浩渺，湘江、汉水、皖河直通长江，黄山、九华山、天柱山、庐山、雁荡山分布大江南北，湖北黄鹤楼、湖南岳阳楼、安庆振风塔等闻名遐迩。

本章小结

中部地区开放型经济的发展应遵循以下发展战略：确立以市场化为基础的全方位和制度性开放发展战略；确立以扩大内需为主和外需为辅的经济发展方式；确立以培育和建立竞争优势的产业发展战略；确立推进城乡统筹，促进经济与社会联动发展战略；确立"三化"协调、"四化"同步发展战略；确立以科学发展观为指导的发展思路。

国内外开放型经济发展的经验借鉴有：政府和政策的支持；加大基础设施建设；地方政府的大胆创新；积极承接产业转移；推动产业结构升级等。

中部地区开放型经济发展的路径选择主要有：以承接产业转移作为内陆开放型经济发展的重点；坚持"引进来"和"走出去"双向发展；充分发挥保税区在对外开放中的先导作用；加强基础设施建设，完善现代物流体系；加快外贸扩总量转方式，以质取胜；培育开放文化，加快开放型经济体系建设；整合区域产业结构，实现产业一体化发展。

第八章　中部地区引进外商直接投资研究

本章首先从外商直接投资规模、发展阶段、增长速度、地区分布、产业分布、投资方式和外资依存度等方面较全面系统地介绍了改革开放以来中部地区外商直接投资情况；其次分析了外商直接投资对中部地区经济社会发展的贡献，凸显外商直接投资对地区经济发展的重要性；再次实证研究了外商在中部地区直接投资的区位影响因素、产业分布影响因素和不同产业在吸纳外商直接投资上的潜在优势；最后提出了扩大招商引资的政策措施。

第一节　中部地区利用外商直接投资的现状

一、外商直接投资的发展阶段和规模

（一）中部地区外商直接投资的发展阶段和规模

由图 8-1 和表 8-1、表 8-2 可以明显看出，改革开放以来，中部地区实际利用外商直接投资经历了三个阶段。1985~1992 年为第一阶段，称之为初步发展阶段，此阶段，中部六省每年引进外商直接投资的总金额均在 10 亿美元以下，1992 年最多为 5.97 亿美元，外商直接投资总额占全国外商直接投资总额的比重由 1985 年的 2.97% 上升到 1992 年的 5.42%；1993~2003 年为第二阶段，称之为稳步增长阶段，1992 年邓小平南方谈话以后，对外开放的新局面完全打开，1993 年中部六省引进外商直接投资金额突破 10 亿美元，达到 18.05 亿美元，1997 年达到 35.77 亿美元，由于受 1997 年亚洲金融危机的影响，全国外商直接投资遭到了较大的冲击，1998~2000 年中部六省利用外资缓慢下滑，2000 年实际利用外商直接投资为 29.56 亿美元，2001 年开始又逐渐恢复增长，2003 年达到

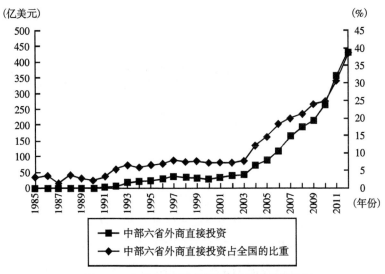

图 8-1 中部六省历年引进外商直接投资情况

41.26 亿美元，此阶段，外商直接投资总额占全国外商直接投资总额的比重由 1993 年的 6.56% 上升到 2003 年的 7.71%；2004~2012 年为第三阶段，称之为快速发展阶段，2004 年中部六省实际利用外商直接投资达到 73.41 亿美元，之后，外商直接投资金额迅速增加，到 2012 年达到 430.3 亿美元，此阶段，外商直接投资总额占全国外商直接投资总额的比重由 2004 年的 12.11% 上升到 2012 年的 38.52%。

表 8-1 中部六省实际利用外商直接投资额

单位：万美元

年份	河南省	江西省	安徽省	山西省	湖南省	湖北省	合计（亿美元）
1985	827	1049	303	52	2728	800	0.58
1986	1069	909	3515	15	971	1241	0.77
1987	903	142	184	263	51	1409	0.30
1988	6418	518	1151	652	771	2231	1.17
1989	4266	587	478	882	643	2295	0.92
1990	1049	621	961	340	1116	2900	0.70
1991	3791	1949	954	380	2276	4643	1.40
1992	5316	9972	5466	5384	13271	20313	5.97
1993	30491	20817	25764	8643	43746	51053	18.05
1994	38673	26168	37000	3170	33114	60186	19.83
1995	47855	28888	48256	6383	50773	62512	24.47
1996	52356	30126	50661	13808	74530	68079	28.96
1997	69204	47768	43443	26592	91702	79019	35.77

年份	河南省	江西省	安徽省	山西省	湖南省	湖北省	合计（亿美元）
1998	61654	46496	27673	24451	81816	97294	33.94
1999	52135	32080	26131	39129	65374	91488	30.63
2000	56403	22724	31847	22472	67833	94368	29.56
2001	45729	39575	33672	23393	81011	118860	34.22
2002	40463	41726	38375	21164	90022	142665	37.44
2003	53903	41856	36720	21361	101835	156886	41.26
2004	116261	205238	54669	9021	141806	207126	73.41
2005	122960	242258	68845	27516	207235	218475	88.73
2006	184526	280657	139354	47199	259335	244853	115.59
2007	306162	310358	299892	134283	327051	276622	165.44
2008	403266	360368	348988	102282	400515	324481	193.99
2009	479858	402354	388416	49315	459787	365766	214.55
2010	624670	510084	501446	71421	518441	405015	263.11
2011	1008209	605881	662887	207278	615031	465503	356.48
2012	1211777	682431	863811	250379	728034	566591	430.30
累计	5030194	3993600	3740862	1117228	4460818	4132674	2247.54

数据来源：历年各省统计年鉴和《中国统计年鉴》。

表8-2　中部六省实际外商直接投资占全国的比重

年份	全国外商直接投资（亿美元）	中部六省外商直接投资占全国的比重（%）	浙江省（亿美元）
1985	19.56	2.97	0.16
1986	22.44	3.43	0.19
1987	23.14	1.30	0.23
1988	31.94	3.66	0.30
1989	33.92	2.71	0.52
1990	34.87	2.01	0.48
1991	43.66	3.21	0.92
1992	110.08	5.42	2.94
1993	275.15	6.56	10.33
1994	337.67	5.87	11.44
1995	375.21	6.52	12.58
1996	417.26	6.94	15.20
1997	452.57	7.90	15.03
1998	454.63	7.47	13.18
1999	403.19	7.60	15.33
2000	407.15	7.26	16.13

年份	全国外商直接投资（亿美元）	中部六省外商直接投资占全国的比重（%）	浙江省（亿美元）
2001	468.78	7.30	22.12
2002	527.43	7.10	31.60
2003	535.05	7.71	54.49
2004	606.3	12.11	66.81
2005	603.25	14.71	77.23
2006	630.21	18.34	88.89
2007	747.68	22.13	103.66
2008	923.95	21.00	100.73
2009	900.33	23.83	99.40
2010	1057.35	24.88	110.02
2011	1160.11	30.73	116.66
2012	1117.20	38.52	130.69
累计	12720.08	17.67	1117.26

数据来源：历年各省统计年鉴和《中国统计年鉴》。

1985~2012 年中部六省累计引进外商直接投资 2247.54 亿美元，仅占同期全国累计引进外商直接投资的 17.67%，而同期仅浙江省累计外商直接投资就有 1117.26 亿美元，相当于中部六省总额的 49.71%（见表 8-2），显然中部地区外商直接投资的规模和东部沿海地区相比差距非常大。但同时也发现，从 2004 年开始，中部六省引进外商直接投资金额年增长速度远远超过全国的增长速度，甚至超过了浙江省外商直接投资的增长速度，2009 年在全国外商直接投资出现负增长（−2.56%）的情况下，中部六省外商直接投资仍保持 13.62% 的增长速度，而浙江省也出现了负增长（−1.32%），2012 年中部六省外商直接投资额的增长速度达到了 20.71%，远高于全国的−3.70% 和浙江省的 12.03%，引进外资的后发优势逐渐显现出来，如图 8-2 所示。

（二）中部六省外商直接投资规模变化的原因分析

改革开放以来，我国东部地区利用率先开放和地域上的有利条件，抓住发达国家和港澳台地区产业转移的机遇，承接和发展了大量以劳动密集型产业为主的加工工业，不仅有力地推动了当地经济发展，而且成为拉动我国经济增长的重要力量。30 多年来，我国东部地区承接了三次大的产业转移。第一次是 20 世纪 80 年代，香港的大部分轻纺、玩具、钟表、消费电子、小家电等轻工和传统加工业的转移；第二次是 90 年代初，主要是中国台湾以及日本、韩国的电子、通信、计算机产业的低端加工和装配的大规模转移；第三次是从 2002 年开始直到现在

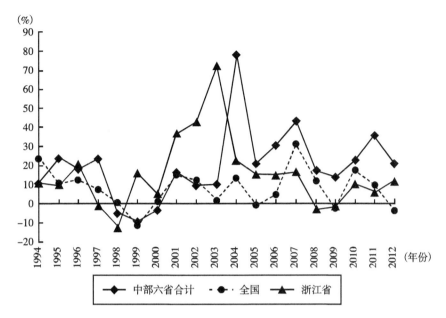

图 8-2　中部六省、全国和浙江省外商直接投资增长速度比较

数据来源：历年各省统计年鉴和《中国统计年鉴》。

还在进行中的欧美及日本等发达国家跨国公司以制造中心、产品设计中心、研发中心、采购中心为代表的高端产业的转移。

但随着东部地区经济的高速发展，产业结构调整、优化、升级的压力不断增大，再加上近年来东部地区加工工业开始出现土地、劳动力等生产要素供给趋紧、企业商务成本不断提高、资源环境约束矛盾日益突出等问题，劳动密集型产业向外转移的趋势越来越明显，因此，在吸引国际劳动密集型产业转移方面的优势逐渐弱化。而与东部地区相邻且交通运输条件较好的中部省区，由于较低的劳动力成本、土地成本和企业商务成本、较好的工业基础、较大的经济总量和市场容量，以及各类产业链不断完善，产业集聚、集群化发展态势不断凸显，因此，中部地区具备了大规模承接产业转移的经济基础和社会环境，在吸引国际劳动密集型产业转移方面优势越来越明显。

同时，在加工基地转移型国际产业转移中，由于消费地与生产地甚至原料地等是分离的，因此，要求物流成本较低，尽可能选择交通便利的东部沿海地区，我国东部地区由于地理位置原因，形成了满足国际市场需求为主的国际产业加工基地，在承接国际产业转移中实现了较快的增长。随着国际产业转移向消费类型的转变，我国承接国际产业转移的主要地区将出现由东部地区向中部地区转移的态势。特别是在金融危机冲击下，东部地区受到外部需求减少的影响，经济增长速度下降，使其在承接以满足国内市场需求为主的国际产业转移竞争中不具有明显优势。

因此，在以上两个方面因素的影响下，外资向中部地区梯度转移趋势日益明显，2003 年后迎来了外商直接投资的快速发展阶段。

二、外商直接投资的地区分布

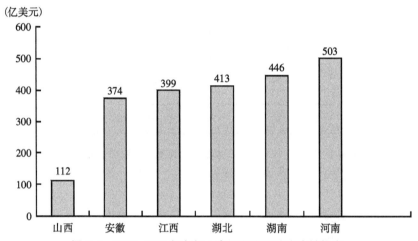

图 8-3　1985~2012 年中部六省累积实际外商直接投资
数据来源：历年各省统计年鉴。

由图 8-3 可以看出，在中部六省中，1985~2012 年累计引进实际外商直接投资金额从多到少依次为河南省（503 亿美元）、湖南省（446 亿美元）、湖北省（413 亿美元）、江西省（399 亿美元）、安徽省（374 亿美元）和山西省（112 亿美元），占中部六省外商直接投资总额的比例依次为 21.01%、20.54%、19.62%、18.22%、15.83% 和 4.77%。显然，外商直接投资在中部六省的分配也不十分均衡，山西省和安徽省实际外商直接投资显著偏低，但安徽省近几年外商直接投资的增长速度和规模已超过了除河南以外的其他四个省份，发展势头迅猛。

表8-3　2012年外商直接投资的产业分布构成

单位：%

产业分布	河南省	江西省	安徽省	山西省	湖南省	湖北省	全国
农、林、牧、渔业	3.43	7.37	2.03	1.17	3.44	1.42	1.85
第二产业合计	69.95	65.68	69.66	77.99	78.70	65.92	46.96
采矿业	1.87	1.38	1.71	5.09	—	0.19	0.69
制造业	55.57	62.64	63.27	50.27		61.46	43.74
电力、燃气及水的生产和供应业	6.29	0.51	4.68	6.98		4.25	1.47
建筑业	6.21	1.15	0.00	15.65	—	0.02	1.06
第三产业合计	26.62	26.95	28.31	20.91	17.86	32.65	51.20
交通运输、仓储和邮政业	4.83	0.41	2.26	15.21	—	1.96	3.11
信息传输、计算机服务和软件业	0.65	5.04	0.45	0.00		0.77	3.01
批发和零售业	4.11	6.71	4.26	2.08		1.08	8.47
住宿和餐饮业	0.97	0.81	1.86	0.00		0.34	0.63
金融业	0.72	0.65	0.09	0.00		1.90	1.90
房地产业	8.24	3.04	16.49	0.00		24.52	21.59
租赁和商务服务业	3.44	6.40	1.17	2.97		1.48	7.35
科学研究、技术服务和地质勘查业	1.95	2.44	0.55	0.65		0.10	2.77
水利、环境和公共设施管理业	0.85	1.02	0.77	0.00		0.33	0.76
居民服务和其他服务业	0.33	0.28	0.02	0.00		0.12	1.04
教育、文化、体育和娱乐业	0.44	0.15	0.39	0.00		0.04	0.51
卫生、社会保障和社会福利业	0.09	0.00	0.00	0.00	—	0.00	0.06

注：行业分布构成指的是各行业的实际外商直接投资额占本省实际外商直接投资总额的比例，湖南省具体行业数据统计年鉴中未统计。

三、外商直接投资的产业分布

由表8-3可知，中部六省的外商直接投资主要集中在第二产业，平均比重为71.32%，远高于全国的比重46.96%，第三产业的平均比重为25.55%，远低于全国的比重51.20%，第一产业的平均比重为3.14%，略高于全国的比重1.85%。显然与全国水平相比，中部六省第二产业外商直接投资比重过高，第三产业投资比重过低，这主要是由于中部地区具有较好的工业基础、较低的劳动力成本以及资源状况水平决定的，因此，相对于目前中部地区的经济发展水平来说具有一定的合理性。

投向中部六省第二产业的外商直接投资主要集中在制造业，其次是电力、燃气及水的生产和供应业，其原因在于：一是中部六省经济发展水平基本相当，尤其技术创新、劳动力熟练程度等影响经济发展的重要因素发展基本位于同等水平。二是中部六省自然地理环境较为相近，都呈现一种"能源主打，水土作称"的特点，自然资源储备类型接近，例如，河南与山西煤炭资源较为丰富，河南与湖北分布有石油，江西与湖南分布有钨矿，山西、江西与湖南分布有铁矿，安徽、湖北与山西都有铜矿，资源重叠较多，在吸引产业转移以及外资方面，有相似的竞争力。因此，总的来说，中部六省第二产业内部外商直接投资的分布比较合理。

投向中部六省第三产业的外商直接投资主要集中于房地产业、批发和零售业、租赁和商务服务业，而对生产服务性行业，如交通运输、仓储和邮政业，信息传输、计算机服务和软件业，科学研究、技术服务和地质勘查业等的投资较少，其原因主要还是中部六省经济发展水平低于东部地区，房地产业外商直接投资比例的过高不利于产业结构的调整，但平均比例低于全国的平均水平。

尽管外商直接投资在中部六省的产业分布比较符合目前的经济发展水平，但从长远来看，必须引导外商直接投资流向第三产业和制造业中的技术密集型产业，优化外商直接投资的产业分布结构，充分发挥外商直接投资在中部六省产业结构优化升级中的作用。

四、外商直接投资的方式

表8-4　中部六省外商直接投资的方式

单位：亿美元，%

年份	中部六省外商直接投资总额	合资企业		合作企业		独资企业		股份制企业	
		总额	比重	总额	比重	总额	比重	总额	比重
2000	29.56	15.06	50.93	5.59	18.90	8.90	30.10	0.02	0.07
2001	34.22	16.68	48.74	4.75	13.88	12.79	37.38	0.00	0.00
2002	37.44	18.36	49.04	6.19	16.53	12.89	34.43	0.00	0.00
2003	41.26	22.70	55.02	4.05	9.82	14.45	35.02	0.06	0.15
2004	73.41	26.45	36.03	3.97	5.41	42.99	58.55	0.01	0.01
2005	88.73	24.36	27.46	4.02	4.53	56.35	63.51	3.99	4.50
2006	115.59	28.95	25.04	3.21	2.78	81.51	70.51	1.93	1.67
2007	165.44	45.56	27.54	4.64	2.80	109.37	66.11	5.87	3.55
2008	193.99	47.64	24.56	5.51	2.84	124.71	64.28	16.14	8.32
2009	214.55	56.83	26.49	7.62	3.55	144.68	67.43	5.42	2.53
2010	263.11	54.52	20.72	8.93	3.39	195.09	74.14	4.58	1.74

年份	中部六省外商直接投资总额	合资企业		合作企业		独资企业		股份制企业	
		总额	比重	总额	比重	总额	比重	总额	比重
2011	356.48	95.98	26.92	12.13	3.40	239.64	67.22	8.73	2.45
2012	430.30	115.36	26.81	10.96	2.55	291.45	67.73	10.34	2.40

数据来源：历年各省统计年鉴。

（一）中部地区外商直接投资方式的特点和变化趋势

1. 外商独资企业已成为中部地区最重要的利用外资方式

如表8-4所示，独资企业是中部地区外商直接投资方式中增长最快的，其投资额由2000年的8.90亿美元增加到2012年的291.45亿美元，增加了32倍多；其所占比重也大幅上升，由2000年的30.10%上升到2012年的67.73%，增加了37.63个百分点，从2004年开始超过合资企业成为最重要的投资方式。

外商独资企业之所以增多并成为最主要的投资方式主要是因为：第一，随着对外商投资企业政策的进一步放宽，国内企业原来依靠生产许可、市场准入等作为合资的条件已经不复存在；第二，由于文化差异和思维方式等的不同，合资双方在投资战略、产品定位、管理方式等方面往往会出现分歧，合资并不是外商最好的选择；第三，外商对中国市场由陌生到熟悉，以及政策法规不断完善，经营环境不断改善，跨国公司更倾向于更好地利用和建立独资企业，而不再依靠内资企业；第四，成立独资公司能更好地符合这些公司的全球战略利益，以便跨国公司建立的全球供应链、知识库等战略资源得到更好利用，同时有利于保守其先进秘密技术；第五，中部地区以港台地区的外资为主，而港台地区资本投资则是经历了由独资到合资再独资的过程，影响着中部地区投资方式（彭继民、史月英，2005）。

2. 合资企业投资金额有较大上升，但其所占比重却迅速下降

如表8-4所示，中部地区合资企业投资金额从2000年的15.06亿美元增至2012年的115.36亿美元，增加了7倍多，增幅也不小，但由于中部地区利用外商直接投资的总增长幅度远远超过合资企业利用外商直接投资的增长幅度，因此，合资企业所占比例大幅下降，由2000年的50.93%下降到2012年的26.81%，下降了24.12个百分点，从2004年开始变为第二大投资方式。

3. 中外合作企业与股份制企业是中部地区辅助的利用外资方式

中外合作企业是中部地区的第三大利用外商直接投资方式，但其地位迅速下降。如表8-4所示，中部地区利用外商直接投资中合作企业投资金额2000年以

来没有太大改变，而其所占比重下降幅度较大。中部地区利用外商直接投资中合作企业投资总额一直较小，只有 2011 年和 2012 年超过了 10 亿美元，波动幅度也不大。由于其变化不大，相对较快的外商直接投资总额的增长，其所占比例有较大幅度下降，由 2000 年的 18.90% 下降到 2012 年的 2.55%，因此，只能作为辅助的引资方式。

中部地区股份制外资企业所占比重很小，不符合世界发展趋势。中部地区外资股份制企业在利用外商直接投资中作用极其微小。如表 8-4 所示，中部地区利用外商直接投资中外资股份制企业无论是投资金额还是其所占比重都非常小，2012 年其所占比例也只有 2.4%。目前来看，这种投资方式远远没有发挥其作用，并且与世界发展趋势不符。跨国并购作为股份制企业的主要形式，自 2000 年以来，逐渐成为发达国家对外投资的主要方式，目前占国际直接投资的 85% 以上。但在中部地区，独资、合资、合作依然是吸收外资的主要方式，以跨国并购方式进入的外资少之又少，这必将限制引资规模的扩大和外资质量的提高。

(二) 外商直接投资独资化对中部六省经济社会的影响及措施

外国直接投资进入模式结构的变化趋势，从低资源投入、规避风险型的进入方式转向资源投入高、控制性与战略性强的进入方式，反映了我国经济发展、经济体制改革与对外开放的巨大成功和良好势头，市场现实与潜在的吸引力以及国家总体投资环境的完善。一方面标志着跨国公司在华直接投资进入了一个成熟阶段。外商在华直接投资的独资化已成为一个不可避免的趋势，它如同一把双刃剑，外商独资企业数量的增多，有利于吸收外资的增加，独资企业往往会采用更先进的技术和管理，为消费者提供更多更好的产品和服务。但是另一方面，外商独资化也会带来不利的影响。

1. 内部化交易增加，加大了我国对其监管的难度

跨国公司内部交易所采取的价格，通常称为转移价格，即公司内部总公司与子公司、子公司与子公司之间在进行商品和劳务交换中，为了达到减少风险等目的在公司内部实行的价格。跨国公司将合资公司变成独资公司，使在华的子公司完全受控于国外的母公司，而跨国公司的这种内部化交易严重损害了我国的经济利益，很多外资企业一方面连年亏损，另一方面却不断追加投资，扩大经营规模，这显然不符合市场经济的法则和企业经营的常规，说明不少外商投资企业存在偷逃税或避税行为。跨国公司在华实现独资或控股后，强化了跨国公司对内部交易和转移价格手段的应用，就中国目前的监管力度来看这方面的问题可能会更突出。

2. 在短期内可能限制竞争，造成垄断和内资企业发展困难

海默基于市场的不完全竞争性指出，发达国家向发展中国家的直接投资是寡头竞争行为在世界范围内的延伸，外资公司为抵消东道国企业的特有优势会利用市场的不完全竞争性和自身的垄断势力，产生不利于市场竞争的后果，外商独资企业在短期内更容易形成行业垄断。此外，外商直接投资独资化会导致人才竞争更加激烈，内资企业更难留住人才，一方面，跨国公司凭借良好的知名度、优越的软硬工作环境以及优厚的薪水待遇，能吸纳到国内许多优秀人才；另一方面，我国内资企业尤其是国有企业用人机制不活，使许多优秀人才跳槽到跨国公司旗下，导致国内企业技术开发能力严重受损，同时外商独资企业还凭借竞争优势抢夺我国同行业企业的市场份额，造成我国企业竞争力萎缩，生存的市场空间越来越小，不利于国内企业的发展。

3. 降低跨国公司在华直接投资的溢出效应

已有的研究已经证明，外国投资者与东道国当地企业组建的合资企业在当地经济中产生的溢出效应大于外商独资企业，因为，合资企业的当地合资方可以直接学习国外的先进技术与管理经验，利用外方的营销资源和国外销售网络，拓宽国外市场渠道，而且国外合资方通常倾向使用当地合资方已有的当地供应商体系，因此，垂直的溢出效应较大。而在独资企业情况下，由于建立当地筹供体系和利用当地供应商会提高交易成本，以及承担中间产品供应质量与交货期限等方面的风险，所以独资企业的原料与零部件供应更倾向于从国外进口，因此，溢出效应较小。

为了应对外商直接投资的独资化趋势带来的负面影响，我国内资企业要积极采取应对措施，例如，加大宏观政策的市场监管力度，建立专门机构对跨国公司内部交易定价进行检查，积极应对外商独资企业的转移价格；增强我国企业加工配套能力，鼓励外资企业与国内企业建立战略联盟；提高国内企业自主创新的能力，提升企业核心竞争力等。

五、外商直接投资的依存度

由图 8-4 和表 8-5 可以看出，总体上自 1985 年以来中部六省外商直接投资占国内生产总值的比重（外资依存度）是一个缓慢上升的趋势，波动幅度比较小，其中 1985~1990 年外资依存度在 0.1%附近波动，1991~1994 年快速上升，1994 年达到 1.97%，1995~2003 年外资依存度震荡缓慢下降，2004 年后又开始缓慢上升，2012 年达到了 2.34%。

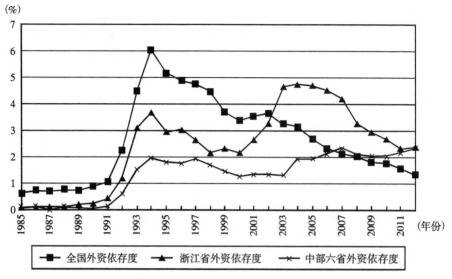

图 8-4　中部六省外资依存度的比较

　　和全国外资依存度及浙江省外资依存度相比，中部六省外资依存度波动浮动明显较小，全国外资依存度 1994 年后呈现快速下降趋势，2007 年以前中部六省的外资依存度都低于全国的水平，2007 年后实现了反超，2012 年高出全国 0.98 个百分点，与浙江省的外资依存度已经非常接近。

表 8-5　中部六省的外资依存度

单位：%

年份	中部六省外资依存度	全国外资依存度	浙江省外资依存度
1985	0.09	0.64	0.11
1986	0.12	0.75	0.13
1987	0.04	0.71	0.14
1988	0.14	0.79	0.14
1989	0.10	0.75	0.23
1990	0.08	0.89	0.25
1991	0.17	1.07	0.45
1992	0.62	2.25	1.18
1993	1.56	4.49	3.09
1994	1.97	6.04	3.67
1995	1.81	5.15	2.95
1996	1.79	4.87	3.02
1997	1.95	4.75	2.66
1998	1.72	4.46	2.16
1999	1.47	3.72	2.33
2000	1.29	3.40	2.17

年份	中部六省外资依存度	全国外资依存度	浙江省外资依存度
2001	1.37	3.54	2.65
2002	1.37	3.63	3.27
2003	1.32	3.26	4.65
2004	1.92	3.14	4.75
2005	1.94	2.67	4.72
2006	2.12	2.32	4.51
2007	2.37	2.14	4.20
2008	2.10	2.04	3.26
2009	2.08	1.80	2.95
2010	2.07	1.78	2.69
2011	2.20	1.58	2.33
2012	2.34	1.36	2.38

数据来源：历年各省统计年鉴和《中国统计年鉴》，外资依存度=外商直接投资/GDP。

第二节 中部地区外商直接投资对经济社会的贡献

一、对就业的贡献

表8-6 外商直接投资企业的就业人数

单位：万人

年份	河南省	江西省	安徽省	山西省	湖南省	湖北省	五省合计
2000	15.16	4.40	6.10	2.60	6.23	—	34.49
2001	13.23	5.30	6.50	3.10	5.82	—	33.95
2002	13.16	5.80	7.20	3.20	6.59	—	35.95
2003	14.04	6.50	7.80	3.30	7.40	—	39.04
2004	14.87	8.00	9.20	3.90	8.13	—	44.10
2005	15.80	10.08	10.40	4.20	14.83	—	55.31
2006	17.60	13.40	12.30	7.10	16.51	—	66.91
2007	21.30	14.69	14.60	10.3	18.37	—	79.26
2008	20.55	17.49	15.50	9.49	19.69	—	82.72
2009	21.87	20.58	17.97	9.67	23.62	—	99.71

年份	河南省	江西省	安徽省	山西省	湖南省	湖北省	五省合计
2010	23.32	22.40	21.70	13.00	24.35	—	117.77
2011	43.63	33.57	25.00	11.90	29.61	—	152.47
2012	36	35.99	23.9	16.2	31.98	—	144.07

注：《湖北统计年鉴》没有统计外资企业的就业人数。

由表8-6可知，2012年中部五省外资企业总就业人数为144.07万人，是2000年的4.18倍。从2000年到2012年，河南省、江西省、安徽省、山西省和湖南省外商直接投资分别累计增加了115.5亿美元、66.0亿美元、83.2亿美元、22.8亿美元、66.0亿美元，同期，上述五省外资企业就业人数分别增加了20.84万人、31.59万人、17.8万人、13.6万人、25.75万人，因此，上述五省每增加1亿美元外商直接投资所带来的直接就业分别为1804人、4786人、2139人、5965人、3902人。显然，外商直接投资对各省就业的直接带动效应非常明显。由表8-7也可以看出，2012年江西省外资企业就业人数占本省总就业人数的比例最高，为1.41%，其次是山西省、湖南省、河南省和安徽省。但2012年中部五省外资企业就业人数仅占全部就业人数的0.77%，远低于全国2.81%的平均水平。

表8-7　外商直接投资企业就业人数占总就业人数的比例

单位：%

年份	河南省	江西省	安徽省	山西省	湖南省	湖北省	五省合计
2000	0.27	0.21	0.18	0.19	0.17	—	0.21
2001	0.24	0.26	0.19	0.22	0.16	—	0.21
2002	0.24	0.27	0.21	0.23	0.18	—	0.22
2003	0.25	0.30	0.31	0.22	0.20	—	0.25
2004	0.27	0.36	0.26	0.26	0.22	—	0.27
2005	0.28	0.44	0.28	0.28	0.39	—	0.33
2006	0.31	0.58	0.33	0.45	0.43	—	0.39
2007	0.37	0.62	0.38	0.65	0.47	—	0.45
2008	0.35	0.73	0.40	0.59	0.50	—	0.47
2009	0.37	0.84	0.45	0.59	0.60	—	0.56
2010	0.39	0.90	0.54	0.77	0.61	—	0.64
2011	0.70	0.93	0.61	0.68	0.74	—	0.77
2012	0.57	1.41	0.57	0.90	0.80	—	0.77

注：《湖北统计年鉴》没有统计外资企业的就业人数。

二、对出口的贡献

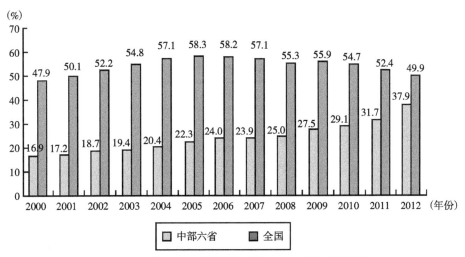

图 8-5　中部六省和全国外资企业出口占全部出口比重

图 8-5 表示的是中部六省和全国外资企业出口占全部出口的比重，很显然，中部六省外资企业出口所占比重一直远低于全国的水平，但从 2000 年开始到 2012 年中部六省外资企业的出口所占比重一直处于递增态势，因此，外资企业对中部六省出口的贡献在逐年增加，不同的是全国外资企业出口所占比例 2006 年后呈下降趋势。

由表 8-8 可以看出，2012 年中部六省中，河南省外资企业出口占总出口的比重最高，达到了 58.7 %，已高于全国的平均水平 49.9%，也就是说，河南省的外资企业对出口的贡献最大，其次是湖北省、江西省、山西省、湖南省和安徽省。由外资企业出口占累计外商直接投资的比重指标可以发现，河南省外商直接投资累计每增加 1 美元，可以增加外资企业出口 0.37 美元，山西省外商直接投资累计每增加 1 美元，可以增加外资企业出口 0.20 美元，湖北省外商直接投资累计每增加 1 美元，可以增加外资企业出口 0.18 美元，江西省外商直接投资累计每增加 1 美元，可以增加外资企业出口 0.16 美元，而湖南省只有 0.07 美元，因此，可以认为河南省外商直接投资的出口导向性最大，湖南省外商直接投资的出口导向性最低。

表 8-8　2012 年中部六省外资企业出口额

单位：亿美元

	河南省	江西省	安徽省	山西省	湖南省	湖北省	六省合计
外资企业出口	187.4	64.6	45.9	22.2	29.4	76.2	425.7
所有企业总出口	319.4	200.2	206.5	84.5	123.4	187.5	1121.5
外资企业出口占总出口的比重（%）	58.7	32.3	22.2	26.3	23.8	40.6	37.9
外资企业出口占累计外商直接投资的比重（%）	37.3	16.2	12.3	19.9	6.6	18.4	18.9

数据来源：《中国统计年鉴》。

三、对固定资产投资的贡献

图 8-6 表示的是中部六省外资企业固定资产投资占全部固定资产投资的比重，由图 8-6 可以看出，1997 年此比例最大为 6.79%，然后开始递减，到 2000 年时仅有 3.7%，2001 年开始又逐渐递增，2005 年达到 5.54%，随后又递减，2012 年为 3.11%。同期，全国外资企业固定资产投资占全部固定资产投资的比重也经历了类似的一个变化，如 1997 年全国的比例为 11.6%，2005 年为 9.49%，2012 年为 5.71%。总的来说，中部六省外资企业固定资产投资占全部固定资产投资的比重远低于全国的平均水平，更低于东部沿海地区的水平。

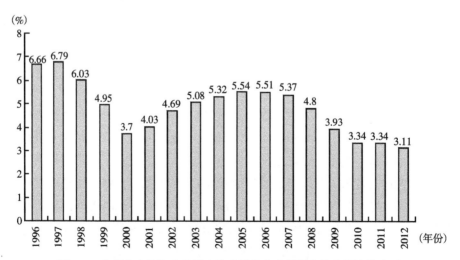

图 8-6　中部六省外资企业固定资产投资占全部固定资产投资的比重
数据来源：历年《中国统计年鉴》。

由表 8-9 可以看出，1996 年以来，中部六省中，各省外资企业固定资产投资所占比重呈现明显的先上升后下降的趋势，2012 年湖北省外资企业固定资产投资占全部固定资产投资的比重最大，其次是安徽省、江西省、湖南省、河南省和山西省。由于外商直接投资主要分布在制造业，企业固定资产投资越大说明企业后续发展潜力越大，因此，我们认为湖北省的外资企业发展潜力最大，河南省的外资企业发展潜力最小。

表 8-9　中部六省外资企业固定资产投资占全部固定资产投资的比重

单位：%

年份	河南	江西	安徽	山西	湖南	湖北
1996	6.13	4.06	4.51	2.30	4.73	12.39
1997	4.68	3.81	5.99	5.31	4.75	12.65
1998	4.41	6.90	4.93	6.78	3.06	9.99
1999	3.44	3.65	7.70	9.88	2.82	4.96
2000	2.56	3.56	5.84	7.88	1.54	3.55
2001	4.08	3.35	3.75	5.81	3.21	4.29
2002	4.25	6.03	3.63	5.91	3.90	5.19
2003	5.50	7.22	4.00	1.77	4.62	6.30
2004	5.58	6.85	5.67	1.98	4.53	7.04
2005	5.64	6.41	6.21	2.17	4.17	7.68
2006	4.71	7.23	6.21	2.64	4.76	7.41
2007	3.88	8.31	5.81	3.69	4.65	7.17
2008	3.23	8.28	5.68	3.03	3.61	6.00
2009	2.13	7.94	4.84	2.22	2.56	5.04
2010	2.44	5.21	3.91	1.81	2.31	4.42
2011	2.35	4.72	3.79	1.75	2.98	4.54
2012	2.04	3.87	4.03	1.81	2.88	4.06

数据来源：历年《中国统计年鉴》。

四、对产业结构优化升级的贡献

（一）利用外资促进东道国产业结构优化的作用机理

外商直接投资在带动东道国经济总量增长的同时，也在一定程度上促进了东道国产业结构的优化。其作用机理见图 8-7。

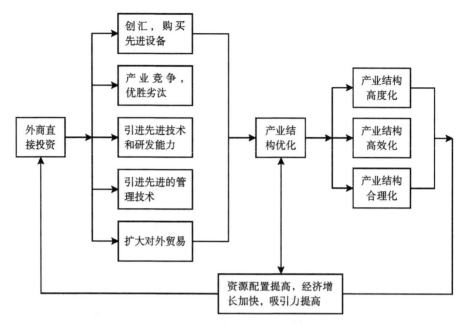

图8-7　外商直接投资促进东道国产业结构优化作用机理

产业结构优化是指通过产业结构调整，使产业结构效率、产业结构水平不断提高的动态过程。通过调整产业结构，一国或一地区的资源配置效率可以达到最优。产业结构优化包括三个方面的内容：产业结构高效化、产业结构高度化和产业结构合理化。外商直接投资的引入，以及随之而带动的市场竞争和政府引导规范可以分别从高度化、合理化、高效化三个方面来提升产业结构，使其达到优化的目的。

1. 外商直接投资促进产业结构高度化

所谓产业结构高度化，是指在技术进步作用下，产业结构系统从较低级形式向较高级形式的演变过程，也叫产业结构升级。外商直接投资这种一揽子生产要素的整体引进，能够促进产业结构升级。首先，一定量资金的直接流入缓解了国内生产建设资金的不足，利用这些资金可以优先购买世界先进的生产设备和进口高等级的生产原料。其次，外商直接投资同时带来了国外先进技术和研发能力，一方面，可以通过对新技术的积极消化、吸收、创新和扩散来提升技术水平，优化技术结构，从而使产业结构系统在技术进步作用下，从较低级形式向较高级形式演变，即完成产业结构的升级或者说是高度化；另一方面，在此过程中，也能够培养自己的技术队伍和研发人才，有利于该产业在技术上的不断创新，进而形成技术结构和产业结构不断优化的良性循环。另外，外商直接投资带来的先进管理技能和人力资源开发能力也能通过提高工作效率、更新技术观念等方式间接促进技术结构和产业结构高度化。

2. 外商直接投资促进产业结构合理化

产业结构合理化，是指遵循再生产过程对合理性的要求，追求产业规模适度、增长速度均衡和产业联系协调，而这些通常主要由政府的规范和引导来完成。首先，可以通过政府引导使外资投入到增长较慢的基础产业，由于基础产业存在投资额大、建设周期较长、投资回收期较长等特点，境外投资商不愿投资该产业。例如，对于已成为制约产业结构升级和优化的"瓶颈产业"，政府可采用信贷、利率优惠、税收减免、加速折旧等手段，以及建立投资风险基金、适当补贴等方式调动外资的积极性，引导外资进入此类"瓶颈产业"，而这些都只有政府部门才能完成。其次，通过政府对外商投资区域的引导，可以使外资尽量投入到有一定配套企业集群的地区（如经济技术开发区、工业园区等），以增强产业的联系和协调。通过政府的合理引导，让适当的外资进入适当的地区，能够有效地加强该地区产业结构之间的协调与联系，使其结构合理化，进而有力地推动该地区产业结构的优化。

3. 外商直接投资促进产业结构高效化

产业结构高效化，即在假设技术经济条件不变的情况下，低效率产业比重不断降低和高效率产业比重不断上升，通过资源配置的优化来不断提高宏观经济效益的水平。成熟的外资企业进入后，会通过市场作用加剧国内企业的竞争，将低效率的企业从本行业中淘汰出去，从而优化资源在产业间的配置，促进产业结构高效化。

（二）外商直接投资对产业结构优化升级的贡献

外商直接投资已经成为中部六省经济平稳较快增长的重要"推进器"，实际使用外商直接投资额从 2006 年的 116 亿美元增加到 2012 年的 430.3 亿美元，增长了 2.7 倍，占全国的比重从 18.3% 增加到 38.5%。截至 2012 年年底，中部六省累计设立外商投资企业已突破 4 万家，大型跨国公司进入中部六省的数量明显增多，许多还建立了生产基地或研发营运机构。外资投向发生明显改变，投资结构进一步优化，由原来主要集中在房地产和商贸领域，逐步转向旅游开发、研发中心、金融、服务外包等现代服务业领域。

第三节　影响外商在中部地区直接投资的区位因素动态变化实证研究

影响外商直接投资区位选择的因素不是一成不变的，随着地区经济社会的发展、区位条件的变化以及外商对我国投资环境的逐渐熟悉，影响其投资区位选择的因素也会发生变化，因此，本节首先运用面板数据模型实证研究了 1993~2003 年和 2004~2012 年外商在中部六省直接投资区位选择影响因素的动态变化，为今后中部六省制定招商引资政策提供确凿证据和努力方向。然后将中部六省各省的影响因素现状和浙江省进行了对比分析，根据"木桶短板原理"，本节最后就中部六省进一步扩大引进外资提出了一些建议。

一、外商直接投资区位选择的决定因素

自 20 世纪 90 年代以来，国内外学者已对中国外商直接投资的区位选择进行了较为深入的研究，分析辨别了众多主要影响因素，归纳起来主要有以下六个方面：经济因素、成本因素、市场因素、制度因素、外资企业的集聚因素、人力资本因素等。

1. 经济因素

主要是指经济发展水平，认为外商直接投资会优先选择经济发展水平较高的地区，实证研究中最常用来衡量地区经济发展水平的指标有 GDP（国内生产总值）、GDP 增长率以及人均 GDP。如金相郁和朴英姬（2006）采用各城市的 GDP 总量、人均 GDP 和 GDP 增长率作为衡量地区经济发展水平的变量，得出 GDP 对外商直接投资区位分布有非常显著的正影响；朱津津（2001）发现 GDP 总量对外商投资企业未来生产经营具有重要作用。

2. 成本因素

主要是指与生产成本和运输成本有密切关系的因素，主要包括劳动力成本和运输成本。劳动力成本向来就是区位理论中不容忽视的重要因素，中国作为发展中国家，较低的劳动力成本是国际制造业大规模向我国转移的重要决定因素之一，20 世纪 90 年代以来我国加工贸易的迅速发展也是对这一影响因素最好的佐证，因此，外商会尽可能向具有一定生产能力、工资水平低的地区进行投资。国

内外学者大多采用职工平均工资作为衡量劳动力成本的指标进行研究，Cheng 和 Kwan（2000）、Sun 等（2002）研究结果表明，职工平均工资和外商直接投资流入是负相关的，但 He（2002）等研究发现工人工资和外资流入不存在显著的关系。由于外商投资企业多为出口导向型，因此，外商在进行投资时首先要考虑地区的交通便利情况，外商投资企业会优先选择在沿海地区进行生产，在实证研究中运输成本常用地区基础设施水平来表示，如肖政、维克特·盖斯特勒格（2001）将中国沿海与内陆的外商直接投资地区性差异解释为人均 GDP 的地区性差异和基础设施贫乏。

3. 市场因素

中国广大的市场也是吸引外商直接投资的重要原因之一。为了降低成本，跨国公司倾向于把投资地点选择在市场规模较大的地区，这样，公司更加靠近要素市场和消费者市场，可以及时地获得市场信息，节省运输成本，为企业带来更多的经济收益。市场规模指标在实证研究中通常用人均收入水平和社会消费品零售总额来衡量，如邓炜和郑兵云（2004）则采用社会消费品零售总额作为衡量指标，他们认为，由于市场拉动型外商直接投资的存在，产品市场总量对外商直接投资进行区位选择时也有影响，市场规模是外商直接投资的主要区位决定因素。

4. 制度因素

高效率的政府制度能够降低信息成本、交易成本以及商业风险。逐步开放政策、渐进式的改革方式以及文化制度等因素将影响外商投资区位选择，在诸多的研究中已经证实了对外资企业的优惠政策成为吸引外商投资的重要制度因素之一。张立和龚玉池（2002）分别以哑变量 OP 代表地区开放政策和以哑变量 GP 代表 20 世纪 90 年代的政策变化，检验它们对外商直接投资流入的影响，结果发现它们对省际外商直接投资的分布有着较强的相关关系。潘镇（2005）以江苏省的相关数据为对象，用三个虚拟变量反映优惠政策水平，结果发现优惠政策的不同也会影响外商直接投资的区位选择。此外，外商在进行直接投资时，较高的信息成本和交易成本使其更容易选择开放度较高的地区投资，因为这样会降低这两种成本，提高外商直接投资的效率。李立新和金润圭（2002）采用外商出口占总出口的比例，朴商天（2004）采用进出口总额占 GDP 的比重来衡量对外开放程度，金相郁和朴英姬（2006）采用外商直接投资企业工业总产值占全部工业总产值的比重作为开放程度的代理变量，另外，魏后凯和贺灿飞（2001）研究发现，一个城市在中国政治体系中的地位越高吸引的外资就越多。

5. 外资企业的集聚因素

中国处于转型时期，由于信息不对称和历史文化的差异，外商直接投资面临许多经营风险和不确定性因素，因此，后进入的外商投资企业会倾向投资于外资企业较集聚的地区，外商投资企业的集聚程度通常用累计外商直接投资来表示，累计外商直接投资越多说明外商对该地区的投资认可度越高，会吸引更多的外资不断流入。例如，张海洋（2003）用累计外商直接投资代表外商直接投资的集聚程度，结果显示在不同阶段和不同地区，累计外商直接投资都显著为正。

6. 人力资本因素

外商不仅倾向投资于劳动力资源丰富的地区，更热衷投资于劳动者素质较高的地区。有关劳动力素质的衡量指标较多，张海洋（2003）将每万名员工中的研究人员、技术人员所占比例作为衡量人力资本的状况，回归结果显示，1991年以前中西部地区人力资本对外商直接投资的影响为正，而1992年以后该指标不显著。李立新和金润圭（2002）采用大专就业人员的比例为衡量指标，发现美国及欧洲投资于我国的外商直接投资与技术含量密切相关。金相郁和朴英姬（2006）将各城市高等学校在校学生数、科学事业费和教育事业费作为人力资本的衡量指标，通过Panel Data方法回归分析，发现该指标并不是影响外资区位选择的决定因素。

二、模型设计及变量说明

根据目前的研究成果，以及考虑到有关数据的可获得性，认为各省累计外商直接投资、人均GDP、基础设施水平、市场规模、工资水平、市场化程度、人力资本等因素都会对外商直接投资的区位选择产生影响，因此，影响外商在中部六省直接投资的模型可设计为：

$$Lnfdi_{it} = \beta_0 + \beta_1 Lntfdi_{i(t-1)} + \beta_2 Lnagdp_{it} + \beta_3 Lnroad_{it} + \beta_4 Lnmarket_{it} + \beta_5 Lnwage_{it}$$
$$+ \beta_6 Lnmarketization_{it} + \beta_7 Lnhcapital_{it} + u_{it}$$

其中，下标it表示第i个省份（即代表中部六个省份）在第t年的项目，β_0为常数项，u_{it}为随机变量。

fdi为因变量，代表每年引进的实际外商直接投资金额，单位为亿美元。

tfdi为累计外商直接投资金额变量，即以1985年为基期进行累加，单位为亿美元，累计外商直接投资说明了外商直接投资的集聚状况，累计外商直接投资越多说明外商对该地区的投资认可度越高，会吸引更多的外资不断流入。

agdp为人均国内生产总值变量，该变量反映了一个地区的经济发展水平，人均 GDP 越大的地区经济发展水平也越高，对技术含量高或质量好的产品和劳务的需求量就会相应增加，从而吸引具有一定技术素质、生产能力和生产规模的外商直接投资进入。

road 为基础设施水平变量，基础设施水平 =（公路里程 + 铁路里程 + 内河里程）/地区面积，由于外商投资企业多为出口导向，因此，外商在进行投资时首先要考虑地区的交通便利情况。

market 为市场规模变量，有关研究表明，有部分的外商在我国投资是看好我国的消费市场，这里用人均消费支出表示现有的市场规模大小，用年底人均城乡居民储蓄存款余额代表潜在的市场规模大小，为简便起见，用二者的算术平均值计算市场规模的大小。

wage 为职工平均工资水平变量，用来衡量劳动力成本大小，外商直接投资从东部沿海地区向中西部梯度转移的一个重要因素就是东部地区劳动力成本的快速提高，特别是对劳动密集型产业劳动力成本因素显得尤为重要。

marketization 为市场化程度变量，为简便起见，该指标用所有制结构、对外开放度、商品市场发育程度和政府职能转变等变量的算术平均值表示，所有制结构用全社会固定资产投资中非国有经济所占比重表示，对外开放度用对外贸易总额占 GDP 的比重表示，商品市场发育程度用全社会消费品零售总额占工农业总产值的比重表示，政府职能转变用政府消费支出占总消费支出的比重表示，认为地区的市场化程度越高越有利于引进外商直接投资。

hcapital 为人力资本变量，用科技人员数占每万名从业人员的比重表示，人力资本保证了外商投资企业的人才需求。

为了消除数据中可能存在的异方差问题，本文在计量检验时，分别对上述数据进行自然对数变换。根据前面的分析，外商在中部六省直接投资规模变化呈现三个不同的阶段，1985~1992 年为初步发展阶段，1993~2003 年为稳步增长阶段，2004~2012 年为快速发展阶段，由于在初步发展阶段中部六省引进外商直接投资的规模较小，不具有代表性，因此，选择 1993~2003 年和 2004~2012 年两个阶段分别研究外商在中部六省直接投资区位影响因素的动态变化。

本文为保证样本的数量足够大，采用面板数据模型（Panel Data Model）进行分析。与单纯的横截面或时间序列相比，面板数据模型的优点表现在，从时间序列看，可以描述不同个体随时间变化的规律；从横截面数据看，又能描述某个时点各个个体的状态及个体间的差异。

在运用面板数据分析时，主要考虑两种模型，即固定效应模型和随机效应模型，前者指被忽略的变量在各个时间段上对被解释变量的影响是固定的，即截距项 β_{0i} 是个固定参数；后者则指被忽略的变量在各个时间段上对被解释变量的影响是随机的，即截距项 β_{0i} 是随机的，可以写成 $\beta_{0i} = \beta_0 + u_i$，其中 u_i 满足零期望和同方差的经典假设。对于究竟是用固定效应还是随机效应模型，我们通过 Hausman 检验来选择，Hausman 检验的基础是在估计方程的残差项与解释变量不相关的假设下，固定效应和随机效应模型是一致的，但固定效应不具有效性；反之，若残差项与解释变量相关，则随机效应模型不具一致性，而应采用固定效应模型。所以，在原假设为不存在相关性的假设下，这两种估计方法应该没有系统性的差别。构造检验统计量：

$$W=(\beta_{fe} - \beta_{re})'[Var(\beta_{fe}) - Var(\beta_{re})]^{-1}(\beta_{fe} - \beta_{re})$$

当 $W > \chi_\alpha^2(K)$ 时拒绝原假设，即采用固定效应模型；当 $W < \chi_\alpha^2(K)$ 时接受原假设，即采用随机效应模型，α 为显著性水平。

三、检验结果及说明

表 8–10　外商在中部六省直接投资区位影响因素计量结果

变量	1993~2003 年		2004~2012 年	
	固定效应模型	随机效应模型	固定效应模型	随机效应模型
Lntfdi	0.103 (0.000)	0.117 (0.000)	0.149 (0.000)	0.084 (0.053)
Lnagdp	0.056 (0.106)	0.048 (0.078)	0.032 (0.113)	0.067 (0.142)
Lnroad	0.089 (0.123)	0.063 (0.138)	0.125 (0.017)	0.168 (0.098)
Lnmarket	0.057 (0.149)	0.089 (0.163)	0.146 (0.047)	0.097 (0.092)
Lnwage	−0.045 (0.136)	−0.038 (0.103)	−0.073 (0.068)	−0.050 (0.073)
Lnmarketization	0.078 (0.040)	0.067 (0.037)	0.091 (0.026)	0.059 (0.067)
Lnhcapital	0.052 (0.089)	0.074 (0.153)	0.084 (0.039)	0.070 (0.048)
Ad.R^2	0.732	0.746	0.815	0.837
D.W.	2.107	2.284	1.973	1.672
W	21.135		22.436	
$\chi_{0.01}^2(K)$	18.475		18.475	
样本数	66		54	

注：①表中括号内的数字为对应系数的显著性水平，即 t-prop；②卡方分布中 0.01 为显著性水平，K 为自变量的个数。

回归结果见表 8-10，在以上四组回归中，由于 W 值均大于 $\chi^2_{.01}(K)$ 值，故四组回归均采用固定效应模型。

1993~2003 年固定效应回归模型可知，人均累计外商直接投资变量回归系数为 0.103，且通过了 1%的显著性水平检验，也就是说人均累计外商直接投资每增加 1 亿美元，可增加下一年外商直接投资流入 0.1 亿美元，从 2004~2012 年的回归模型可知，人均累计外商直接投资对下一年外商直接投资的流入效应在逐渐增强，其回归系数增加到 0.149。

1993~2003 年和 2004~2012 年固定效应回归模型可知，人均 GDP 变量的回归均为正，但两个阶段的回归系数均未通过 10%的显著性检验，也就是说地区经济发展水平对外商直接投资的流入基本上没有影响。

1993~2003 年固定效应回归模型可知，基础设施变量的回归系数为 0.089，但未通过至少 10%的显著性检验，但在 2004~2012 年固定效应回归模型中，该变量的回归系数通过了 5%的显著性水平检验，且其回归系数也较高，达到了 0.125，说明基础设施建设在引进外商直接投资中发挥的作用越来越大。

1993~2003 年固定效应回归模型可知，市场规模变量的回归系数为 0.057，但未通过至少 10%的显著性检验，但在 2004~2012 年固定效应回归模型中，该变量的回归系数通过了 5%的显著性水平检验，回归系数为 0.146，说明市场规模变量在引进外商直接投资中发挥的作用越来越大。

1993~2003 年固定效应回归模型可知，工资水平变量的回归系数为 -0.045，但未通过至少 10%的显著性检验，但在 2004~2012 年固定效应回归模型中，该变量的回归系数通过了 10%的显著性水平检验，回归系数为 -0.073，说明劳动力成本在引进外商直接投资中已经开始发挥作用，特别是对劳动密集型外商投资企业。

1993~2003 年和 2004~2012 年固定效应回归模型可知，市场化程度变量的回归均为正，且两个阶段的回归系数均通过 5%的显著性检验，也就是说市场化水平一直都对外商直接投资起到积极的影响，从回归系数来看其影响力在逐渐增强。

1993~2003 年和 2004~2012 年固定效应回归模型可知，人力资本变量的回归均为正，且两个阶段的回归系数分别通过了 10%和 5%的显著性检验，也就是说人力资本变量一直都对外商直接投资起到积极的影响，从回归系数来看其影响力在逐渐增强。

因此，从两阶段回归模型可以看出，影响外商在中部六省直接投资的因素在逐渐发生变化，未来一段时间累计外商直接投资、地区基础设施水平、市场规模、劳动力成本优势、市场化程度和人力资本将成为外商直接投资区位选择的重要影响因素。

四、中部地区引进外商直接投资的政策建议

(一) 中部六省利用外商直接投资的影响因素现状分析

表 8-11　影响外商直接投资的因素现状

	河南	江西	安徽	山西	湖南	湖北	浙江
1. 1985~2012 年累计外商直接投资（亿美元）	503.02	399.36	374.09	111.72	446.08	413.27	1117.26
2. 基础设施水平（公里/每平方公里）	1.47	0.85	1.13	0.82	0.95	1.08	1.13
3. 市场规模	9177	9092.5	8971.5	14764	9757	10699	22056
人均消费支出（元）	8838	8717	9524	8807	9946	9478	15790
年底人均城乡居民储蓄存款余额（元）	9516	9468	8419	20721	9568	11920	28322
4. 职工年平均工资（元/年）	24816	21000	26363	25828	23082	19597	34146
5. 市场化程度	40.55	40.70	42.29	36.03	41.00	46.43	59.44
所有制结构（%）	79.72	74.03	73.62	54.79	64.85	63.13	76.83
对外开放度（%）	6.65	14.73	16.14	5.11	7.89	12.72	68.87
商品市场发育程度（%）	46.40	54.42	60.45	54.31	65.52	81.27	64.96
政府职能转变（%）	29.44	19.63	18.95	29.91	25.73	28.59	27.08
6. 人力资本（人/万人）	35.39	34.79	41.46	84.35	38.74	64.01	111.90

数据来源：根据各省统计年鉴和《中国统计年鉴》整理。

表 8-11 显示了 2012 年影响外商直接投资的因素状况。

累计外商直接投资因素：由表 8-11 可知累计外商直接投资较多的河南、湖南、湖北与浙江相比差距十分大，同时我们也发现自 2004 年以来，中部六省利用外商直接投资的年均增长速度很快，因此，外商直接投资的集聚效应在中部地区将逐渐显现出来。

基础设施水平因素：河南省的基础设施水平比浙江省的都好，安徽省和湖北省的基础设施水平和浙江差距不大，因此，有利于增加外资的流入，江西、山西和湖南的基础设施水平较低，不利于外商直接投资的流入。

市场规模因素：中部六省的人均消费支出水平和年底人均城乡居民储蓄存款余额都远远低于浙江省，因此，从市场规模角度来看不利于中部地区吸引外商直接投资。

职工年平均工资因素：湖南、湖北和江西的职工年均平均工资水平较河南、安徽和山西低，因此，有利于引进外商直接投资，但总体上均远低于浙江省的工资水平，这有利于东部沿海地区的劳动密集型外资企业向中部地区转移。

市场化程度因素：市场化程度越高说明企业公平竞争的环境越好，越有利于外商直接投资的流入，河南省的所有制指标显示，河南省的非国有经济占整个经济的比重在中部六省中最高；中部六省的对外开放度都处于绝对的劣势；河南省、江西省和山西省的商品市场发育程度指标和浙江省相比都处于绝对的劣势；政府职能转变指标较高说明，政府消费支出占总消费支出的比重较高，因此，可以认为政府机关的办事效率较低，官僚主义现象较严重，从这个指标来看，中部六省和浙江省相比水平相当。

人力资本因素：中部六省处于绝对的劣势，显然不利于满足外商投资企业的人才需求，成为吸引资本和技术密集型外商投资企业的障碍。

（二）中部六省引进外商直接投资的政策建议

只有栽好梧桐树才能引得凤凰来，引进外资和地区经济发展相得益彰，影响外商直接投资的因素得不到改善，引进外资工作只会事倍功半，中部六省首先要从自身存在的问题入手，只有这些问题解决了，引进外资才会有优势；其次是要有创新的引资方式和方法。这两方面缺一不可，相对来说前者更重要。为此，建议如下：

一是扩大市场规模。首先要求有关领导制定正确的发展战略，最大限度地提高人民的收入水平，增加人均消费支出水平；其次要创新产品，将消费者的潜在消费能力转化为现实消费能力；最后要积极开拓农村消费市场。

二是提高市场化程度。首先要加大转变政府职能的力度，尽快建立和完善市场经济体制，进一步深化行政管理体制改革，压缩重叠的行政机构，提高行政效率，实现向服务型政府的转变；其次要增强出口产品的国际竞争力，为出口产品企业提供更好的优惠政策和帮扶措施；最后要进一步完善商品市场的建设和管理，健全商品流通机制。

三是增加教育经费和科技活动经费的支出，制定科技人才发展战略，积极培养和引进科技人才，提高企业产品的科技含量和创新能力。

四是构建外商直接投资的系统营销方式。要进一步加大招商引资力度，创新招商引资方式，完善招商引资体系，建立省内省外、境内境外全面覆盖的专业化招商队伍，实行专业化招商，同时要强化投资后续服务。

第四节　外商在中部地区直接投资的行业分布影响因素实证研究

外商在我国的直接投资不仅表现为区域分布上的极不平衡，还体现为产业分布上的巨大差异，2012 年全国实际利用外商直接投资中，第一产业、第二产业、第三产业所占比例分别为 1.85%、46.96%、51.20%，而中部六省的这一比重为 3.13%、71.32%、25.55%，显然外商直接投资在中部六省的行业分布差异更大，第二产业的比重过高，第一和第三产业的比重过低。已有研究着重于分析外商直接投资的空间分布，本节将主要实证研究影响外商直接投资在中部六省行业分布的主要因素，并利用外商直接投资行业区位熵的概念来分析中部六省不同产业在吸纳外商直接投资上的潜在优势。

一、外商直接投资在中部地区行业分布影响因素分析

（一）外部规模经济与外资行业分布差异

区位论是现代经济地理学的核心，该理论研究经济活动空间组织的最优化问题。区位论起源于 19 世纪 20~30 年代，其主要研究内容是探讨人类经济活动的空间法则及一般规律，寻找农业、工业、商业等经济活动的最佳地点，即研究各种经济活动布局在什么地方最佳，传统区位论研究的是如何在一国国内进行生产布局，如果把研究的地域范围扩大，把全球作为可供选择的生产布局地点，则区位论在一定程度上就可以用来分析解释跨国公司对外直接投资的地点选择策略。

其中，比较有代表性的理论有 Thunen 的"农业区位论"、Weber 的"工业区位论"、Christaller 的"中心地点论"和 Losch 的"市场区位论"等。但是上述理论主要是从地理学的角度出发，缺乏经济理论的基础，而 Marshall（1920）所提出的外部规模经济理论也可以对产业中厂商集中的好处进行分析，并在一定程度上解释了特定生产区位形成的原因。外部规模经济理论认为，在其他条件相同的情况下，行业规模较大的地区比行业规模较小的地区生产更有效率，行业规模的扩大可以引起该地区厂商规模收益的递增，这会导致某种行业及其辅助部门在同一或几个地点大规模高度集中，形成外部规模经济。

生产区位是跨国公司进行国际投资的地点决策时必须考虑的重要因素。由于

各地区的行业结构不同，外资进入时就会率先选择特定行业厂商较为集中的地区，因为这样可以获得外部规模经济的好处，避免不必要的成本。这就是外资行业分布差异的原因。总的来说，一个国家的生产区位效应，可以把各国的厂商集中过来，一国内部特定地区的生产区位效应不仅可以把国内厂商更多地集中过来，还可使外国厂商向此地集中。外资进入的行业差异是与该地区特定产业的厂商集中度紧密关联的，地区特定行业的厂商集中程度越高，则该产业的外资利用比例也就越大。因此，将外部规模经济理论从封闭经济拓展到开放经济，将研究对象从国内厂商拓展到跨国厂商，可以很好地解释地区间吸收外资行业差异的原因。

（二）规模收益递增与外资的行业集中

规模收益递增是现代生产中经常出现的一种现象，事实上，地区的不均衡发展可以是由积累过程驱动的，这些过程又是根植于收益递增的。生产区位的形成是一个收益递增、运输成本和需求因素相互作用的过程。首先，为了获得足够大的规模经济，每个厂商都想在一个地区生产，然后向整个市场提供产品；其次，为了最小化运输成本，厂商会选择当地需求大的地区作为生产基地，厂商在该地区的集中又会增加该地区的需求；最后，当地需求大的地区也正是大多数厂商所选择的地区。所以，存在一种循环关系使厂商的集中一旦形成，就一直持续存在下去。外资的进入也存在一个循环机制：一个跨国公司进入一个地区可能就是因为它的国际客户或竞争对手之前也进入了，跨国公司一旦进入一个地区，它就会不断在同一个地区投资以扩大规模获得规模收益递增效应。国内某行业的厂商向特定地区集中将吸引同行业的外资进入该地区，使更多的国内厂商向该地区集中和更多的外资进入该地区。所以，地区的产业结构向该行业倾斜，该行业的外资比例也会不断提高。因此，国内厂商集中和外资进入是互为因果、互相促进的。

二、外商直接投资在中部地区行业分布影响因素计量分析

（一）计量模型的设计

影响外商直接投资行业分布的因素较多，由以上分析以及数据的可获得性，我们认为当年外商直接投资的行业分布构成决定因素取决于该行业已有的规模和外商直接投资的集中度，这里用前一年不同行业增加值占 GDP 的比重来表示该行业的规模，用前一年外商直接投资的行业分布构成来表示外商直接投资的集中度，为此，我们以 2012 年外商直接投资在中部各省的行业分布构成为因变量，以 2011 年中部六省外商直接投资的行业分布构成和 GDP 的行业构成为自变量进

行计量分析，确定因变量与自变量的相关性，所选定的行业为农、林、牧、渔业，采矿业，制造业，电力、燃气及水的生产和供应业，建筑业，交通运输、仓储和邮政业，信息传输、计算机服务和软件业，批发和零售业，住宿和餐饮业，房地产业，租赁和商务服务业，科学研究、技术服务和地质勘查业，水利、环境和公共设施管理业。

外商直接投资的行业分布数据和各行业 GDP 构成数据均来源于各省的统计年鉴，其中湖南省统计年鉴中缺少外商直接投资的行业分布数据，因此，用中部五省的数据进行分析。

为此，计量模型设计如下：

$$Lnhyrfdi_{2012} = \beta_0 + \beta_1 Lnhyrfdi_{2011} + \beta_2 Lnhyrgdp_{2011}$$

$hyrfdi_{2012}$ 表示中部五省 2012 年外商直接投资的行业分布构成，即不同行业的外商直接投资占该省 2012 年外商直接投资总额的比重。

$hyrfdi_{2011}$ 表示中部五省 2011 年外商直接投资的行业分布构成，即不同行业的外商直接投资占该省 2011 年外商直接投资总额的比重，表示外商直接投资的行业集中度。

$hyrgdp_{2011}$ 表示中部五省 2011 年各行业 GDP 的构成，即不同行业的 GDP 占该省 2011 年 GDP 总额的比重，表示各行业的规模大小。

为了消除数据中可能存在的异方差问题，本文在计量检验时，分别对上述数据进行自然对数变换。采用的计量方法为普通最小二乘法，计量软件为 E-Views5.0。

（二）计量结果

表 8-12　外商直接投资行业分布影响因素计量结果

变量	回归系数	t-prop
$Lnhyrfdi_{2011}$	0.329	0.057
$Lnhyrgdp_{2011}$	0.524	0.034
Ad.R^2	0.749	
D.W.	1.964	
F-prop	0.000	
样本数	65	

注：t-prop 为对应系数的显著性水平，F-prop 为整体回归的显著性水平。

由表 8-12 回归结果可知，F 统计量通过了 1%的显著性水平检验，说明回归模型设计较合理，D.W.值表明不存在异方差问题，Ad.R^2 为 0.749，说明自变量解释了因变量 74.9%的原因。

变量 Lnhyrfdi$_{2011}$ 的回归系数为 0.329，且通过了 10%的显著性水平检验，说明不同行业前一年外商直接投资的比重每增加 1 个百分点会带来下一年外商直接投资的比重增加 0.329 个百分点。变量 Lnhyrgdp$_{2011}$ 的回归系数为 0.524，且通过了 5%的显著性水平检验，说明不同行业前一年 GDP 的比重每增加 1 个百分点会带来下一年外商直接投资的比重增加 0.524 个百分点。

以上回归结果表明，各行业的规模和各行业外商直接投资的集中度对未来外商直接投资的行业分布具有明显的导向作用。

三、中部地区各行业吸纳外商直接投资的潜在优势分析

（一）中部地区各行业外商直接投资区位熵

由于外商投资企业的类型不同，如邓宁（Dunning）划分的 6 种类型：资源开发型、生产专业化型、加工专业化型、贸易与销售型、服务型和其他型，其投资区位的选择也不相同。与此同时，区域对不同类型外资的接受能力也是不同的。因而，对外商直接投资的产业分布做出分析，一定程度上会显现出外商直接投资在各省的投资重点和地区投资战略以及各省对不同类型外资的接受能力。本部分将利用外商直接投资产业分布区位熵对外商直接投资在中部地区的产业空间偏重做出分析。

i 省外商直接投资行业区位熵=i 省某行业当年新引进外商直接投资额占该省当年总的新引进外商直接投资额的比重/全国该行业当年新外商直接投资投资额占全国当年总的新外商直接投资额的比重。

根据中部各省的统计年鉴以及《中国统计年鉴》整理得出 2010 年、2011 年及 2012 年中部各省外商直接投资行业区位熵。即指定年份内，由于数据原因，特选择农、林、牧、渔业，采矿业，制造业，电力、燃气及水的生产和供应业，建筑业，交通运输、仓储及邮政业，信息传输、计算机服务和软件业，批发和零售业，住宿和餐饮业，房地产业，租赁和商务服务业，科学研究、技术服务和地质勘查业，水利、环境和公共设施管理业等行业进行计算及分析。研究时段数据是 3 年，计算结果显示出外商直接投资的各行业投资在各省的偏重程度，也即外商在各省的投资行业偏好。《湖南统计年鉴》中未统计湖南省外商直接投资的行业分布数据，因此，无法计算湖南省外商直接投资的行业区位熵。

表 8-13　中部五省外商直接投资行业区位熵

行业	河南省			江西省			安徽省			山西省			湖北省		
	2010 年	2011 年	2012 年	2010 年	2011 年	2012 年	2010 年	2011 年	2012 年	2010 年	2011 年	2012 年	2010 年	2011 年	2012 年
农、林、牧、渔业	1.84	0.51	1.59	5.87	5.96	10.34	0.77	0.85	1.37	1.30	6.06	7.48	0.93	1.03	2.09
采矿业	26.72	24.92	1.06	1.45	1.00	1.28	3.96	3.02	3.15	9.30	18.21	21.28	1.98	2.31	1.40
制造业	1.05	0.84	1.17	1.87	1.32	1.47	1.40	1.09	1.49	0.63	0.58	1.25	1.59	1.14	1.44
电力、燃气及水的生产和供应业	9.43	4.51	2.03	2.69	0.68	1.25	7.26	3.86	5.97	20.38	6.02	7.44	2.93	2.14	1.96
建筑业	0.83	3.38	1.64	3.68	1.53	6.68	0.64	0.03	0.26	0.06	0.01	0.02	0.13	0.07	1.26
交通运输、仓储和邮政业	0.84	0.04	1.29	0.55	0.21	0.55	1.14	0.62	1.48	0.18	0.11	0.00	0.29	0.72	0.82
信息传输、计算机服务和软件业	0.00	0.01	1.55	1.12	0.89	0.81	2.73	1.99	0.09	0.00	0.02	0.68	0.29	0.05	0.09
批发和零售业	0.12	0.24	2.07	0.13	0.18	0.94	0.20	0.66	0.84	1.25	1.23	1.24	0.08	0.53	0.62
住宿和餐饮业	1.20	0.49	0.83	0.78	1.42	1.07	0.90	3.47	0.85	1.87	2.13	0.00	0.09	1.72	1.19
房地产业	0.97	0.75	1.01	0.52	0.28	0.22	0.82	0.77	0.70	0.18	0.68	0.16	1.15	1.02	1.06
租赁和商务服务业	0.18	0.60	1.55	0.41	0.41	0.53	0.05	0.12	0.39	6.30	0.12	0.46	0.06	0.21	0.69
科学研究、技术服务和地质勘查业	0.46	0.50	1.88	0.06	0.45	1.31	0.53	0.12	1.73	5.09	9.44	6.86	0.09	0.07	0.15
水利、环境和公共设施管理业	10.20	12.57	2.07	5.13	6.35	11.97	2.50	0.14	0.70	1.37	1.73	0.00	1.47	2.59	7.37

（二）中部地区各行业吸纳外商直接投资的潜在优势分析

外商直接投资农、林、牧、渔业区位熵。连续三年均大于1的是江西省和山西省，其中江西省连续三年外商直接投资农业区位熵均大于5，由外商直接投资农、林、牧、渔业区位熵可以看出第一产业吸引外商直接投资的潜在优势由大到小依次为江西省、山西省、河南省、湖北省和安徽省，其中江西省、山西省、湖北省和安徽省潜在优势上升明显。

外商直接投资采矿业区位熵。中部五省连续3年外商直接投资采矿业区位熵均大于1，其中山西省外商直接投资采矿业区位熵连续三年均大于9，且呈上升趋势；河南省外商直接投资采矿业区位熵2010年和2011年都在20以上，但2012年仅为1.06，且连续三年呈下降趋势；安徽省外商直接投资采矿业区位熵连续三年均大于3，且也呈下降趋势；湖北省和江西省外商直接投资采矿业区位熵连续三年均大于1，两省相差不大。显然中部五省在采矿业上具有很强的吸引外商直接投资的潜在优势，其中山西省的优势最大，其次是河南省。

外商直接投资制造业区位熵。连续三年均大于1的是江西省、安徽省和湖北省，且相差不大；河南省有2年外商直接投资制造业区位熵大于1；山西省只有1年外商直接投资制造业区位熵大于1。

外商直接投资电力、燃气及水的生产和供应业区位熵。连续三年均大于1的是河南省、安徽省、山西省和湖北省，其中山西省的优势最大，其次是河南省，但河南省的优势呈明显的下降趋势。

外商直接投资建筑业区位熵。连续3年外商直接投资建筑业区位熵均大于1的省份仅有江西省，连续2年大于1的是河南省，仅有1年大于1的是湖北省，山西省和安徽省连续3年均小于1。

外商直接投资交通运输、仓储和邮政业区位熵。有2年均大于1的是安徽省，有1年大于1的是河南省，连续3年均小于1的是江西省、山西省和湖北省。

外商直接投资信息传输、计算机服务和软件业区位熵。连续2年大于1的是安徽省，有1年大于1的是河南省和江西省，连续3年均小于1的是山西省和湖北省。

外商直接投资批发和零售业区位熵。连续3年大于1的是山西省，有1年大于1的是河南省，3年均小于1的是安徽省、江西省和湖北省，但河南省、安徽省、江西省和湖北省外商直接投资批发和零售业区位熵呈明显的上升趋势。

外商直接投资住宿和餐饮业区位熵。有2年大于1的是江西省、山西省和湖北省，有1年大于1的是河南省和安徽省。

外商直接投资房地产业区位熵。连续 3 年均大于 1 的是湖北省，有 1 年大于 1 的是河南省，江西省、山西省和湖南省连续 3 年均小于 1。

外商直接投资租赁和商务服务业区位熵。有 1 年大于 1 的是河南省和山西省，连续 3 年均小于 1 的是安徽省、江西省和湖北省，但河南省、安徽省、江西省和湖北省的优势在逐年增加。

外商直接投资科学研究、技术服务和地质勘查业区位熵。连续 3 年均大于 1 的是山西省，有 1 年大于 1 的是河南省、安徽省和江西省，3 年均小于 1 的是湖北省。

外商直接投资水利、环境和公共设施管理业区位熵。连续 3 年均大于 1 的是河南省、江西省和湖北省，有 2 年大于 1 的是山西省，有 1 年大于 1 的是安徽省。

第五节 扩大招商引资的措施

产业转移是经济发展的必然规律。在经济全球化和区域经济一体化进程加快的大背景下，积极主动地承接产业转移，已成为后发展地区加快转变经济发展方式、实现跨越式发展的重要助推器。中部地区在承接产业转移中必须准确把握国际国内产业转移的总体趋势和内在规律，以更加积极的姿态、更加有效的措施，主动参与区域合作，有效承接产业转移，在争夺产业转移项目落地权中抢占先机，实现中部地区经济又好又快发展，缩小与东部沿海地区的发展差距。

一、金融危机后国际产业转移的基本态势

（一）金融危机爆发以来，全球外商直接投资大规模下降

图 8-8 显示的是金融危机爆发以来全球外商直接投资的流入量情况，2012 年，全球外商直接投资流入量较 2011 年下降 18%，降至 1.35 万亿美元。这种急剧下降与 GDP、国际贸易和就业人数等其他关键经济指标形成鲜明对照，从全球来看，这些指标都呈正增长。由于一些主要经济体经济脆弱，政策难以料定，因此，投资者持谨慎态度。此外，许多跨国公司都对其海外投资做了调整，包括重组资产、撤回投资和将公司迁移等。因此，直接外资回升的道路并不平坦，回升需要的时间可能要比预期的长。

发展中经济体在接受直接外资方面超过发达经济体。2012 年，流向发展中
经济体的直接外资达到 7030 亿美元，较 2011 年略有下降，降幅为 4%，流向发
达经济体的直接外资为 5610 亿美元，流向发展中经济体的直接外资创纪录地占
全球直接外资流入量的 52%，有史以来首次超过发达经济体，多出 1420 亿美元。

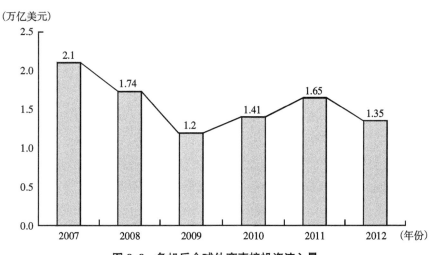

图 8-8 危机后全球外商直接投资流入量

（二）后危机时代国际产业转移的特点

1. 国际产业转移更重视东道国的消费需求

进入 21 世纪以来，欧美等发达国家通过发展债务型经济以及超前消费，带
动全球经济进入了新一轮的快速增长。在这种消费增长模式下，发达国家把世界
作为其加工厂，进行全球产业链的布局，即跨国公司在全球范围内建立零部件的
加工制造网络，自己负责产品的总装与营销，因此，发达国家向发展中国家的产
业转移属于加工基地转移型的国际产业转移。金融危机后，由于发达国家的消费
能力下降，导致世界加工能力过剩，各国纷纷都采取了刺激消费的政策，但同时
又要防止本国的消费市场被外国占领，因此，消费市场成了重要的战略资源。近
年来，中国等新兴工业化国家由于城市化进程的加快，具有庞大的消费潜力和市
场规模，已成为各国扩大消费出口的焦点。在市场因素变化影响下，未来一定时
期内，进行国际产业转移将以满足东道国消费市场需求为主要特点，国际产业转
移的最终产品特征日益明显。

2. 中西部地区在承接国际产业转移中重要性日益提高

在加工基地转移型国际产业转移中，由于消费地与生产地甚至原料地等是分

离的，外资企业的出口导向性特征明显，因此，会尽可能选择交通便利的东部沿海地区，我国东部地区由于地理位置原因，形成了满足国际市场需求为主的国际产业加工基地，在承接国际产业转移中实现了较快增长。随着国际产业转移向消费类型的转变，我国承接国际产业转移的主要地区将出现由东部地区向中西部地区转移的态势。在金融危机冲击下，东部地区受到外部需求减少的影响，经济增长速度下降，同时，东部地区所具有的原材料、劳动力成本相对劣势，使其在承接以满足国内市场需求为主的国际产业转移竞争中不具有明显优势。中西部地区对外商直接投资吸引力加大，外资向中西部地区梯度转移趋势日益明显。

3. 研发和创新能力伴随着生产转移的趋势日益明显

受金融危机影响，国际外商直接投资越来越多地以满足东道国市场最终消费为目标，国际产业转移逐渐以出口导向转向市场导向，为了增强产品在东道国的竞争优势，迫使国际产业在转移过程中，加强研发和创新能力的转移。而且，随着竞争的加剧，研发中心的研发内容和层次需求只有不断提高，才能扎根于东道国，并成为东道国创新体系不可缺少的一个组成部分。虽然从短期来看，一些跨国公司出于控制成本的考虑，开始将研发机构撤回到本国，但是随着跨国公司以满足东道国市场消费为目标的生产的再次转移，更具有核心竞争优势、技术含量更高、更多地开展前沿技术和基础研究的研发机构将再次向东道国转移。

4. 新兴产业加工制造环节成为国际产业转移的新热点

20世纪90年代以来，围绕传统产业的国际产业分工体系已经基本完成，国际产业转移未来真正的增长机会来自于新兴产业。国际产业转移领域呈现两个特征：一是受到市场因素影响，传统产业国际转移总体规模不会有大的变化，但是由于世界传统制造业成本条件的变化，将呈现从发展中国家再向后发国家转移的态势。而我国由于原材料、劳动成本优势的下降，传统制造业也将呈现出产业向外再次转出的趋势。二是围绕发展新兴产业进行全球布局，新兴产业的国际转移将成为新热点。

为谋求把科技创新优势迅速转化为经济竞争优势，世界各国都把突破核心关键技术、推动战略性新兴产业发展，作为培育新的经济增长点和掌握未来发展主动权的必然选择，美国、德国、日本、韩国、欧盟等都确定了新兴产业的重点领域。新兴产业的国际转移，仍以加工基地转移为主要特征，各国竭力把握新兴产业核心技术和知识产权源头的同时，利用国际分工体系尽快地形成大规模、低成本的生产能力，从而延续传统的"大脑—手脚"模式。我国在承接新兴产业加工制造环节转移方面具有其他国家不可比拟的优势，经过连续几年的高速增长，我国已成为全球最大的太阳能电池和组件生产国，以及世界最大的风力涡轮机生产国。

5. 服务业转移成为国际产业转移中的热点

近几年，发达国家的跨国公司通常把如软件设计、工业设计、金融、保险、法律和管理咨询等一些非核心的服务业务转移到发展中国家和地区。其形式包括项目和服务业离岸外包，服务业的跨国投资等。通过承接国外先进的服务业，有利于促进东道国本土服务型企业的发展，加快东道国经济结构调整以及现代信息技术成果的应用。

二、中部地区承接产业转移面临的新背景条件

（一）劳动力无限供给的条件正在逐步丧失

目前中国经济正进入所谓的"刘易斯拐点"（即在过去民工劳动力一直供大于求，随着特定背景因素的变化，如果不涨工资就招不到人，出现民工荒），"民工荒"、"用工荒"现象的不断涌现，已不再是"二元经济"条件下劳动力无限供给的阶段。近年流入东南亚国家的外国投资成倍增长，部分国际鞋业、全球服装零售巨头也开始逐步将订单转向印度、印尼等东南亚国家也证明了我国的劳动力成本优势正在逐步丧失。

（二）资源、能源、环境约束越来越大

目前，我国已成为世界上煤炭、钢铁、铁矿石、氧化铝、铜、水泥消耗最大的国家，能源消耗排世界第二位，中国已无法满足自身迅速膨胀的资源需求，资源约束的矛盾十分尖锐。此外，大气污染、水污染、噪声和固体废物、土壤状况恶化等不断加剧，环境问题恶化目前已经成为制约我国经济发展、影响社会安定、危害公众健康的一个重要因素。为应对日益加剧的资源环境问题，我国正不断加大资源节约、环境保护的力度，建设资源节约型、环境友好型社会成为当前我国各项工作的重中之重。中部地区在承接产业转移的同时，如何适应新的资源环境特征和要求，也成为必须考虑的重要课题。

（三）外包逐步成为国际产业转移的新兴主流方式

外包逐步成为国际产业转移的新兴主流方式，这种转变使得增强转移产业根植性日益重要。实际上，即使在高技术产业领域我国相当程度上也是承接跨国公司的加工组装环节，外包型企业占有相当的比重，对于这类外包型企业，由于不掌控研发和品牌渠道，一遇风吹草动，很可能向成本更低的区位转移，如何增强其根植性成为一个重要课题。如富士康从深圳内迁到郑州等。

三、中部地区产业转移的承接点

（一）利用综合成本优势承接劳动密集型产业转移

综合成本优势是承接产业转移最具竞争力的优势。尽管从全国来看，经济显现出到达了刘易斯转折点，但中部地区相对东部地区来说，在用工、用地、用水、用电等方面仍具有很大的综合成本优势，应当充分利用综合成本较低这一优势，大规模承接国际和东部劳动密集型产业转移，构筑承接产业转移的新优势。

（二）承接高端产业和低端产业并重

目前，中部地区除了具有资源、劳动力等综合成本优势之外，在多个高端产业领域也都占据了一定的优势，为承接高端产业转移打下了良好的产业基础。通过强化产业配套等各类政策，能够吸引能与当地高新技术优势产业相对接的产业，或技术密集加工组装环节落户中部地区。另外，中部地区相对于沿海地区而言，大部分仍处于工业化的中期阶段，目前的主导产业仍以食品、冶金、建材、电力、化工、机械、轻纺等传统产业为主，这些产业本身仍存在很大的提升空间。与东部地区相比，中部地区在能源资源、劳动力成本、市场需求特别是在能源工业和原材料工业等方面具有比较明显的优势。因此，在选择承接重点时一定要准确把握和发挥这些优势，增强承接产业转移的吸引力。如果片面和过分追求资本密集和技术密集型产业转移，就可能出现高科技产业竞争力尚未形成，劳动密集等传统产业优势又过早丧失的被动局面。

（三）在扩大承接规模的同时提升产业的根植性

由于劳动密集型产业科技含量较低，企业的竞争优势很大程度上取决于劳动力价格和土地价格等生产成本。因此，在生产条件基本具备的前提下，资本向生产成本低的地区集聚。20 世纪 60~70 年代，欧美日国家的制造业转移到亚洲"四小龙"，80 年代以后，由于中国香港、中国台湾等地区的土地和劳动力成本上升，这些劳动密集型产业又转移到了中国沿海地区。因此，可以看出，制造业的生产中心随成本的转移而转移，无论欧美、中国香港、中国台湾等地区基础设施多好，政府服务功能多强，只要是成本过高，企业都有外迁的动因。引入产业能否扎根本地，为当地经济的发展做出持久贡献，关键是看当地政府能否通过有效的途径推动企业尽早向"微笑曲线"的两端攀升，使企业放弃以成本为基础的地域转移模式。

（四）有条件吸收资源及环境消耗型产业转移

中部地区要认真总结东部沿海地区经济发展的经验教训，绝不能走"先污染，后治理"的老路。招商引资绝不能"来者不拒"，而必须按照优化经济结构和转变经济发展方式的要求，大力发展循环经济，摸索兼顾经济效益、社会效益和生态效益的承接模式，在承接产业转移过程中实现可持续发展，将"引资"变"选资"，有选择地承接产业转移。通过政策导向，在承接产业转移的时候要"有所为，有所不为"，防止简单的、低层次的转移。坚持所有新进项目必须先做环保评估，使转移进来的产业对资源环境和生态的破坏降到最小。对于有污染但不得不发展的产业，承接同时应加快技术进步和设备更新的步伐，将负效应降到最低程度。

（五）加快生产性服务业的产业转移

生产性服务业是现代经济的重要组成部分，是承接产业转移的重要条件。要围绕承接产业转移，努力发展生产性服务业，做到与产业转移互动发展，为引进企业提供完善的专业配套服务。要大力发展现代物流业，培育引进一批重点物流企业，发展新型物流业态，建设一批大型物流基地和大型专业市场，积极发展第三方物流，推进城乡商业网点建设，加快建设面向内外贸一体化的区域性物流基地、商贸基地。要大力发展金融服务业，健全金融体系，完善服务功能，拓宽服务领域，提高服务质量。要大力发展企业管理服务、法律服务、信息服务、职业中介服务等商务服务业。同时，要推进电子政务，构筑政务信息网络公共服务平台，提高政策和规划的透明度。

目前，国际生产性服务业正在加速向发展中国家转移，中部地区经济基础较好、发展环境优越，有利于承接跨国资本的转移，通过引进国外先进的生产性服务业，有助于改造提升中部地区传统生产性服务业的层次和水平，增强中部地区生产性服务业的发展实力。

（六）引导外资产业投向一体化发展

2010 年 8 月 25 日出台的《关于促进中部地区城市群发展的指导意见的通知》明确提出了"六大城市群"一体化的概念，中部地区的发展受到党和国家领导人的高度重视。利用外商直接投资是中部地区克服资金和技术问题的一大方法，中部六省也积极发挥各自优势扩大招商引资路径。湖北省重点向客商推介汽车、钢铁、石化、电子信息、纺织服装、食品六大产业，引导外资积极投向现代制造业、高新技术产业、现代服务业和农副产品深加工业。河南省招商项目集中在制造业、新能源、环保产业、现代服务业、农副产品加工业等方面。湖南省的招商项目集中在高新技术、国际动漫、现代农业、汽车零部件、现代物流等领域。江西省重大招商项目涉及光电产业、高精铜材、轧特钢材等十大产业主攻方向。山西则主要集中在农业、工业、交通基础设施、服务业、社会事业、旅游业、产权交易等领域。安徽省主要吸引商业、酒店、住宅、物流、汽车及零部件、装备制造、电子电器、精细化工和纺织服装行业的投资项目。

（七）规避利用外资的消极影响

利用外资虽然能够增加国内投资和促进资本形成、吸纳劳动力就业、提高综合要素生产率、促进产业结构升级、扩大外贸规模，改善外贸结构、增加税收等，但利用外资的成本过高。我国吸引外商直接投资的重要举措之一，是对外商直接投资实行税收优惠，为此，我们就不得不付出高昂的成本。由于外商来华投资主要是看好中国庞大的市场和廉价的劳动力，而实现利润最大化是其最根本的动机，外商直接投资对我国经济增长不可避免地具有消极影响。经济可持续发展要求经济体本身能获得持续发展的内在动力，使经济增长表现为"内生增长"。而自主技术创新能力和企业家培养是影响经济增长内生动力的两个关键变量。跨国公司是一个以盈利为目标的经济组织，保持技术优势是其追逐利润的一个重要手段。跨国公司实行动态技术差距的策略，一段时间内可以缩小我国与发达国家的技术差距，但外商直接投资引进技术后，进一步创新的程度低，往往停留在浅度国产化阶段，当到达一定程度后，就会停滞，差距甚至再度拉大。而且随着大型跨国公司的涌进和对并购的逐步放开，这种消极影响变得越来越明显，不得不让我们引起高度重视。

因此，尽管目前中部六省利用外资的形势一片大好，我们仍要提高警惕，合理利用外资应将外资的引入和经济增长结合起来，虽要适当加大对外商直接投资的引入，但不能超出自身建设的需要，也不能盲目脱离现有的经济基础。引资规模还应结合国内不同市场的竞争程度加以考虑。提高引资质量，应综合考虑出口、就业、技术等因素。吸引的外资应有利于出口，增加就业，并能提供我们急需的技术，提高自主的技术创新能力。另外，要合理优化引资结构，随着在外商直接投资引资规模上的扩大，结构对经济可持续发展的影响也越来越大。对待外资的进入方式，应该加以鼓励，但在不同领域，应进行不同程度的引导，在具体措施上进行灵活调整，应注意以市场方式进行，而不是政府具体干预。产业政策的制定，既要保护核心领域的产业安全，控制外资的进入，也要促使三次产业之间合理均衡发展，并在空间上进行规划，避免地区发展差异拉大。

四、扩大招商引资中政府的作用

（一）政府作用的理论与实践分析

1. 对政府与市场关系的理论认识

在整个市场经济理论变迁过程中，关于市场与政府作用及其相互关系的论争，始终随着社会经济发展以及人们对驾驭经济的手段的认识而不断发生变化，在不同的历史时期和不同的国家，政府和市场的角色具有很大的差异。换言之，关于政府作用的理论是特定经济发展阶段的产物，经济学对政府与市场的关系的认识大体可划分为三个阶段：

第一阶段：首先对政府在社会经济活动中的作用进行比较深入和系统研究的是古典经济学创始人亚当·斯密，其在《国富论》中第一次确立了系统的古典市场自发调节理论体系，他把政府的经济行为限制在很狭小的范围之内，政府像个"守夜人"，职责仅仅是为了防止外来侵犯，维护公共治安，没必要干预经济活动。随后李嘉图和萨伊将其理论继承并发展，在他们的理论体系中政府作用实际上是不存在的。

第二阶段：20世纪20~60年代。1936年凯恩斯提出了与亚当·斯密"守夜人"理论截然不同的、全新的政府干预理论，要求把政府的作用从亚当·斯密"守夜人"的角色变为"积极的干预者"，用政府"看得见的手"去弥补市场"看不见的手"的缺陷。

第三阶段：从20世纪60年代至今。弗莱堡学派提出了政府与市场相结合的观点，其主张"社会市场经济"，指的是一种在国家和法律保护下的完全竞争，已达到社会公平和稳定的经济秩序。新综合市场理论是市场—政府理论研究的最新成果。要把"看得见的手"和"看不见的手"两者有效结合起来，实现作用互补，使政府行为和市场机制在运作前提、功能、实现方式上互补。

2. 政府在产业转移中作用的成功实践

第二次世界大战后将近70年的经济发展史充分证明，政府不再是亚当·斯密意义上的"守夜人"，正如刘易斯指出的那样："没有一个国家不是在明智政府的积极刺激下取得进步的。"产业转移作为现代社会中一种重要的空间经济现象，利益驱动下的市场机制固然是其发生的根本动力，但是，随着政府对经济活动干预程序的加深，纯粹市场机制意义的产业转移已经不复存在。因此，如何遵循市场经济规律，通过积极有效的政府作用，促进产业转移，对于区域经济发展具有举足轻重的作用。

日本及亚洲、拉美等新兴工业国家经济的"起飞"无不与其强政府的作用直接相关。韩国效仿日本的做法，以产业政策为手段，实施出口导向战略，运用政府的力量积极吸引外资，承接产业转移，国家经济实力迅速增强，"在短短二三十年的时间里就走完了老工业国用了一二百年才走完的历程"。实践证明，通过政府作用促进产业转移承接，是欠发达区域（国家）实现超常规发展、缩短时间的重要手段。

（二）产业转移中政府的作用机制

1. 产业转移中政府作用的基本原则

（1）间接性调控原则。在市场经济条件下，市场在资源配置上的作用始终处于主导地位，政府在产业转移过程中发挥作用，必须要学会按市场经济规律办事，坚决摒弃计划经济体制下行政命令的经济运行模式。

（2）计划性指导原则。市场机制是竞争机制，追求利益最大化是市场经济最典型的属性特征，同时也是造成经济发展盲目性的根源。这在我国当前的招商引资过程中有非常明显的表现，各地区基于发展本地经济的考虑，不顾各种条件与环境的限制，常常是看到某一行业利润丰厚便一拥而上，结果产生大量的重复建设，过度竞争又会导致该产业的产能过剩、利润下降。制定科学的区域发展规划、行业发展规划，有效指导产业转移承接活动是非常必要的。

（3）重点突出性原则。区域之所以成为区域，就在于它具备有别于其他区域的内在规定性，这种规定性相对于其他区域可能是优势，也可能是劣势。政府通过在产业转移承接中的作用，就是要明确本区域自身的资源优势、行业优势，确定优先发展的行业，这些优先发展的行业要具备两个特征：一是这些产业对其他产业的关联带动作用强；二是优先发展这些产业会形成区域内部的增长极，从而产生空间上的辐射带动作用。

（4）多手段综合性原则。在产业转移承接中，政府作用的手段很多，概括起来主要包括行政干预、政策诱导、法律规范等几种，各种手段特点不尽相同，综合使用是非常必要的。总的来看，行政干预手段一般具有强制性、阶段性、滞后性的特点；政策诱导手段相对柔和，一般带有超前性；法律法规虽然也是强制性手段，但其超前性、长期性的特点非常突出，属于比较稳定的干预手段。

2. 产业转移中政府作用的功能

（1）弥补市场失灵。由于公共产品、外部性、规模经济等"市场失灵"领域的存在，如果单纯依靠市场机制，无法避免垄断、不正当竞争、过度竞争、基础设施投资不足、环境污染和重复建设等现象的发生和蔓延。这些现象在产业转移过程中屡见不鲜，很多问题只有通过政府作用才能得到有效解决。

（2）促进区域经济跨越式发展。欠发达区域经济相对滞后，仅靠市场机制和区域自身的力量，实现经济"起飞"将是一个缓慢的过程。通过政府在产业转移中的积极作用，将会收到事半功倍的效果。

（3）优化产业结构和资源配置。市场机制是产业转移中实现资源配置的有效手段，但市场的力量往往具有盲目性，其作用也主要是事后调节，因而不可避免地会造成大量的资源浪费。政府完全可以通过科学的预见进行事先宏观调控，避免不必要的资源闲置与浪费。政府通过制定和实施产业政策，可以有效地支持和引导产业转移向区域未来的主导产业与支柱产业，从而加速区域产业结构的合理化与高度化，实现资源的优化配置。

（4）维护区域的经济安全。欠发达区域实施产业转移承接，总的来说是利大于弊，但有时会带来负面影响，因此，政府在产业转移承接中承担着维护区域经济安全的重要职责。产业转移承接所带来的危害一般表现在两个方面：一是对当地产业造成冲击，导致工人大面积的失业，从而引发严重的社会问题；二是污染型产业转移的承接，会对当地生态与环境带来长期的危害，目前全国雾霾天气不能说与外资没有关系。

3. 产业转移中承接地政府政策取向

（1）公共投资优先策略。公共投资应主要集中于三个方面：一是加大对交通、邮电、通信、环保以及气、水、电等相关基础设施的投入，改善区域承接产业转移的硬件环境；二是加大对教育的投入，为产业转移承接提供高层次的劳动力和人才保证；三是加大对科研领域的投资，加强科技创新能力和创新体系建设，构建研发与研究成果产业化应用的激励机制，提高承接地的竞争环境。

（2）政府职能转变策略。在产业转移承接中转变政府职能主要体现在两个方面：一是实行政企分开，将企业培育成真正的市场主体。同时，要放宽外资和民间资本的市场准入，支持和鼓励它们通过参股、控股或并购等方式参与国有企业改革，使国有企业尽快从一般性竞争性领域中退出来，降低欠发达区域国有经济的比重。二是深化行政管理体制改革。有效改善对外来投资企业的管理和服务，规范和简化对外来投资的审批程序，提高办事效率，集中整顿和规范市场经济秩序，完善法律法规体系，坚决杜绝对外来投资企业的乱收费、乱检查和乱摊派现象，营造良好的投资、创业和发展环境。

（3）政府作用的阶段性策略。不同的市场发育程度对政府干预强度提出了不同的要求，因此，针对市场发育的不同阶段，适时调整政府对产业转移承接活动干预的强度，是欠发达区域在实施产业转移承接战略中有效发挥政府作用的正确选择（张孝锋，2006）。

市场发育初期的主体作用，这一阶段，由于企业实力普遍较弱，市场运行机制也不够完善，相比之下，政府的地位和作用更直接、更明显，对经济发展的推动作用也更大。政府应在产业转移活动中充当直接组织者和领导者的角色，发挥在经济要素和资源配置方面的影响力，成为产业转移承接控制的主体。

市场发育中期的引导作用，这一阶段，由于市场已经发育到一定水平，政府直接介入企业经营性的微观经济活动已经不再适宜。此时的政府应该在产业转移承接中扮演好"引导者"的角色，更多地通过制定经济发展规划、发展战略、经济政策，运用经济杠杆来间接影响产业转移承接，充分发挥市场在资源配置中的主导作用和企业参与经济活动的微观主体作用。

市场发育成熟期的纠正和补充作用，这一阶段，由于市场机制已经成为经济活动的基本运行机制，企业完全能够在市场机制作用下自主开展经济活动。政府对产业转移承接的干预应主要体现在两个方面：一是纠正作用，即当市场机制出现"失灵"的时候，政府就要用行政、法律和经济手段来抑制和纠正市场缺陷，维护正常的市场经济秩序，保证包括产业转移在内的各种经济活动的正常运行；二是补缺作用，对市场无法触及和无法发挥作用的领域，或市场主体不愿介入的领域，就要通过实施政府行为进行补充，以弥补市场的不足。

（4）效率与公平协调策略。区域间由于自然条件、经济基础、人文环境、技术水平等方面差距的存在，导致区域在要素供给、层次等方面具有明显的差异性，因此，同样的投入在不同区域的效益差异也是相当显著的，由此亦引发了均衡发展与非均衡发展的争论。在产业转移承接中，同样也面临着效率优先或公平优先的问题。

坚持效率优先，兼顾公平。坚持效率优先的实质就是依据比较优势理论，对条件较好的地区和具有比较优势的产业实施优先发展。具体到产业转移问题上，就是对条件好的地区，具有比较优势的产业进行重点扶持，形成区域经济发展的增长极和主导产业，通过增长极和优势产业的辐射带动作用，促进整个区域经济的发展。

搞好利益协调，保持稳定。通过建立区域经济利益的协调机制，既要保证条件好的地区得到优先发展，也要促进条件较差的地区走向繁荣，正确把握效率与公平的最佳结合点。在制定产业布局政策时，还必须充分考虑产业专业化、高度化和经济规模，树立一盘棋的思想，避免重复建设，为一些产业向优势地区、优势行业集中创造市场环境和条件，促进优势地区集聚效应的形成，提高资源配置效率，增强产业整体竞争力。

（5）政策吸引策略。就是要通过成本、市场、资源、政策等方面的优势吸引外来投资。就某一特定区域而言，生产成本、市场容量、资源禀赋存量往往都是相对稳定的，可控性较差，而政策优势却具有较强的可控性，而且，成本、市场、资源优势往往通过政策的影响而得到发挥。因此，欠发达区域要高度重视政策优势的创造，学会与投资者分利，不惜牺牲短期利益而获得区域经济的长远发展，依靠政策优势赢得竞争优势，形成产业汇聚与产业转移的"洼地效应"。

（三）政府在招商引资中的具体作用

产业转移作为在区域之间发生的一种经济现象，事实上，在产业转移过程中，承接地的政府干预，对产业转移现象的出现往往具有决定性的意义。目前，招商引资已经成为政府工作的重中之重，政府招商引资在国内外都有很多成功的先例，原因在于：政府可以充分利用自身信息、权力和信誉优势，以较低的交易成本组织具有规模经济的招商引资活动，在招商引资工作中，政府的作用功不可没，我国的招商引资活动一般都是政府主导的行为，政府举办的各种招商活动对招商引资工作起到了明显的推动作用。

国内最成功的是"广交会"和厦门"中国投资贸易洽谈会"，这是我国并称的两大国际招商引资盛会。特别是厦门的招商引资在几年前不过局限在很小的范围内，如今已经扩大为国际范围，并得到政府的支持，如2013年第十七届中国投资贸易洽谈会，参与国家和地区达到118个，合同项目1386个，合同外资323.73亿美元，创历届纪录。还有举办八届的中国中部投资贸易博览会（简称"中部博览会"），第八届中部博览会期间，河南省签约项目435个，投资总额4469亿元，合同利用境内外资金4233亿元，其中合同利用外资145亿美元，合同利用省外资金3336亿元。

具体来讲，政府在招商引资中的作用有以下几个方面：

1. 落实国家招商引资的各项优惠政策

在招商引资方面，税收、土地、外汇管理等制定优惠政策的权限在中央，地方政府的责任主要是落实。在落实好国家既定的优惠政策同时，地方政府也可以制定和出台一些必要的配套措施，但出台招商引资的优惠政策，应当在符合国家宏观政策和法律法规的基础上，体现地方特色，发挥地方优势，实行地方优惠政策上的差别化竞争。要对城市规划、建设用地、土地出让、税费减免、信贷融资、市场准入等方面政策进行认真清理，对国家有明令禁止的规定不得违规操作，对于因国家宏观调控和法律实施致使地方优惠政策无效，造成外来投资者利益损失，应当妥善处理，给予适当补偿。

2. 改善和提升本地的投资环境

投资环境包括硬环境、软环境和竞争环境，硬环境从大的方面讲应该包括一个地区的宏观区位，这对企业在产业转移中降低成本具有重要的影响，具体落实到某一区域时，微观区位因素及基础设施完善程度就成为重要的制约因素。宏观区位虽然难以改变，但通过政府的作用，如通过兴建交通运输设施、通信设施、生活设施等，使当地的经济活动区位条件得以改善（如郑州航空港区建设，为出口导向型外资提供便利）。产业转移软环境主要是指一个地区为企业发展提供的社会文化、法规政策、市场环境等方面的便利与服务。产业转移的竞争环境主要是指一个地区能为企业竞争力的提高所提供的各方面的便利与服务，如技术创新平台、科技服务体系、融资渠道、产业配套服务等。

3. 帮助企业推出招商项目

不仅重大基础设施建设项目、支柱产业发展项目、国有企业并购项目要由政府及其相关部门来规划、论证、包装、推介，就是一般的制造业项目、民营企业项目，不管业主是谁，在现阶段也应当尽可能纳入各级政府对外招商的项目库，帮助论证，规范包装，整体推出。因为这些项目的引资成功，对本地扩大开放有利，对经济发展有利。

4. 加强对外宣传

由于对外宣传带有整体性、全面性的特征，也由于当今各类社会媒体多数隶属于政府管辖的报业、出版、影视、广播集团，更由于政府媒体的权威性、准确性、可靠性，因此，招商引资中的对外宣传理所当然地要由政府来部署和组织实施。实践证明，政府高度重视对外宣传，不仅会加快招商引资的进程，推动外来投资者同本地工商企业家的对接，而且极大地有助于改善投资环境，营造全社会"亲商、安商、富商"的氛围。

5. 搜集和提供招商信息

将本地区社会经济发展的基本数据、市场环境、区域优势、发展战略、优惠政策、可选项目、投资需求、合作伙伴的资信能力等信息收集汇总、加工整理、综合编纂，提供及时、可靠、全面、完整的招商引资信息，这样，在市场信息服务尚未实现社会化和市场化的情况下，政府可以通过自己权威的、及时的、全面的信息服务，来满足外来投资者和合作者的需要，大大降低外来投资者的信息风险和交易成本，减少和消除外来投资者因信息不对称而导致的决策失误。

6. 推介和帮助合作伙伴

良好的合作关系是引资成功的基础，而良好的合作关系又要以良好的合作伙伴为前提。一方面，外来投资者"人生地不熟"，即使有好的项目也可能因为没有可资信赖的合作伙伴而下不了投资的决心；另一方面，本地企业家有引资项目又可能苦于不认识外商，缺乏对外沟通、联系的渠道。在这种情况下，政府的桥梁作用就显得非常重要。政府为外来投资负责，外来投资者也往往对政府抱有信心，寄予希望，所以，政府有责任，也应当把本地最好的合作伙伴推荐给外商。

7. 搭建和运作招商舞台

具体来讲，就是以"走出去"和"请进来"两种方式参加和举办各类招商活动。不仅全国各省市区主办的大型招商引资活动政府要积极组织，带领企业参加，利用好外省市的这些平台，扩大对外宣传，提高企业开放意识，提供企业对外交往的机会，同时，对一个大省来讲，自己也要集中力量搭建和运作好本地的招商引资舞台。大型的招商活动现阶段必须由政府出面组织和运作，一方面，政府威信高，企业不仅听政府的，而且企业自身也希望政府开展这种服务，为它们更多更广泛地同外来合作者交往提供方便。另一方面，政府主办，也才有足够的声势、足够的气氛，也才能邀请到足够多的外商，尤其是世界知名的大跨国公司，其他任何单位和组织都很难做到这一点。当然，政府主办的综合型招商活动要少而精，注重实效，办出特色，集中力量树立品牌，切忌搞花架子。

8. 协调和处理外商投诉

在招商引资中，由于种种原因发生外商投诉，是不可避免的。一般来说，外商总希望政府直接出面解决纠纷，政府就是最理想、最可靠的第三者。他们相信政府的公正，而且知道维护外商的合法权益是政府的职责。遇到这种情况，政府不应推诿，应当积极调查了解，尽力协调处理。处理好外商投诉，不仅对项目的继续合作有利，而且往往会产生良好的社会反响。这项工作同样是其他单位和个人不可替代的。

五、创新招商引资方式

通过对先进地区招商引资工作的深入调研分析，发现只有不断努力创新招商引资工作新机制，才能在吸引外资方面取得了突破性的进展。面对新的发展形势，迫切要求与时俱进，不断把握招商引资新动向，采取新举措，创新招商方式。为此，结合当前经济发展形势，特提出如下几种招商方式：

(一) 网络招商

目前,随着互联网的迅猛发展,网上招商成为国际惯例,当今可以说是"无网不胜"的时代。网络招商的优势体现在四个方面:一是能够把所有投资者需要了解的信息在网上图文并茂地展示出来,让全世界投资者知晓;二是网站的建设成本低,收效高;三是信息的传递速度快,效率高;四是交流方便,交互性强。这种方式既有针对性又简便易行,政府部门需要做的就是及时更新招商项目库,把符合国家产业政策的项目上网推介,让投资者了解得更清楚,选择所感兴趣的投资项目,选定之后可直接与项目单位负责人洽谈,切记勿搞虚假信息。

(二) 产业链招商

随着开放型经济呈现投资基地化、产业链式化、竞争白热化的趋势,外商投资由过去的单体投产、单个产品为主,逐步向优势产业集聚,向优势产品整合,选择一个地区重点、连片、链式发展。在这种情况下,招商引资的集聚效益、链式效应越来越明显。因此,在招商引资策略上要突出重点,从市场细分和市场分工的原则出发,利用产业配套环境和产业集群效应,突出"大招商、招大商",主攻大项目,千方百计引进一批产业链式化、关联度大的项目。如成都围绕英特尔、中芯国际、友尼森等,着力引进集成电路、终端产品及 EMS 等 IT 产业集群落户。苏州新加坡工业园区在招商引资过程中有选择地集中相关企业,推动企业自发配套,形成"产业链环",在工业园区已形成半导体芯片、笔记本电脑、手机等主导产业链,使 IT 产业的上下游企业之间环环相扣,形成完整的产业链招商。

(三) 中介招商

通过专业的投资中介咨询机构,将招商项目推向国内外投资市场,按照公开、公平、公正的严格程序,为招商方选择最理想的合作伙伴或投资者。随着资本市场的信息化、网络化、电子商务等新型招商手段越来越广泛,专业招商越来越强,中介招商将成为大势所趋。中介招商的优势在于以市场机制应对市场变化,利于灵活、迅速地解决问题,提高办事效率。青岛、烟台等地对日本主要通过银行中介招商;针对美国,主要是通过跨国公司的代表处、咨询公司、驻华机构进行招商;对欧洲,主要是通过加强与半官半民的对外投资促进机构和友好城市的交往和沟通,以及会计师、律师事务所考察,逐步开展招商引资工作。

(四) 文化招商

目前,国内许多城市为推进自身发展,引进外来投资,扩大知名度,提升城市品位，都以植根于本土的文化底蕴作为素材来"文化搭台，经济唱戏"。郑州新郑黄帝祭祖大典、洛阳的牡丹花节、大连的国际服装节、杭州的丝绸节、深圳的高交会、郑州国际少林武术节，都已形成了全国乃至国际盛会，很大程度上繁荣了当地的经济。在市场经济条件下进行招商引资，不但要利用资源、交通、劳动力等优势，更要充分利用本地的文化资源，创办自己的展销会、文化活动、体育比赛……加大宣传力度，提高地方知名度，从而吸引更多的投资，促进地方经济发展。

（五）团队招商

可以采取大兵团作战与小分队结合的方式。大兵团作战就是集中整合本区域的产业、资源、项目等，走出去通过参加各种大型商务展览、产品推介会等形式，实施主动招商战略，形成大的招商引资声势，吸引投资者的注意力。如昆山对台招商过程中，每天一个招商团连续轰炸，现在昆山的台商投资持续稳定增长，平均每年引进台资几十亿元。由大兵团作战后，转为小分队出击，瞄准一个产业，带着几个项目主动敲门招商，重点攻几个企业、几个老板，成功率更高、效果更好。通过经常性地组织小分队，广泛联络、重点摸排，锁定目标区域、目标产业和目标企业，把重点锁定在经济发达地区，进行频繁的招商引资活动，派出招商小分队的优点是人员少而精，灵活机动、有针对性，可专心致志地与客户进行深入交流，成功率高。

（六）以商引商

这种招商引资方式效果最好。一个新来的投资者在做决定之前，除了听取中方的介绍，参考咨询公司、律师行、会计师行的报告外，还会走访已在该地区投资办厂的公司，这些"过来人"的意见对新来的投资者来说更可信、更具说服力，影响力也更大。

（七）领导招商

一个地方的党政领导一把手，其能力、水平、信誉、人格魅力是外商投资信心的重要保证，是一个地区投资环境的第一要素、第一形象、第一吸引力。实行领导招商相对于一般人员招商有几点好处：一是支持力度不一样；二是信息广度不一样；三是办理速度不一样，使招商成功的可能性大增。在一些重点的项目和产业领域的招商过程中，实施领导招商的办法，可以收到事半功倍的效果。因此，在招商引资工作中尤其是在寻求突破的重要阶段，各级党政主要领导要既当司令又当兵，既吹冲锋号又搭过河桥，做到重要客商亲自会见，重大项目亲自洽谈，重大问题亲自协调，重大考察团亲自陪同，这是开创一个地区开放型经济新局面的关键。如富士康落户郑州，是河南省领导和郑州市领导两级政府共同努力的结果。

（八）敲门招商

通过拜访重点客商，实施主动上门招商，精心包装和推介项目，以高质量的推介吸引外商投资。如果说招商引资是一项系统工程，那么敲门招商无疑就是这项工程最初的起点与发端。

究竟选用以上哪种招商方式，应以结合本地、本部门的实际情况而定。招商是一种手段、形式，良好的投资环境是内容。招商即是对投资环境的包装与推销。资本、技术、人才在市场经济条件下被认为是自由流动的，所以它们总是转移到风险最小、回报率最高、工作环境最佳的地方。

本章小结

中部地区利用外商直接投资的现状研究表明，中部地区外商直接投资的规模和东部沿海地区相比差距非常大，但从 2004 年开始，中部地区迎来了外商直接投资的快速发展时期，年增长速度远远超过了全国的水平，甚至超过了浙江省外商直接投资的增长速度，2009 年在全国外商直接投资出现负增长的情况下，中部六省外商直接投资仍保持 13.62%的增长速度，2012 年中部六省外商直接投资额的增长速度达到了 20.71%，远高于全国的−3.70%和浙江的 12.03%，引进外资的后发优势逐渐显现出来。外商直接投资在中部六省的区域分配不十分均衡，累计外商直接投资最多的河南省，最少的山西省，相差将近 4 倍。中部六省外商直接投资的产业分布极不均衡，主要集中在第二产业，平均比重为 71.32%，远高于全国的 46.96%，第三产业的平均比重为 25.55%，远低于全国的 51.20%。外商独资企业已成为中部地区最重要的利用外资方式，其比重由 2000 年的 30.10%上升到 2012 年的 67.73%。中部六省的外资依存度在 2007 年前都低于全国的水平，2007 年后实现了反超，2012 年高出全国 0.98 个百分点，与浙江省的外资依存度已经非常接近。

中部地区外商直接投资对经济社会的贡献研究表明，外商直接投资对各省就业的直接带动效应非常明显，但 2012 年中部各省外资企业就业人数仅占全部就业人数的 0.77%，远低于全国 2.81%的平均水平。中部六省外资企业出口所占比重一直远低于全国的水平，但从 2000 年开始中部六省外资企业的出口比重一直处于递增态势，因此，外资企业对中部六省出口的贡献在逐年增加，不同的是全国外资企业出口比例 2006 年后呈下降趋势。中部六省外资企业固定资产投资占全部固定资产投资的比重远低于全国的平均水平，更低于东部沿海地区的水平，如 2012 年中部六省的比重为 3.11%，全国的比重为 5.71%。大型跨国公司进入中部六省的数量明显增多，许多还建立了生产基地或研发营运机构，外资投向发生明显改变，投资结构进一步优化，由原来主要集中在房地产和商贸领域，逐步转向旅游开发、研发中心、金融、服务外包等现代服务业领域，外商直接投资促进了产业结构升级。

影响外商在中部地区直接投资的区位因素动态变化实证研究表明，影响外商在中部六省直接投资的因素在逐渐发生变化，未来一段时间累计外商直接投资、地区基础设施水平、市场规模、劳动力成本优势、市场化程度和人力资本将成为外商直接投资区位选择的重要影响因素。在此基础上，进一步对比分析了影响中部六省外商直接投资因素与浙江省的差距，并提出了相应的政策建议。

外商在中部地区直接投资的行业分布影响因素实证研究表明，各行业的规模和各行业外商直接投资的集中度对未来外商直接投资的行业分布具有明显的导向作用。外商直接投资区位产业优势研究表明，江西省第一产业外商直接投资区位优势最明显；中部五省采矿业在全国具有很大的吸引外商直接投资的优势，其中山西省的优势最大；山西省在电力、燃气及水的生产和供应业方面也具有很强的吸引外商直接投资的优势；安徽省在交通运输、仓储和邮政业，信息传输、计算机服务和软件业方面具有较大的潜在优势；山西省和河南省在批发和零售业方面具有较大的潜在优势；江西省、山西省和湖北省在住宿和餐饮业方面具有较大的潜在优势；湖北省在房地产业方面具有较大的潜在优势；河南省和山西省在租赁和商务服务业方面具有较大的潜在优势；山西省在科学研究、技术服务和地质勘查业方面具有较大的潜在优势；河南省在水利、环境和公共设施管理业方面具有较大的潜在优势。

扩大招商引资的措施部分研究表明，后危机时代国际产业转移的新特点有：国际产业转移更重视东道国的消费需求；中西部地区在承接国际产业转移中重要性日益提高；研发和创新能力伴随着生产转移的趋势日益明显；新兴产业加工制造环节成为国际产业转移的新热点；服务业转移成为国际产业转移中的热点。中部地区承接产业转移面临的新背景条件有：劳动力无限供给的条件正在逐步丧失；资源、能源、环境约束越来越大；外包逐步成为国际产业转移的新兴主流方式。中部地区产业转移的承接点研究结论有：要利用综合成本优势承接劳动密集型产业转移；要承接高端产业和低端产业并重；要在扩大承接规模的同时提升产业的根植性；要有条件吸收资源及环境消耗型产业转移；要加快生产性服务业的产业转移；要引导外资产业投向一体化发展；要规避利用外资的消极影响。扩大招商引资中政府的具体作用体现在：落实国家招商引资的各项优惠政策；改善和提升本地的投资环境；帮助企业推出招商项目；加强对外宣传；搜集和提供招商信息；推介和帮助合作伙伴；搭建和运作招商舞台；协调和处理外商投诉。创新招商引资方式主要有：网络招商；产业链招商；中介招商；文化招商；团队招商；以商引商；领导招商；敲门招商等。

第九章 中部地区对外贸易发展研究

改革开放以来，中部六省的对外贸易无论是在规模上还是结构上都有较大的改变，取得了较快的发展，特别是从 2006 年开始呈加速发展态势，每年的增长速度均超过了全国的平均水平，外贸总额占全国的比重也开始回升，2010 年开始净出口对经济增长的拉动度也开始远远超过全国的水平，但由于基数过小，外贸总额和外贸依存度相对于东部沿海地区来说仍然存在很大的差距，经济增长中外贸的贡献也很小，且远低于全国的平均水平。本书认为，中部地区对外贸易发展中最根本的问题是规模太小，中部地区人口数量占到全国的 27% 以上，但对外出口贸易却只占 5%。在此基础上，通过定量研究，实证分析了影响中部六省外贸出口的影响因素。最后提出了加快中部地区外贸发展的对策建议。

第一节 中部地区对外贸易发展的现状

一、对外贸易发展趋势及现状

（一）中部六省外贸发展趋势及规模

由图 9-1 和表 9-1 可以明显看出，改革开放以来，中部六省的进出口总额持续增加，从 1985 年的 27.53 亿美元，增加到 2012 年的 1934.34 亿美元，年均增长速度为 17.77%，高于同期全国的年均增长速度 16.71%，但在 2006 年之前的大部分时间里中部六省外贸总额的年均增长速度均低于全国的平均水平，2006 年开始每年的增长速度均超过了全国的平均水平，因此，2006 年之前外贸总额占全国的比例基本上呈下降趋势，2005 年达到最低，仅有 2.92%，从 2006 年开始所占比例开始逐渐上升，但 2012 年比重也仅仅有 5%。与 2012 年浙江省的贸易总额 3122.4 亿美元和广东省的 9838.2 亿美元相比，还相距甚远。

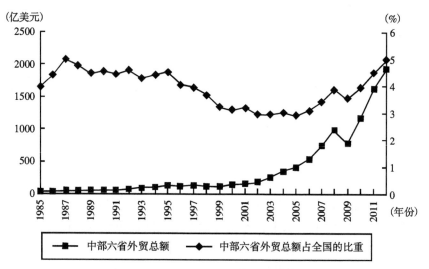

图 9-1　中部六省历年进出口总额情况

表 9-1　中部六省进出口总额

单位: 亿美元, %

年份	河南	江西	安徽	山西	湖南	湖北	六省合计	占全国比例
1985	4.50	3.19	4.30	3.40	5.25	6.89	27.53	3.96
1986	5.07	3.74	4.90	3.88	6.23	8.62	32.44	4.39
1987	7.47	4.83	6.26	4.17	7.46	11.15	41.34	5.00
1988	8.50	5.99	7.04	3.97	8.34	14.80	48.64	4.73
1989	9.85	6.25	7.01	4.92	8.52	13.52	50.07	4.48
1990	10.04	7.19	7.37	3.50	12.06	12.13	52.29	4.53
1991	12.15	7.66	8.54	4.59	12.00	15.22	60.16	4.43
1992	11.62	9.65	11.04	5.46	20.78	17.45	76.00	4.59
1993	13.14	11.67	12.88	6.27	17.33	22.29	83.58	4.27
1994	16.32	13.05	18.49	8.39	20.17	27.49	103.91	4.39
1995	22.30	12.90	23.08	14.08	20.17	34.09	126.62	4.51
1996	19.69	11.17	27.51	12.09	17.63	28.63	116.72	4.03
1997	18.97	13.33	31.16	13.46	18.94	32.07	127.93	3.93
1998	17.32	12.47	31.20	11.11	17.82	28.32	118.24	3.65
1999	17.50	13.14	26.49	12.87	19.56	26.81	116.37	3.23
2000	22.75	16.24	33.47	17.64	25.13	32.10	147.33	3.11
2001	27.93	15.31	36.20	19.41	27.58	35.78	162.21	3.18
2002	32.04	16.95	41.81	23.12	28.76	39.55	182.23	2.94
2003	47.16	25.28	59.43	30.84	37.36	51.10	251.17	2.95
2004	66.13	35.32	72.11	53.82	54.38	67.72	349.48	3.03
2005	76.36	40.59	91.20	55.46	60.05	90.92	414.58	2.92

年份	河南	江西	安徽	山西	湖南	湖北	六省合计	占全国比例
2006	97.96	61.94	122.49	66.28	73.53	117.38	539.58	3.07
2007	128.04	94.49	159.30	115.70	96.90	148.58	743.01	3.42
2008	174.79	136.18	204.35	143.90	125.66	205.67	990.55	3.86
2009	134.38	127.79	156.78	85.54	101.51	172.29	778.29	3.53
2010	177.91	216.05	242.77	125.78	146.89	259.07	1168.47	3.93
2011	326.42	314.69	313.10	147.40	189.40	335.19	1626.20	4.47
2012	517.50	334.14	393.30	150.40	219.40	319.60	1934.34	5.00

数据来源：历年各省统计年鉴和《中国统计年鉴》。

从中部六省的对外贸易总额变化趋势和增长速度来看，1985~2012 年中部六省的对外贸易发展可以划分为以下三个阶段：

1985~1999 年为第一阶段，称为缓慢发展阶段，该阶段中部六省的对外贸易总金额缓慢增加，从 1985 年的 27.53 亿美元增加到 1999 年的 116.37 亿美元，14 年时间增加了 3.23 倍，年均增长率为 11.73%，低于同期全国的平均增长率 13.49%，外贸总额占全国的比例从 1985 年的 3.96% 下降到 1999 年的 3.23%。

2000~2005 年为第二阶段，称为快速发展阶段，贸易额快速增加，从 2000 年的 147.33 亿美元增加到 2005 年的 414.58 亿美元，年均增长速度为 29.52%，但仍远低于同期全国的平均增长率 31.59%，贸易额占全国的比例也由 2000 年的 3.11%，下降到 2005 年的 2.92%。

2006~2012 年为第三阶段，称为加速发展阶段（由于受经济危机的影响，2009 年的出口额较 2008 年有较大幅度的下降），贸易额从 2006 年的 539.58 亿美元，增加到 2012 年的 1934.34 亿美元，年均增长速度为 29.09%，高于同期全国的平均增长速度 17.05%，从 2006 年开始（2009 年除外），中部六省每年贸易额的增长速度均高于全国的水平，2006 年高出 6.34 个百分点，2011 年高出 16.72 个百分点，2012 年高出 12.76 个百分点，贸易额占全国的比例相应地由 2006 年的 3.07% 上升到 2012 年的 5%，所占比例持续下降的趋势得以扭转。

（二）外贸依存度情况

外贸依存度是衡量一国对外开放程度的一个基本指标，也是反映一国与国际市场联系程度的标尺，也表示对外贸易情况对经济增长的贡献程度，一般说来，外贸依存度越高，意味着参与国际竞争和国际分工的能力越强。

从图 9-2 和表 9-2 可以看出中部六省的对外贸易依存度相对平缓，与全国和浙江省相比增长趋势非常缓慢且差距极大，同时差距有扩大趋势，1985 年中部

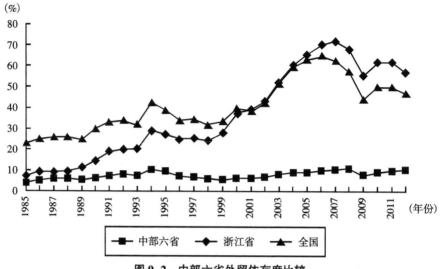

图 9-2　中部六省外贸依存度比较

六省的外贸依存度为 4.11%，较浙江省低 3.23 个百分点，较全国低 18.56 个百分点，2000 年中部六省外贸依存度为 6.45%，较浙江省低 31.09 个百分点，较全国低 33.13 个百分点，2012 年中部六省外贸依存度为 10.48%，较浙江省低 46.41 个百分点，较全国低 36.57 个百分点。

表 9-2　外贸依存度

单位：%

年份	河南	江西	安徽	山西	湖南	湖北	六省合计	浙江	全国
1985	2.93	4.51	3.81	4.56	4.41	5.11	4.11	7.34	22.67
1986	3.48	5.59	4.42	5.70	5.41	6.73	5.11	8.88	25.00
1987	4.56	6.84	5.27	6.03	5.91	8.02	6.01	9.20	25.70
1988	4.22	6.84	4.79	4.67	5.31	8.79	5.75	9.60	25.60
1989	4.36	6.25	4.28	4.92	5.01	7.10	5.27	11.14	24.90
1990	5.14	8.02	5.36	3.90	7.75	7.04	6.22	14.66	29.78
1991	6.19	8.51	6.85	5.22	7.67	8.87	7.27	18.82	33.17
1992	5.01	9.30	7.60	5.46	11.61	8.84	7.94	20.04	33.87
1993	4.56	9.30	7.16	5.31	8.02	9.69	7.22	20.14	31.90
1994	6.35	11.86	12.07	8.75	10.54	13.93	10.34	28.82	42.29
1995	6.23	9.21	10.64	10.93	7.90	13.50	9.37	27.02	38.66
1996	4.50	11.61	10.93	7.78	5.77	9.52	7.20	24.89	33.91
1997	3.89	6.88	11.00	7.56	5.51	9.31	6.99	25.26	34.15
1998	3.33	6.00	10.16	5.71	4.88	7.53	6.00	24.34	31.81
1999	3.21	5.87	8.09	6.39	5.04	6.87	5.60	27.84	33.34
2000	3.73	6.71	9.55	7.91	5.86	7.50	6.45	37.52	39.58

续表

年份	河南	江西	安徽	山西	湖南	湖北	六省合计	浙江	全国
2001	4.18	5.82	9.23	7.92	5.96	7.63	6.49	39.35	38.47
2002	4.39	5.72	9.83	8.23	5.73	7.77	6.65	43.39	42.70
2003	5.68	7.45	12.54	8.94	6.64	8.89	8.04	52.37	51.89
2004	6.40	8.46	12.54	12.47	7.98	9.87	9.15	60.55	59.76
2005	5.91	8.20	13.96	10.74	7.46	11.3	9.08	65.56	63.22
2006	6.32	10.25	15.97	10.83	7.63	12.29	9.89	70.57	65.17
2007	6.49	12.25	16.46	14.60	7.72	11.97	10.60	71.71	62.78
2008	6.74	13.57	16.03	13.66	7.55	12.61	10.74	68.31	57.29
2009	4.71	11.40	10.64	7.94	5.31	9.08	7.53	55.78	44.19
2010	5.22	15.47	13.30	9.25	6.20	10.98	9.19	61.91	50.24
2011	7.83	17.37	13.22	8.47	6.22	11.03	10.05	61.83	49.97
2012	10.96	16.29	14.42	7.84	6.25	9.07	10.48	56.89	47.05

数据来源：历年各省统计年鉴和《中国统计年鉴》。

河南省 2000 年以前外贸依存度相对最低，大概在 3%~5% 之间徘徊，2001~2011 年也没有大的变化，大概在 4%~7% 之间徘徊，较之前有所增长，2012 年外贸依存度实现了较大的增长，这主要是由于河南省 GDP 基数相对较大，也反映河南省外贸落后于经济发展需要。

江西省的外贸依存度大致呈稳定增长态势，与其他省份相比，对外贸易依存度也相对较高，尤其是 2009 年以后一直是中部六省第一，原因之一是江西省的 GDP 相对较小，原因之二是江西省有 3 个国家级出口加工区。

安徽省的外贸依存度在中部地区也比较高，2007 年甚至超过 16%，居中部六省的首位，从 1994 年开始外贸依存度基本上都在 10% 以上，2003~2012 年都超过 12%，外贸依存度较高的原因在于安徽省的 GDP 相对较小且有 2 个国家级出口加工区和 1 个国家级产业转移示范区。

山西省外贸依存度整体来看，在中部六省中处于中间水平，在 1994 年之前低于 6%，1994~2003 年在 8% 左右，2004~2008 年都超过了 10%，2009~2012 年在 8% 左右。山西省外贸依存度在中部六省处于中间水平的原因在于山西省无国家级出口加工区且 GDP 相对较小。

湖南省外贸依存度在中部六省中仅高于河南省，也比较低。1985~1994 年对外贸易依存度逐年增长，最高达到了 11% 多，1995~2012 年基本处于 6%~8% 之间，对外贸易依存度较低，湖南省也仅有 1 个国家级出口加工区。湖北省的对外贸易依存度也基本在 9% 左右，也仅有 1 个国家级出口加工区。

（三）贸易收支情况

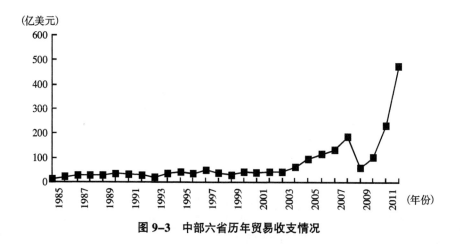

（亿美元）

图 9-3 中部六省历年贸易收支情况

由图 9-3 可知，中部六省整体来看，1985~2012 年每年贸易收支均为顺差，且顺差额呈持续上升的趋势（2009 年受金融危机的影响除外），从 1985 年的 14.14 亿美元上升到 2012 年的 476.9 亿美元，年均增长率为 13.92%，2003 年前缓慢增加，2009 年后呈加速趋势。贸易顺差额占全国的比例波动较大，1992 年曾达到 66.11%，2009 年仅有 3.12%，2012 年为 20.71%，但 1985~2012 年中部六省贸易顺差占全国的年均比例在 18% 左右，远高于同期贸易总额占全国的年均比例 3.9%，说明中部六省贸易顺差对全国的贡献远大于贸易总额对全国的贡献。

（四）进出口商品结构状况

1. 高新技术产品贸易总额

表 9-3　高新技术产品进出口情况

单位：亿美元，%

		2005 年	2010 年	2011 年	2012 年
河南省	高新产品进出口总额	2.12	11.5	102.56	293.72
	占全国高新产品贸易额比重	0.05	0.13	1.01	2.65
	高新产品进出口额全国排名位次	23	21	12	7
江西省	高新产品进出口总额	3.21	38.8	56.01	48.45
	占全国高新产品贸易额比重	0.08	0.43	0.55	0.44
	高新产品进出口额全国排名位次	20	16	14	15

		2005 年	2010 年	2011 年	2012 年
安徽省	高新产品进出口总额	5.4	27.5	27.85	25.98
	占全国高新产品贸易额比重	0.13	0.30	0.28	0.23
	高新产品进出口额全国排名位次	16	15	17	19
山西省	高新产品进出口总额	3.05	10.8	17	34.12
	占全国高新产品贸易额比重	0.07	0.12	0.17	0.31
	高新产品进出口额全国排名位次	22	22	20	17
湖南省	高新产品进出口总额	3.14	11.7	17.3	26.55
	占全国高新产品贸易额比重	0.08	0.13	0.17	0.24
	高新产品进出口额全国排名位次	21	19	19	18
湖北省	高新产品进出口总额	11.9	66.5	74.65	82.22
	占全国高新产品贸易额比重	0.29	0.73	0.74	0.74
	高新产品进出口额全国排名位次	11	11	13	13
六省总计	高新产品进出口总额	28.82	166.8	295.37	511.04
	占全国高新产品贸易额比重	0.69	1.84	2.92	4.61
	占中部六省贸易总额比重	6.95	14.28	18.16	26.42
全国	高新技术产品进出口额占总进出口额的比重	29.25	30.43	27.78	28.65

数据来源：中华人民共和国商务部网站。

由表 9-3 可知，中部六省进出口商品贸易结构不断优化，2005 年中部六省高新技术产品贸易总额为 28.82 亿美元，2012 年上升到 511.04 亿美元，年均增长速度为 61.47%，远高于全国的年均增长速度 17.74%，高新技术产品进出口额占全国高新技术产品进出口额的比重也由 2005 年的 0.69% 上升到 2012 年的 4.61%，每个省高新技术产品贸易额占全国的比例也都有不同程度的上升。另外，从中部六省高新技术产品进出口额占中部六省贸易总额的比重也可以看出，中部六省的外贸结构也不断优化升级，2005 年此比重为 6.95%，2012 年为 26.42%，增加了 19.47 个百分点，但 2012 年仍低于全国水平 2.23 个百分点。

同时，由表 9-3 也可以发现，在中部六省内部高新技术产品的进出口贸易发展很不平衡，河南省高新技术产品贸易额最大，2012 年达到了 293.72 亿美元，占到了中部六省总额的 57.47%，在全国 31 个省市自治区中的排名由 2005 年的 23 位上升到了 2012 年的第 7 位，占全国高新技术产品贸易额的比例由 2005 年的 0.05% 上升到了 2012 年的 2.65%，远远超过了其他 5 个省份。高新技术产品进出口额最少的为安徽省，2012 年仅有 25.98 亿美元，在全国的排名为第 19 位，占全国高新技术产品进出口总额的比重仅有 0.23%。

2. 高新技术产品出口额

表 9-4 中部六省高新技术产品出口情况

单位：亿美元，%

		2005 年	2010 年	2011 年	2012 年
河南省	高新产品出口总额	0.923	45.30	57.09	164.42
	占全国高新产品出口额比重	0.042	0.12	1.04	2.73
	占本省出口额比重	1.81	43.00	29.67	55.40
	高新产品出口额全国排名位次	20	18	12	6
江西省	高新产品出口总额	0.81	27.10	38.49	33.76
	占全国高新产品出口额比重	0.037	0.55	0.70	0.56
	占本省出口额比重	3.32	20.20	17.59	13.44
	高新产品出口额全国排名位次	23	13	14	14
安徽省	高新产品出口总额	2.9	7.40	12.12	12.76
	占全国高新产品出口额比重	0.135	0.15	0.22	0.21
	占本省出口额比重	5.59	5.96	7.09	4.77
	高新产品出口额全国排名位次	12	17	17	20
山西省	高新产品出口总额	1.047	4.6	5.56	19.52
	占全国高新产品出口额比重	0.048	0.09	0.10	0.32
	占本省出口额比重	1.89	9.77	10.24	27.81
	高新产品出口额全国排名位次	18	20	20	17
湖南省	高新产品出口总额	0.942	5.7	7.92	14.63
	占全国高新产品出口额比重	0.043	0.12	0.14	0.24
	占本省出口额比重	2.51	7.17	7.99	11.61
	高新产品出口额全国排名位次	19	19	19	18
湖北省	高新产品出口总额	4.5	36.6	42.12	49.9
	占全国高新产品出口额比重	0.207	0.74	0.77	0.83
	占本省出口额比重	10.11	25.34	21.56	25.72
	高新产品出口额全国排名位次	11	11	13	13
六省总计	高新产品出口总额	11.12	126.7	163.3	294.99
	占全国高新产品出口额比重	0.51	2.57	2.98	4.91
	占中部六省出口总额比重	4.20	19.96	17.55	24.47

数据来源：中华人民共和国商务部网站。

表 9-4 表明的是中部六省高新技术产品的出口情况，从六省整体来看，高新技术产品的出口额从 2005 年的 11.12 亿美元增加到 2012 年的 294.99 亿美元，年均增长率为 72.7%，远高于全国的年均增长速度 18.4%，占全国高新技术产品出口的比重也由 2005 年的 0.51% 增加到 2012 年的 4.91%，占中部六省出口总额的比重由 2005 年的 4.2% 增加到 2012 年的 24.47%，因此，中部六省的出口产品结

构不断优化升级。从各省来看，高新技术产品的出口额也都呈增加趋势，占本省出口额的比重也都在提高，高新技术产品出口额的年均增长率均高于全国的年均增长率，因此，各省的出口产品结构也不断得到优化升级。

从中部六省内部来看，尽管各省高新技术产品的出口额都呈增加趋势，但规模和增加速度存在明显的差异，河南省高新技术产品的出口额最大，2012年达到了164.42亿美元，较2005年增加了163.5亿美元，占中部六省高新技术产品出口总额的55.74%，占河南省出口总额的55.4%，较2005年增加了53.59个百分点，年均增长率高达133.8%，远高于中部六省的年均增长率72.7%，在全国31个省市自治区中的排名由2005年的第20位上升到2012年的第6位。其他五省2012年高新技术产品的出口额均在50亿美元以下，在全国的排名也都在10名以后，其中江西省排名由2005年的第23位上升到2012年的第14位，上升了9位，年均增长率为86.2%，高于中部六省和全国的年均增长率；安徽省的排名由2005年的第12位下降到2012年的第20位，下降了8位，年均增长率为28.01%，低于中部六省的年均增长率但高于全国的年均增长率；山西省的排名由2005年的第18位上升到2012年的第17位，上升了1位，年均增长率为62.83%，低于中部六省的年均增长率但高于全国的年均增长率；湖南省的排名由2005年的第19位上升到2012年的第18位，上升了1位，年均增长率为57.95%，低于中部六省的年均增长率但高于全国的年均增长率；湖北省的排名由2005年的第11位上升到2012年的第13位，上升了2位，年均增长率为49.3%，低于中部六省的年均增长率但高于全国的年均增长率。因此，在中部六省中河南省出口产品结构优化程度最高，其主要贡献来源于富士康。

（五）外贸方式情况

1. 中部六省整体外贸方式

由图9-4、表9-5和表9-6可以看出，中部六省加工贸易总额、出口加工贸易额和进口加工贸易额从2000~2012年基本上都逐年增加，与全国的变化趋势基本相同，中部六省加工贸易额从2000年的28.03亿美元增加到2012年的651.94亿美元；中部六省加工贸易额占总贸易额的比重也呈震荡上升趋势，由2000年的19.03%上升到2012年的33.70%，上升了14.67个百分点，这一变化趋势与全国的水平正好相反，全国加工贸易额占总贸易额的比例在1998年达到峰值53.42%，然后呈下降趋势，这两种相反变化趋势的原因在于：

一是中部六省多为来料加工装配贸易以及进料加工贸易，从表面上看，是因为外国的原材料价格低于国内市场价格，企业可以博得差价。从深层次看，却是

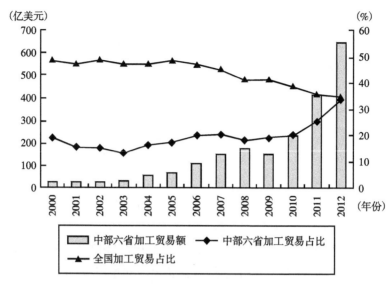

图 9-4　中部六省加工贸易额及占比

形势发展的结果，因为出口退税政策调整之后，征税率和退税率差距进一步拉大，即征的多退的少，企业需把征退差额打入成本自行消化。而加工贸易对进口原材料实行不征不退的政策，企业无须负担征退税带来的差额。另外，由于出口退税的增量部分地方财政要负担25%，一般贸易多而加工贸易少，退税资金紧张的矛盾就会更加突出。因此，加工贸易作为我国一项将长期坚持的贸易方式，在目前特定的环境下，开始引起各地的广泛关注，中部各省也纷纷加入其中，大力发展本省的加工贸易，加工贸易对于科技、资金、技术等较不发达的中部六省来说是一个不错也是无奈的选择。

二是经过20多年的发展，东部沿海地区随着土地、劳动力等要素成本的不断上涨，资源、人口、环境压力日趋加大，而且加上我国内陆地区的全面开放，东部地区的政策优势已不存在，这为中部地区加工贸易的发展提供了较好的国内环境，由于中部地区在劳动力成本、土地成本以及其他优惠政策方面的作用，使加工贸易企业由东部地区向中部地区转移的趋势较明显，中部地区的加工贸易企业绝大部分均为从东部地区转移而来，如富士康从深圳内迁到河南郑州。

中部六省的加工贸易在2009年也呈现出了大幅下降趋势，这就充分说明了外部市场对其加工贸易的影响程度，加工贸易的发展与外部市场需求、国家政策、本地区的劳动力价格等因素密切相关，因此，中部六省在努力发展加工贸易的同时也应时刻关注世界经济发展态势，做好充分准备。

表9-5 中部六省加工贸易情况

单位：亿美元，%

年份	加工贸易总额	占总贸易额的比重	出口加工贸易总额	占出口总额比重	进口加工贸易总额	占进口总额比重
2000	28.03	19.03	15.47	15.98	12.56	22.86
2001	25.11	15.48	15.70	15.61	9.41	15.27
2002	27.54	15.11	18.22	16.30	9.32	13.23
2003	33.64	13.39	22.06	15.09	11.58	11.03
2004	56.74	16.24	35.28	17.11	21.46	14.98
2005	71.81	17.32	42.83	16.19	28.98	16.95
2006	108.79	20.16	71.13	21.74	37.66	17.73
2007	151.77	20.43	97.64	22.25	54.13	17.79
2008	179.67	18.14	118.89	20.14	60.78	15.13
2009	151.8	19.50	100.41	23.96	51.39	13.34
2010	237.85	20.36	161.07	25.38	76.78	14.43
2011	413.53	25.43	267.98	28.79	145.55	20.87
2012	651.94	33.70	402.57	33.39	249.37	34.22

数据来源：历年各省统计年鉴和各省统计公报。

表9-6 全国加工贸易情况

单位：亿美元，%

年份	全国加工贸易总额	全国加工贸易占比	全国出口加工贸易占比	全国进口加工贸易占比
2000	2302.10	48.54	55.24	41.12
2001	2414.07	47.37	55.41	38.59
2002	3021.28	48.67	55.26	41.40
2003	4047.55	47.56	55.19	39.47
2004	5496.64	47.61	55.28	39.50
2005	6904.79	48.56	54.66	41.52
2006	8318.27	47.25	52.67	40.62
2007	9842.35	45.28	50.56	38.55
2008	10534.91	41.10	47.19	33.41
2009	9193.19	41.65	48.85	33.05
2010	11577.63	38.95	46.92	29.93
2011	13052.12	35.84	44.00	26.95
2012	13439.50	34.75	42.09	26.47

数据来源：2000~2006年数据来自《中国统计年鉴》（2007），2007~2012年数据来自海关统计资讯网（http://www.chinacustomsstat.com）。

2. 中部六省内部外贸方式比较

由表9-7可以看出，中部六省中河南省、山西省、湖北省和湖南省加工贸易额占各省总贸易额的比重有较明显的上升趋势，其中河南省2012年加工贸易占比达到了58.62%，远远高于其他省份加工贸易占比，较2000年上升了35.63个百分点，江西省、安徽省加工贸易占比并没明显的上升趋势，加工贸易占比最低的是安徽省，2012年为18.53%。但各省进出口加工贸易额都在逐年增加，这反映出各地产业结构的差别化，也反映出各地区因地制宜搞发展。

表9-7　中部六省加工贸易占比

单位:%

年份	河南省	江西省	安徽省	山西省	湖南省	湖北省
2000	22.99	19.33	22.59	5.56	12.30	25.02
2001	21.52	11.76	18.59	4.48	9.79	19.56
2002	22.88	9.38	13.85	6.57	9.28	21.85
2003	21.84	8.94	11.16	3.79	8.94	19.45
2004	29.71	14.52	14.62	7.66	9.58	17.85
2005	30.87	17.07	16.89	13.83	9.71	13.65
2006	26.89	22.17	20.82	16.99	7.59	22.47
2007	19.58	22.79	18.46	29.96	8.40	22.18
2008	14.73	25.90	16.71	20.79	9.05	21.01
2009	16.85	25.53	17.03	12.47	10.68	28.05
2010	17.67	22.67	16.96	15.38	12.18	30.51
2011	39.29	20.29	20.38	19.72	14.26	30.30
2012	58.62	23.53	18.53	29.41	29.04	27.89

数据来源：历年各省统计年鉴和各省统计公报。

3. 中部六省加工贸易的竞争水平

加工贸易增值率是指加工贸易净出口与进口额的比值，反映了加工贸易产品在国内的增加值。其公式为：加工贸易增值率=（加工贸易出口额-加工贸易进口额）/加工贸易进口额。

中部六省和全国加工贸易的增值率计算结果见表9-8。

表9-8　中部六省加工贸易增值率

单位：%

年份	河南省	江西省	安徽省	山西省	湖南省	湖北省	六省合计	全国
2000	58.91	73.04	55.41	315.79	125.26	-48.20	23.17	10.71
2001	56.84	72.73	76.95	-6.67	87.23	70.27	66.84	9.26
2002	110.59	83.93	106.35	49.18	87.10	90.91	95.49	10.31

年份	河南省	江西省	安徽省	山西省	湖南省	湖北省	六省合计	全国
2003	95.98	56.82	97.31	54.35	65.08	103.98	90.50	6.17
2004	68.81	35.32	125.31	-1.92	42.33	68.67	64.40	5.72
2005	66.93	28.71	108.00	72.95	50.21	-22.21	47.79	15.46
2006	85.99	46.50	110.98	66.19	122.54	102.52	88.87	22.42
2007	45.30	90.55	186.47	12.77	108.33	130.92	80.38	27.39
2008	40.43	80.14	203.66	39.36	159.81	123.43	95.61	26.32
2009	83.00	77.94	95.03	96.39	69.65	122.56	95.39	19.50
2010	77.41	130.95	100.36	85.25	86.24	130.53	109.78	13.13
2011	47.09	127.60	98.32	6.17	74.11	152.39	84.12	8.90
2012	51.94	43.03	26.16	75.30	50.96	188.70	61.43	12.76
平均	68.40	72.87	106.95	66.55	86.83	93.42	77.21	14.47

数据来源：历年各省统计年鉴和各省统计公报，并计算获得；全国数据来源：2000~2006年数据来自《中国统计年鉴》(2007)，2007~2012年数据来自海关统计资讯网 (http://www.chinacustomsstat.com)。

由表9-8可以看出，中部六省的加工贸易增值率每年都远远高于全国的平均水平，2012年中部六省加工贸易增值率为61.43%，高出全国48.67个百分点，2000~2012年中部六省加工贸易增值率平均为77.21%，全国仅有14.47%，因此，中部六省加工贸易的国内附加值远远高于全国平均水平。从中部六省内部来看，安徽省加工贸易平均增值率最高为106.95%，其次是湖北省，为93.42%，所有省份均超过了60%。

二、出口贸易发展趋势及现状

(一) 出口贸易的发展趋势和现状

由图9-5和表9-9可以明显看出，改革开放以来，中部六省的外贸出口额持续增加，从出口额增长速度来看，中部六省出口贸易发展经历了以下三个阶段。

1985~2000年为第一阶段，称为缓慢发展阶段。此阶段中部六省的出口金额缓慢增加，每年的出口额均在100亿美元以下，出口额从1985年的20.84亿美元增加到2000年的96.83亿美元，15年时间增加了3.65倍，年均增长率为11.6%，低于同期全国的平均增长率17.1%，出口额占全国的比例也从1985年的7.62%下降到2000年的3.89%。

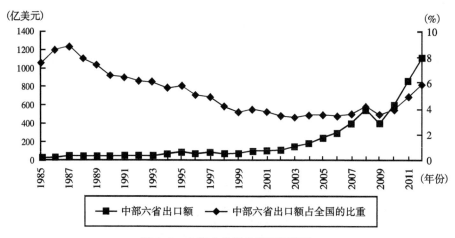

图 9-5　中部六省历年出口额情况

2001~2006 年为第二阶段，称为快速发展阶段。从 2001 年开始，中部六省出口总额突破了 100 亿美元大关，为 100.56 亿美元，2006 年达到 327.17 亿美元，5 年时间增加了 2.25 倍，年均增长率为 34.3%，仍低于同期全国的平均增长率 38.1%，出口额占全国的比例也从 2001 年的 3.78% 下降到 2006 年的 3.38%。

2007~2012 年为第三阶段，称为加速发展阶段。从 2007 年开始，出口贸易出现了加速发展态势，2007 年较 2006 年增长了 34.14%，出口额从 2007 年的 438.87 亿美元增加到 2012 年的 1205.66 亿美元（由于受 2008 年美国金融危机的影响，2009 年出口额出现了明显的下滑），5 年时间增加了 1.74 倍，年均增长率为 28.7%，高于同期全国的平均增长率 13.8%。在 2006 年之前中部六省出口额每年的增长率大部分时间里都低于全国的平均水平（见表 9-10），但 2007 年（2009 年除外）之后，每年的增长率均高于全国的平均水平，2007 年高出全国 8.46 个百分点，2008 年高出全国 17.06 个百分点，2011 年高出全国 26.33 个百分点，2012 年高出全国 21.62 个百分点，迎来了出口贸易的加速发展时期，出口额占全国的比例也从 2007 年的 3.60% 上升到 2012 年的 5.88%。

尽管最近几年中部地区出口贸易发展迅速，但 2012 年中部六省的出口额也仅有 1205.66 亿美元，与浙江省的 2245.17 亿美元和广东省的 5740.51 亿美元相比仍有相当大的差距。

表 9-9　中部六省出口额

单位：亿美元，%

年份	河南	江西	安徽	山西	湖南	湖北	合计	占全国的比重
1985	3.67	2.57	3.07	2.27	3.96	5.30	20.84	7.62
1986	4.53	3.05	3.67	3.02	5.03	7.25	26.55	8.58
1987	6.54	4.02	5.23	3.46	6.19	9.55	34.99	8.87
1988	7.51	4.89	5.54	3.46	6.39	9.80	37.59	7.91
1989	8.19	4.69	5.70	4.00	6.66	9.63	38.87	7.40
1990	8.67	5.80	6.54	2.63	8.00	9.45	41.09	6.62
1991	10.43	5.08	7.05	3.22	9.36	11.30	46.44	6.46
1992	8.16	6.47	8.31	3.72	14.11	11.58	52.35	6.16
1993	7.55	6.14	9.64	3.81	16.12	12.27	55.53	6.05
1994	10.22	8.00	12.76	6.54	14.33	17.18	69.03	5.70
1995	13.58	10.10	15.77	11.44	14.51	19.84	85.24	5.73
1996	12.40	8.52	17.50	9.77	12.91	15.26	76.36	5.10
1997	12.87	11.14	20.05	11.34	14.71	19.21	89.32	4.89
1998	11.87	10.19	14.86	8.93	13.31	17.07	76.23	4.15
1999	11.29	9.06	16.77	8.39	12.82	15.14	73.47	3.77
2000	14.93	11.97	21.72	12.37	16.53	19.31	96.83	3.89
2001	17.15	10.39	22.82	14.68	17.54	17.98	100.56	3.78
2002	21.19	10.52	24.53	16.62	17.95	20.99	111.80	3.43
2003	29.80	15.06	30.64	22.66	21.46	26.56	146.18	3.33
2004	41.76	19.95	39.37	40.35	30.98	33.84	206.25	3.48
2005	51.01	24.40	51.90	55.29	37.47	44.50	264.57	3.47
2006	66.35	37.53	68.36	41.40	50.94	62.59	327.17	3.38
2007	83.91	54.45	88.21	65.33	65.23	81.74	438.87	3.60
2008	107.19	77.27	113.53	92.45	84.10	115.92	590.46	4.13
2009	73.46	73.68	88.86	28.38	54.90	99.78	419.06	3.49
2010	105.34	134.16	124.13	47.09	79.55	144.42	634.69	4.02
2011	192.40	218.76	170.84	54.28	99.08	195.35	930.71	4.90
2012	296.80	251.13	267.52	70.20	126.00	194.01	1205.66	5.88

数据来源：历年各省统计年鉴和《中国统计年鉴》。

　　由图 9-5 也可以看出，与全国相比，中部地区的出口贸易发展相对滞后。中部地区对外贸易占全国的比重较小，在 2006 年之前基本上呈下降趋势，2009 年后比重虽有上升但 2012 年也只有 5.88%，1985~2012 年的 28 年年均比重只有 5.21%，而同一时期，中部地区 GDP 占全国的比重一直维持在 20% 左右，28 年年均为 21.5%，远远高于出口贸易所占的比重。

表 9-10　中部六省出口额年增长速度

单位：%

年份	中部六省	全国	年份	中部六省	全国
1986	27.40	13.13	2000	31.80	27.84
1987	31.79	27.47	2001	3.85	6.80
1988	7.43	20.49	2002	11.18	22.33
1989	3.41	10.56	2003	30.75	34.59
1990	5.71	18.18	2004	41.09	35.39
1991	13.02	15.82	2005	28.28	28.42
1992	12.73	18.12	2006	23.66	27.16
1993	6.07	8.01	2007	34.14	25.68
1994	24.31	31.90	2008	34.54	17.48
1995	23.48	22.94	2009	-29.03	-16.01
1996	-10.42	1.53	2010	51.46	31.32
1997	16.97	21.02	2011	46.64	20.31
1998	-14.66	0.53	2012	29.54	7.92
1999	-3.62	6.08			

数据来源：历年各省统计年鉴和《中国统计年鉴》。

（二）中部地区外贸出口发展趋势的原因分析

1985~2000 年，这一时期中部六省出口额逐年增加，几乎从无到有，但是却都在缓慢增加，每年出口额始终低于 100 亿美元的大关，这反映出 1978 年起，我国虽然进行了改革开放的基本政策，但这一政策对于中部地区的影响甚微，主要原因在于：

国家战略方针：新中国成立至 1978 年，中国政府一直致力于平衡发展战略，各种投资政策和财政支付转移明显地向边远和落后地区倾斜，然而这种战略和政策效果并不佳。自 1978 年实行改革开放以后，中国政府在区域经济发展战略上发生了一个很大的转变，从平衡发展战略转向了不平衡发展战略，即优先发展沿海地区，发展和开放政策明显地向沿海地区倾斜，使沿海地区先发展起来，然后再带动全国其他地区共同发展。因此，国家首先在广东深圳开设对外开放的窗口，并在 1979 年党中央、国务院批准广东、福建在对外经济活动中实行"特殊政策、灵活措施"，在深圳、珠海、汕头、厦门四个城市设立经济特区，福建省和广东省成为全国最早实行对外开放的省份之一，所以，仅在 1985 年广东省一省的出口额就达到了 29.53 亿美元左右，超过了当年中部六省的出口总额。

自身地理位置的制约：不同于我国东部沿海地区，中部六省都位于我国内陆地区，远离出海口，在当时国内需求不足和外汇短缺的大背景下，在中国出口导向型发展战略和政策的支持下，只有"走出去"才能得到更好的发展机遇，而东部的太平洋正是中国"走出去"的有效途径，因此，沿海各省市得以借此实现出口创汇，中部六省的出口却迟迟难有进展。

2001~2006年，这一时期，我国中部六省的出口额有了较快发展，六省出口总额在2001年突破了100亿美元大关，迎来了出口贸易的快速发展时期，这主要得益于国家政策以及东部地区产业向中部地区的转移，为其出口创汇提供了大量的资金、物资支持，主要原因分析如下：

加入世界贸易组织：2001年12月中国加入世界贸易组织，获得了稳定的多边的优惠待遇，有力地改善了我国的对外贸易环境，有效地提高了我国企业进出口业务的信心，中部地区的企业也从中受益。

东部地区产业结构的调整：随着东部地区经济高速发展，产业结构调整、优化升级已经成为必然要求，再加上近年来东部地区加工工业开始出现土地、劳动力等生产要素供给趋紧、企业商务成本不断提高、资源环境约束矛盾日益突出等问题，东部沿海地区劳动力密集型产业、低附加值产业等纷纷转入内陆地区，促进了中部地区出口贸易的发展。

2007~2012年，这一时期，年均增长率达到了28.7%，远高于全国的平均水平，迎来了出口贸易的加速发展时期。

中部崛起战略：2006年中部崛起战略进入实质性实施阶段，中央加大了对中部地区的政策支持力度，即支持中部地区加快老工业基地的改造，支持中部地区解决基础设施的薄弱环节，为中部地区出口贸易的发展提供了良好的工业基础、基础设施和政策条件。

美国金融危机：2008年美国次贷危机席卷全球，金融危机使得我国主要的贸易伙伴美国、欧盟等国家和地区经济遭受重创，失业率不断提高，收入水平不断下降，限制了居民的消费需求，使其对于中国制造的产品需求大幅度减少，我国出口额急剧下降，中部地区也受到了很大影响。

全球经济回暖：经济危机以后，各国积极调整本国金融体系以及经济结构的缺陷，采取积极的财政政策和货币政策，全球经济有了一定程度的复苏，使得中国的出口客源又有所增加。

国家产业升级：我国主导出口产品经历了从资源型产品转向轻纺产品，再逐步转向机电产品和高新技术产品，技术含量不断升高，附加价值也不断提高，这使得我国的出口产品在一定数额下创造出了更多的外汇。中部六省的出口产品虽仍有相当一部分属于较初级的加工品以及电子产品，但其带来的利润确实是有所增加。

总的来说，在现阶段，中部六省的外贸出口仍处于较好的发展阶段，但我们必须认识到，这些大量的出口是基于大量消耗本地区资源、消耗劳动力、环境不断恶化的基础上实现的，无论外资企业还是本地区企业出口产品，留下的都只有加工费和部分原材料费用，本地区自主创新品牌不足，这不利于本地区长期的可持续发展，当本地区人口红利消失、资源消耗殆尽、环境极度恶化时，更好更快的发展就几乎不可能了，因此，中部六省无论企业还是政府，都应该认识到这个严峻的社会现实，落实国家政策，实施产业结构调整，提高自主创新能力和水平，为本地区的永续出口提供不竭动力。

（三）各省出口贸易发展情况

表 9-11　中部六省出口增长速度

单位：亿美元，%

	河南	江西	安徽	山西	湖南	湖北	六省合计
2012 出口额	296.80	251.13	267.52	70.20	126.00	194.01	1205.66
1985~2000 年年均增长率	10.54	11.62	15.00	12.87	10.75	9.67	11.60
2001~2008 年年均增长率	35.72	39.71	30.66	35.89	29.86	36.43	34.32
2009~2012 年年均增长率	101.00	84.62	73.51	57.28	51.50	39.44	69.62
1985~2012 年年均增长率	17.67	18.50	17.99	13.55	13.67	14.26	16.22

数据来源：历年各省统计年鉴和《中国统计年鉴》。

由表 9-11 可知，从 2012 年外贸出口额来看，出口额最大的是河南省，为 296.8 亿美元，其次依次是安徽省、江西省、湖北省、湖南省和山西省，金额分别为 267.52 亿美元、251.13 亿美元、194.01 亿美元、126.00 亿美元、70.20 亿美元。出口金额最少的山西省不及河南省的 1/4，湖南省的出口额不及河南省的 1/2。从 1985~2012 年累计出口额来看，河南省、江西省、安徽省和湖北省均超过了 1000 亿美元，山西省和湖南省较落后，因此，各省之间的差距较大。从不同阶段出口增长速度来看，目前出口增长速度最快的是河南省，2009~2012 年的年均增长速度达到了 101%，其次是江西省和安徽省，山西省、湖南省和湖北省出口增长速度较慢，湖北省的年均增长速度仅仅较 2001~2008 年年均增长速度增加了 3 个百分点，远远落后于河南省的 65 个百分点，也落后于山西省的 23 个百分点。

（四）出口依存度分析

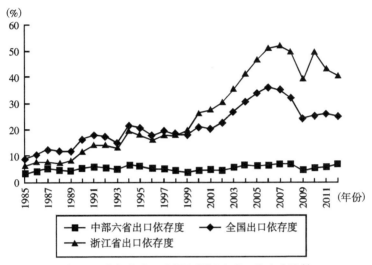

图9-6 中部六省、全国和浙江省出口依存度比较

由图9-6可以看出，1985~2012年，中部六省的出口依存度并没有明显的上升趋势，基本上在4%~7%之间波动，2012年为6.55%，而全国和浙江省的出口依存度有明显的上升趋势，且出口依存度明显高于中部六省，全国的出口依存度在2006年达到35.87%，中部六省只有6.46%，而浙江省的出口依存度高达51.17%。出口依存度越高，说明出口对经济增长的贡献越大，因此，可以肯定地说，中部六省出口对经济增长的贡献很低，且远低于全国的平均水平，从中部六省出口依存度变化趋势来看，出口的增长速度基本与GDP增长速度持平。在中部六省内部，平均来看，山西省的出口依存度最高，且呈现较为明显的上升趋势，河南省的出口依存度最低，变化趋势不明显，江西省、安徽省、湖南省和湖北省的出口依存度相当，江西省和安徽省出口依存度也呈现较为明显的上升趋势，湖南省和湖北省出口依存度变化趋势不明显。

以上分析表明，中部六省出口规模相对东部沿海省份来说，差距甚大，中部六省的出口总额不及浙江省多。2005年之前，出口占全国总出口的比例呈下降趋势，2005年之后，下降的趋势有所扭转。中部六省的出口依存度远低于全国的平均水平和浙江省的水平，出口对经济增长的贡献非常小，在全国出口依存度呈现明显上升趋势下，中部六省的出口依存度并无明显的上升趋势。

三、进口贸易发展趋势及现状

（一）整体发展趋势

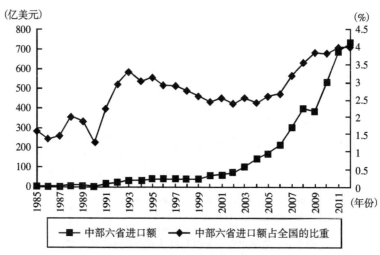

图 9-7　中部六省进口发展趋势

由图 9-7 和表 9-12 可以明显看出，改革开放以来，中部六省的外贸进口额持续增加，从进口额增长速度来看，中部六省进口贸易发展情况经历了与出口贸易基本相似的三个阶段，即由缓慢发展到快速发展再到加速发展这样一个过程。

1985 年中部六省的进口总额为 6.7 亿美元，2012 年达到 728.76 亿美元，年均增长率为 19.76%，高于全国的年均增长率 15.57%，因此，中部六省进口总额占全国的比例也由 1985 年的 1.59% 增加到 2012 年的 4.01%，此比例的变化趋势基本上是震荡攀升，这一点不同于中部六省出口额所占比例的变化趋势，出口所占比例的变化趋势是：2007 年之前是明显的下降，2007 年开始缓慢上升，但中部六省出口贸易占全国的比重基本上每年都高于进口额所占比重。

尽管最近几年中部地区进口贸易发展迅速，但 2012 年中部六省的进口额也仅有 728.76 亿美元，仍不及浙江省的 878.84 亿美元多，和广东省的 4099.7 亿美元相比有相当大的差距。

表 9-12　中部六省进口额

单位：亿美元，%

年份	河南	江西	安徽	山西	湖南	湖北	合计	占全国的比例
1985	0.83	0.61	1.23	1.14	1.29	1.60	6.70	1.59
1986	0.54	0.69	1.22	0.86	1.21	1.36	5.88	1.37
1987	0.93	0.81	1.03	0.71	1.27	1.60	6.35	1.45

年份	河南	江西	安徽	山西	湖南	湖北	合计	占全国的比例
1988	0.99	1.10	1.50	0.53	1.95	5.01	11.08	2.00
1989	1.66	1.55	1.31	0.92	1.86	3.89	11.19	1.89
1990	1.37	1.39	0.83	0.63	1.36	1.18	6.76	1.27
1991	1.72	2.58	1.50	0.81	3.60	3.92	14.13	2.22
1992	3.46	3.12	2.73	1.74	6.67	5.87	23.59	2.93
1993	5.59	5.53	3.24	2.46	7.36	10.02	34.20	3.29
1994	6.10	5.01	5.72	1.85	5.84	10.30	34.82	3.01
1995	8.72	2.66	7.30	2.64	5.66	14.25	41.23	3.12
1996	7.29	2.64	10.00	2.32	4.72	13.37	40.34	2.91
1997	6.10	2.18	11.11	2.13	4.46	15.15	41.13	2.89
1998	5.45	2.29	7.80	2.18	4.99	15.89	38.6	2.75
1999	6.22	4.08	9.72	4.48	6.74	11.66	42.9	2.59
2000	7.81	8.64	11.75	5.28	8.60	12.87	54.95	2.44
2001	10.77	4.92	13.38	4.73	10.04	17.80	61.64	2.53
2002	10.85	6.43	17.28	6.50	10.81	18.56	70.43	2.39
2003	17.36	10.22	28.79	8.18	15.90	24.55	105.00	2.54
2004	24.37	15.37	32.75	13.47	23.40	33.88	143.24	2.41
2005	26.35	16.19	39.29	20.17	22.58	46.42	171.00	2.59
2006	31.61	24.41	54.12	24.87	22.59	54.80	212.4	2.68
2007	44.13	40.19	71.09	50.38	31.66	66.84	304.29	3.18
2008	67.60	60.64	90.83	51.45	41.56	89.75	401.83	3.55
2009	60.92	53.01	67.91	57.16	46.59	72.50	385.09	3.83
2010	72.57	80.37	118.64	78.69	67.34	114.65	532.26	3.82
2011	134.01	96.75	142.54	93.32	91.03	139.84	697.49	4.00
2012	220.72	83.01	125.73	80.30	93.40	125.60	728.76	4.01

数据来源：历年各省统计年鉴和《中国统计年鉴》。

（二）进口商品结构

表 9-13 表明的是中部六省高新技术产品的进口情况，从六省整体来看，高新技术产品的进口额从 2005 年的 17.7 亿美元增加到 2012 年的 216.05 亿美元，年均增长率为 51.8%，远高于全国的年均增长速度 16.98%，占全国高新技术产品进口的比重也由 2005 年的 0.90%增加到 2012 年的 4.26%，占中部六省进口总额的比重由 2005 年的 10.35%增加到 2012 年的 29.65%，因此，中部六省的进口产品结构不断优化升级。从各省来看，高新技术产品的进口额也都呈增加趋势，占本省进口额的比重也都在提高，高新技术产品进口额的年均增长率均高于全国的年均增长率，因此，各省的进口产品结构也不断得到优化升级。

从中部六省内部来看，尽管各省高新技术产品的进口额都呈增加趋势，但增加速度存在明显的差异，河南省高新技术产品的进口额最大，2012年达到了129.3亿美元，远远高于其他省份，占中部六省高新技术产品进口总额的59.85%，占河南省进口总额的58.58%，较2005年增加了54.03个百分点，年均增长率高达181.1%，远高于中部六省的年均增长率51.8%，在全国31个省市自治区中的排名由2005年的第25位上升到2012年的第8位。其他五省2012年高新技术产品的进口额均在40亿美元以下，在全国的排名也都在10名以后，因此，在中部六省中河南省进口产品结构优化程度最高。

表9-13 中部六省高新技术产品进口情况

单位：亿美元，%

		2005年	2010年	2011年	2012年
河南省	高新产品进口总额	1.2	5.4	45.47	129.3
	占全国高新产品进口额比重	0.06	0.13	0.98	2.55
	占本省进口额比重	4.55	7.44	33.93	58.58
	高新产品进口额全国排名位次	25	21	11	8
江西省	高新产品进口总额	2.4	11.7	17.52	14.69
	占全国高新产品进口额比重	0.12	0.28	0.38	0.29
	占本省进口额比重	14.82	14.56	18.11	17.70
	高新产品进口额全国排名位次	19	16	15	17
安徽省	高新产品进口总额	2.5	20.1	15.73	13.22
	占全国高新产品进口额比重	0.13	0.49	0.34	0.26
	占本省进口额比重	6.36	16.94	11.04	10.51
	高新产品进口额全国排名位次	18	13	19	19
山西省	高新产品进口总额	2.0	6.2	11.44	14.6
	占全国高新产品进口额比重	0.10	0.15	0.25	0.29
	占本省进口额比重	9.92	7.88	12.26	18.18
	高新产品进口额全国排名位次	21	19	20	18
湖南省	高新产品进口总额	2.2	5.9	9.38	11.92
	占全国高新产品进口额比重	0.11	0.14	0.2	0.24
	占本省进口额比重	4.74	5.15	10.30	12.76
	高新产品进口额全国排名位次	20	20	21	21
湖北省	高新产品进口总额	7.4	29.9	32.53	32.32
	占全国高新产品进口额比重	0.38	0.72	0.7	0.64
	占本省进口额比重	15.94	26.08	23.26	25.73
	高新产品进口额全国排名位次	11	11	14	14
六省总计	高新产品进口总额	17.7	79.2	132.07	216.05
	占全国高新产品进口额比重	0.90	1.92	2.85	4.26
	占中部六省进口总额比重	10.35	14.88	18.94	29.65

数据来源：中华人民共和国商务部网站。

第二节　中部地区对外贸易对经济社会发展的贡献

一、对经济增长的贡献

（一）对外贸易对经济增长的影响机制

1. 进口有助于提高生产效率

资本货物的进口对于促进经济增长非常重要，它能大大节约工业生产中生产要素的投入量，有助于提高工业企业生产的效益。根据亚当·斯密的国际分工理论，分工可以大大提高劳动生产效率，国际分工则更可以有效利用各国的资源，使资源得到充分利用。进口先进技术设备，可以提高国内各个生产部门的技术水平，经过技术引进、模仿和创新，则会大大缩小与发达国家的技术差距，进口先进技术和引入科学管理理念，会使国内的分工与世界进一步接轨，促进国内产业结构的改进，优化国内的产业结构，进一步提高分工效率。

2. 对外贸易使国内资本集中在有比较优势的领域

根据传统的国际贸易理论，比较优势对一国的对外贸易模式起着至关重要的导向作用，一个国家可以根据自身的比较优势集中力量生产具有比较优势的产品，同时从其他国家进口得到自己生产上处于比较劣势的产品，就可以节约该国在生产有相对劣势产品时不必要的资源，从而获得贸易利益。出口的增长促使资金流向国民经济中最有效率的生产领域，亦即它们各自享有比较优势的领域，进而推动该领域的专业化生产，在这些领域进行专业化加工，不仅能使生产部门提高劳动生产率，加速经济发展，还可实现规模经济，提高效益。

3. 对外贸易的扩大能够加强各经济部门之间的相互联系，促进国内统一市场的形成

这一点对经济运行机制不健全的国家尤为重要。一个国家经济的竞争优势在于其主导产业的竞争优势，一个产业竞争力的加强可以通过关联效应有效地拉动其他产业的迅速发展。同时，一个国家的主导产业得以迅速发展，更离不开它的相关产业和上下游产业对它的支持与配合。出口的扩大，特别是加工程度较深的制成品出口的扩大，会增加对向出口部门提供中间投入品的部门的需求，这些部门转而向其他供给部门增加需求，如此反复作用下去，不但能带动所有部门的发

展，还会加强各个产业之间的联系，不仅大大节省了生产时间，还节约了沟通流转费用，也大大地促进国内经济的一体化发展。

4. 对外贸易可以对国内市场产生压力，促使其优胜劣汰

世界市场上的竞争会给一国的国内市场造成压力，这在我国有很好的体现，进口商品大量充斥国内市场的同时，国内一些不重视质量和包装等竞争意识的小厂商就会被逐渐驱逐出市场，这就促使我国厂商积极吸取经验教训，改良产品质量，并淘汰那些劳动生产率低下的生产企业。市场经济会导致优胜劣汰，通过竞争淘汰不能适应经济快速发展的企业，促进竞争力强、生产效率高的企业蓬勃发展。经济全球化是一个必然的趋势，要在世界市场中取得一席之地，必须适应世界市场的生存规则，各个企业必须通过在世界市场中的竞争来提高自身的水平。

5. 对外贸易的不断扩大会鼓励外国资本的流入

这对我国这样一个改革缺乏资本的国家来说是非常重要的。由于我国的生活习惯等因素，我国的储蓄大于消费和投资，国内规范的资本市场尚未形成。外资的流入不但解决了国内投资不足的问题，而且也会促进先进技术和管理知识的传播和发展。

6. 对外贸易可获得规模经济利益

一国国内市场相对国际市场来说总是狭小的，对于一些存在规模经济的行业，出口规模的扩大克服了国内市场的狭小性，由于生产规模的不断扩大，使生产效率不断提高，单位成本不断下降，从而获得规模经济，这一方面可以提高利润率，另一方面会增强产品的国际竞争能力。

（二）对外贸易对中部六省经济增长的贡献

贸易净出口对 GDP 增长的贡献度＝外贸净出口增加额/GDP 增加额×100%；净出口对经济增长的拉动度＝贸易净出口对 GDP 的贡献度×GDP 增长的百分点。

根据上述公式计算中部六省对外贸易对经济增长的贡献度和拉动度，见表9-14。

表9-14　中部六省净出口对 GDP 的贡献度和拉动度

单位：%

年份	中部六省净出口对经济增长的贡献度	中部六省净出口对经济增长的拉动度	全国净出口对经济增长的贡献度	全国净出口对经济增长的拉动度
2000	5.49	0.54	12.5	1.0
2001	−1.36	−0.13	−0.1	0.0
2002	1.02	0.10	7.6	0.7
2003	−0.05	−0.01	0.9	0.1

年份	中部六省净出口对经济增长的贡献度	中部六省净出口对经济增长的拉动度	全国净出口对经济增长的贡献度	全国净出口对经济增长的拉动度
2004	3.14	0.70	7.0	0.7
2005	4.09	0.75	22.2	2.5
2006	2.39	0.39	16.1	2.1
2007	1.31	0.29	18.0	2.6
2008	2.40	0.50	8.8	0.9
2009	−13.92	−1.42	−37.4	−3.5
2010	2.87	0.63	4.0	0.4
2011	3.79	0.81	−4.2	−0.4
2012	10.86	1.23	−2.1	−0.1

数据来源：历年各省统计年鉴和《中国统计年鉴》，并计算获得。

通过上述计算可以看出，中部六省对外贸易对经济增长的量化作用，2000年以来，除2001年、2003年和2009年外，对外贸易对中部六省的经济增长贡献都为正值，说明了总体上对外贸易还是能促进经济增长，并且有不错的表现。2009年由于受金融危机后续的影响，对外贸易对经济的增长出现了较大的负影响，但中部六省的负面影响要远小于对外贸易对全国的负面影响。在2009年之前，中部六省对外贸易对经济增长的拉动度均小于全国的水平，但从2010年开始，已超过了全国的水平，特别是2011年和2012年在全国净出口对经济增长的拉动度出现负影响的情况下，中部六省反而出现了较大的正影响，例如，2012年中部六省净出口对经济增长的拉动度达到了1.23个百分点，而全国为-0.1个百分点，这主要是因为，2009年后中部六省的对外贸易出现了加速发展的趋势，贸易顺差额也持续扩大。

二、对就业的贡献

（一）对外贸易对就业的影响机制

1. 出口促进就业的机制

出口促进就业的机制可分为直接影响和间接影响，直接影响体现在：通过出口，能够充分发挥本国的比较优势，将社会资源有效地集中到效率较高的出口部门生产，从而使出口量增加，市场扩大，就业量增加；间接影响体现在：出口的增加能带动经济增长，同时带动其他关联产业的发展，劳动需求增加，促进就业。

2. 进口对就业的影响

关于进口对就业的影响，很多理论认为进口会造成对国内市场的冲击，对就业具有负面影响，主要表现在：一方面，在国内需求总量一定的条件下，进口会挤占国内进口替代产品行业的一部分市场份额，造成这些部门的产出下降，因此会对本国的劳动力产生挤出效应；另一方面，进口的资本技术密集型产品可能会导致国内一些低效率的资本密集型产业工人的失业，同时被淘汰的劳动密集型产品也会带来相关企业的大量失业。但实际上，进口对就业的积极影响也是不容忽视的。根据凯恩斯的有效需求理论，一国的就业总量取决于有效需求的大小，在开放经济下，一国的总需求包括国内需求和国外需求，总供给也包括国内供给和国外供给，当国内需求增加，而不需要减少国内供给的情况下，增加的需求由国外供给即进口满足，则进口就不会造成国内失业。同时，进口产品往往包含着部分先进技术，能够弥补一国在某些先进技术或设备方面的瓶颈，有助于提高生产效率，促进新兴产业的开发和传统产业的升级改造。按照杨玉华（2007）所述，技术进步虽然会对就业带来冲击，但从长期来看，会带来"第二次就业效应"和"补偿效应"，即通过刺激消费需求来带动生产规模的扩大和劳动力需求的增加，通过开发新产品来创造新的就业岗位和领域。所以，从长期来看，扩大进口有利于促进产业结构的提升，增强出口竞争力，推动就业增加。

（二）对外贸易对就业影响的实证研究

参考陈桢（2006）的分析方法，作者计算了中部六省的出口就业弹性与进口就业弹性，以此来反映进、出口增长率与就业增长率之间的关系，即进、出口每增长 1 个百分点所能带来的就业增长的百分点。用 GEX 表示出口增长率，GIM 表示进口增长率，GL 表示就业增长率，则进、出口的就业效应就可以用进、出口的就业弹性来表示，即：

出口就业弹性 E1=就业增长率/出口增长率=GL/GEX

进口就业弹性 E2=就业增长率/进口增长率=GL/GIM

当 E1 > 0 时，说明出口额的增加能促进就业人数的增长，且数值越大，促进作用就越大；当 E2 > 0 时，说明进口额的增加能促进就业人数的增长，且数值越大，促进作用就越大。根据中部六省 1996 年以来的进、出口总额及就业人数的统计数据，计算得出各年份的进、出口就业弹性，如表 9-15 所示。

表 9-15 中部六省进出口就业弹性

年份	就业增长率	出口增长率	进口增长率	出口就业弹性	进口就业弹性
1996	0.0199	−0.1042	−0.0216	−0.1910	−0.9217
1997	0.0190	0.1697	0.0196	0.1122	0.9725
1998	0.0154	−0.1466	−0.0615	−0.1051	−0.2505
1999	0.0143	−0.0362	0.1114	−0.3937	0.1280
2000	0.0242	0.3180	0.2809	0.0763	0.0863
2001	0.0012	0.0385	0.1217	0.0317	0.0100
2002	0.0062	0.1118	0.1426	0.0551	0.0432
2003	0.0153	0.3075	0.4908	0.0497	0.0312
2004	0.0124	0.4109	0.3642	0.0301	0.0339
2005	0.0146	0.2828	0.1938	0.0516	0.0753
2006	0.0158	0.2366	0.2421	0.0669	0.0654
2007	0.0142	0.3414	0.4326	0.0415	0.0328
2008	0.0132	0.3454	0.3205	0.0383	0.0413
2009	0.0141	−0.2903	−0.0417	−0.0486	−0.3384
2010	0.0122	0.5146	0.3822	0.0237	0.0319
2011	0.0172	0.4664	0.3104	0.0368	0.0554
2012	0.0117	0.2954	0.0448	0.0396	0.2609

数据来源：历年各省统计年鉴和《中国统计年鉴》。

从表 9-15 可以发现，1996 年以来的出口就业弹性数值除 1996 年、1998 年、1999 年和 2009 年以外，其余年份均大于 0，表明出口增加在大多数年份能够促进就业增长，出口就业弹性在 1997 年达到最大 0.1122，主要源于我国从 1994 年开始推行的财税体制全面改革，由"包干制"改为分税制，出口退税全部由中央财政承担，从而在很大程度上调节了外贸出口增长。1996 年以来的进口就业弹性数值除 1996 年、1998 年和 2009 年以外，其余年份均大于 0，表明进口增加在大多数年份能够促进就业增长，进口就业弹性也在 1997 年达到最大 0.9725。2012 年出口和进口的就业弹性分别为 0.0396 和 0.2609，也就是说，出口增长 1 个百分点，就业将增长 0.0396 个百分点，进口增长 1 个百分点，就业将增长 0.2609 个百分点，同时也表明，进口增长对就业的贡献大于出口增长对就业的贡献。

第三节　中部地区出口影响因素实证研究

一、出口影响因素分析

（1）贸易伙伴的收入水平。根据国际贸易理论，一个国家或地区的出口额是其贸易伙伴收入的函数，且二者间呈正向关系，这里，中部六省各省贸易伙伴实际收入用各省主要贸易伙伴国内生产总值之和 WGDP 来代替，主要贸易伙伴指某省向其出口额占该省出口总额比例最大的前五位国家和地区。孙治宇（2010）的研究表明贸易伙伴国收入水平对本国的出口有显著的影响。林吉双和陈娜娜（2008）的研究表明，广东省的出口与其贸易伙伴之间存在显著的正向关系。因此，这里将各省贸易伙伴的收入水平（WGDP）作为影响出口的重要因素。

（2）生产能力。国内生产总值越高，可供出口的产出越多，出口越多。Beers（1998）对发展中国家和发达国家的出口进行计量分析表明，国内生产总值对出口有显著的促进作用。国内的许多研究也表明，我国的出口和国内生产总值之间存在双向的因果关系。因此，本文将各省的国内生产总值（GDP）作为影响其出口的重要因素。

（3）外商直接投资水平。在我国的外贸出口总额中，外商投资企业出口额占据相当的比重，如 2005 年达到 58.30%，2010 年为 54.65%。在中部六省出口额中，外商投资企业出口额也占据不小的比例，且该比例呈现持续的上升趋势，如2010 年达到 29.09%。史小龙和张峰（2004）利用协整分析和误差修正模型发现，无论从长期还是短期来看，外商直接投资都显著推动了我国外贸的发展。詹晓宁和葛顺奇（2002）的研究显示，在中国的出口产品结构由初级产品到劳动密集型制成品再到电子产品的动态转化过程中，跨国公司外商直接投资起了关键作用。因此，本文将各省的外商直接投资作为影响其出口的重要因素。

（4）科学技术因素。按照技术差距理论，科技被视为一种生产要素，科技创新不仅可以节约生产成本，还能促进新兴产业、部门的产生和发展，从而改变一个国家或者地区的比较优势。科学技术作为经济增长的主要推动力量，对贸易也起着重要的作用。李青阳（2007）的研究表明，湖南省的科技投入对出口贸易有一定的促进作用，只是有一定的时滞性。因此，本文用各省研究与开发投入额

（R&D）作为影响出口的重要因素。

（5）工资水平。中部六省的出口产品中，加工贸易产品所占比重大，而加工贸易产品多半是劳动密集型产品，劳动力资源恰好是我国丰裕的资源，根据比较优势理论，丰富、价格低廉的劳动力资源是我国出口产品的主要竞争优势。白红光和陈建国（2011）研究表明，工资提高在短期内对出口有促进作用，原因可能是工资提高表明劳动者技能水平和经济发展水平的提高，但在长期，劳动力成本提高对出口有不利影响，因为我国出口产品仍以低技能劳动密集型产品为主。因此，这里选取各省职工的人均年工资（WAGE）表示劳动力的成本优势对出口的影响。

（6）实际有效汇率。汇率的变化影响着一个国家进出口商品的价格。人民币升值，则本国产品相对于外国产品就会变得昂贵，出口产品的价格竞争力就会下降，本国产品出口将会减少，若人民币贬值，则情况相反。本文采用实际有效汇率来表示，相比名义汇率而言，实际汇率可以剔除通货膨胀的影响。有效汇率是由世界上主要货币进行加权平均而得，这样就避免了单一盯住美元的缺陷。赵革和黄国华（2006）的研究表明，人民币实际有效汇率每贬值 1 个单位，无论在短期和长期都会导致出口的增加，且长期效应大于短期效应。因此，这里将人民币实际有效汇率（REER）作为影响出口的重要因素。

（7）出口鼓励政策。改革开放以来，我国出口贸易的迅速增长，与我国的出口导向发展战略密切相关，主要体现在鼓励出口的各项政策中，其中出口退税政策对出口影响最为显著。林吉双和陈娜娜（2008）的研究表明，广东省的出口与出口退税额之间存在显著的正向关系。江霞和李广伟（2010）的研究表明，出口退税对我国出口增长的促进作用十分明显，出口退税率的调整将势必使我国的出口受到直接的影响。因此，本文用各省出口退税额（ER）来表示出口政策因素对出口贸易的影响。

（8）进口额。凯恩斯学派认为进口是国民收入的"漏出"，如果进口的是国内生产所稀缺的原材料、能源和设备等，那么进口可以促进出口。另外，在我国的出口总额中，加工贸易占据较大的比重，如 2007 年此比例为 50.71%，2009 年为 48.85%，2010 年为 46.92%；河南省的加工贸易占总贸易的比重 2010 年也达到了 25.76%。加工贸易通常指两头在外中间在内的贸易方式，即从国外进口原料、辅料、零部件、元器件、配套件，在国内进行加工装配，制成品出口到国外市场。赵革和黄国华（2006）的研究表明，加工贸易进口对我国的出口有显著的正影响。林吉双和陈娜娜（2008）的研究表明，广东省的进口与出口之间存在显著的正向关系。因此，这里将各省进口（IM）作为影响其出口的重要因素。

二、出口模型的建立

根据以上对出口影响因素的分析和其他学者的研究成果，中部六省外贸出口模型可设定为：

$$\ln EX_{it} = \beta_0 + \beta_1 \ln WGDP_{it} + \beta_2 \ln GDP_{it} + \beta_3 \ln FDI_{it-1} + \beta_4 \ln R\&D_{it-1} + \beta_5 \ln WAGE_{it}$$
$$+ \beta_6 \ln REER_{it} + \beta_7 \ln ER_{it} + \beta_8 \ln IM_{it} + U_{it}$$

其中，下标 it 表示第 i 个省份（即代表中部六个省份）在第 t 年的项目，β_0 为常数项，U_{it} 为随机变量。从前面的分析可知，中部六省外贸出口的发展可划分为三个阶段，其中 1985~1999 年为缓慢发展阶段，在此阶段中部六省每年的出口总金额较少，因此，研究分析的意义不大，所以选择 2000 年以后来研究更具有科学性和实际意义，故 t = 2000，2001，…，2012。

一般经验认为当年外商直接投资流入量的增加并不会立即引起当年出口的增长，外资的引入，通过投资办厂基本建设，引进设备安装到员工培训，再到生产产品的出口需要一个投资建设的全过程，因此，外商直接投资对出口的影响应该有一个滞后的过程（这里采取滞后一期）。同时，研发支出的增加到产品的出口也需要一个过程，因此，R&D 对出口的影响也应该有一个滞后的过程（这里采取滞后一期）。其他变量均采用当年的数值。

各省的出口（EX）、主要贸易伙伴的 GDP、外商直接投资（FDI）、进口（IM）单位均为万美元，并用美国的 GDP 缩减指数（1999 年=1）对变量进行缩减，以消除物价变动的影响。各省的国内生产总值（GDP）、研发投入（R&D）、工资水平（WAGE）、出口退税额（ER）等以人民币计价的数据首先用各省的商品零售价格指数（1999 年=1）进行缩减，以消除物价变动的影响，然后用人民币对美元的汇率折算为万美元。出口、进口、外商直接投资、国内生产总值、研发投入、工资水平的数据来自各省统计年鉴（2000~2013），主要贸易伙伴的 GDP 和美国的 GDP 缩减指数来自《国际统计年鉴》（2000~2013）。实际有效汇率（REER）数据来自《国际金融年鉴》相关各期和国际货币基金组织网站。各省出口退税额（ER）的数据来自《中国税务年鉴》（2001~2012）和《税收月度快报》（2012 年第十二期）。为了消除数据中可能存在的异方差问题，本文在计量检验时，分别对上述数据进行自然对数变换。

为保证样本的数量足够大，采用面板数据模型（Panel Data Model）进行分析。与单纯的横截面或时间序列相比，面板数据模型的优点表现在，从时间序列看，可以描述不同个体随时间变化的规律；从横截面数据看，又能描述某个时点各个个体的状态及个体间的差异。

在运用面板数据分析时，主要考虑两种模型，即固定效应模型和随机效应模型，前者指被忽略的变量在各个时间段上对被解释变量的影响是固定的，即截距项 β_{0i} 是个固定参数；后者则指被忽略的变量在各个时间段上对被解释变量的影响是随机的，即截距项 β_{0i} 是随机的，可以写成 $\beta_{0i}=\beta_0+u_i$，其中 u_i 满足零期望和同方差的经典假设。对于究竟是用固定效应模型还是随机效应模型，我们通过 Hausman 检验来选择，Hausman 检验的基础是在估计方程的残差项与解释变量不相关的假设下，固定效应和随机效应模型是一致的，但固定效应不具有效性；反之，若残差项与解释变量相关，则随机效应模型不具一致性，而应采用固定效应模型。所以，在原假设为不存在相关性的假设下，这两种估计方法应该没有系统性的差别。构造检验统计量：

$$W=(\beta_{fe}-\beta_{re})'[\mathrm{Var}(\beta_{fe})-\mathrm{Var}(\beta_{re})]^{-1}(\beta_{fe}-\beta_{re})$$

当 $W>\chi_\alpha^2(K)$ 时拒绝原假设，即采用固定效应模型；当 $W<\chi_\alpha^2(K)$ 时接受原假设，即采用随机效应模型，α 为显著性水平（王洪庆，2006）。

计量软件为 EViews5.0，为了减少由于截面数据造成的异方差影响，在回归过程中采用加权回归，即使用可行的广义最小二乘法（GLS）估计。

三、检验结果及说明

表 9-16 中部六省外贸出口影响因素计量结果

变量	2000~2012 年	
	固定效应模型	随机效应模型
lnWGDP	0.054（0.078）	0.019（0.101）
lnGDP	0.076（0.046）	0.051（0.078）
lnFDI	0.089（0.023）	0.063（0.015）
lnR&D	0.077（0.149）	0.046（0.103）
lnWAGE	0.036（0.028）	0.039（0.013）
lnREER	0.088（0.143）	0.052（0.107）
lnER	0.103（0.034）	0.074（0.053）
lnIM	0.045（0.061）	0.068（0.047）
Ad.R²	0.717	0.792
F-statistic	0.0000	0.0000
D.W.	2.011	2.073
W	21.258	

变量	2000~2012 年	
	固定效应模型	随机效应模型
$\chi^2_{0.01}(K)$	20.09	
样本数	78	

说明：① 表中括号内的数字为对应系数的显著性水平，即 t-prop；②卡方分布中 0.01 为显著性水平，K 为自变量的个数。

回归结果见表 9-16，由于 W 值大于 $\chi^2_{0.01}$（K）值，故采用固定效应模型。Ad.R²=0.717，即调整后的决定系数为 0.717，说明自变量解释了因变量（出口）变化的 71.7%的原因，说明模型的拟合优度较高。F-statistic = 0.0000 说明方程整体通过了 1%的显著性检验；D.W.=2.011，证明残差无序列相关。因此，从整体上讲，该模型效果不错。

由表 9-16 的回归结果可知，各省主要贸易伙伴的收入（WGDP）变量回归系数为 0.054，且通过了 10%的显著性水平检验，也就是说各省主要贸易伙伴的 GDP 每增加 1 亿美元，可增加出口 0.054 亿美元；各省的 GDP 变量回归系数为 0.076，且通过了 5%的显著性水平检验，也就是说各省的 GDP 每增加 1 亿美元，会增加 0.076 亿美元的出口；各省滞后一期的 FDI 变量的回归系数为 0.089，且通过了 5%的显著性水平检验，也就是说各省的 FDI 上一年每增加 1 亿美元，会增加下一年 0.076 亿美元的出口；各省滞后一期的 R&D 的回归系数为 0.077，但未通过 10%的显著性水平检验，原因是中部六省的出口产品大都为劳动密集型和资源型产品，高新技术产品的出口比例较低；各省工资水平 WAGE 变量的回归系数为 0.036，且通过了 5%的显著性水平检验，也就是说工资水平的上涨有利于出口的增加，原因在于工资水平的增加伴随着劳动生产率的提高，如果工资水平提高的幅度小于劳动生产率提高的幅度，则会促进产品价格竞争力的提高，从而促进出口的增加；人民币实际有效汇率（REER）变量的回归系数为 0.088，但未通过至少 10%的显著性水平检验；各省出口退税额变量的回归系数为 0.103，且通过了 5%的显著性水平检验，也就是说出口（ER）退税额每增加 1 亿美元，会增加出口 0.103 亿美元；各省进口（IM）变量的回归系数为 0.045，且通过了 10%的显著性水平检验，也就是说进口额每增加 1 亿美元，会增加出口 0.045 亿美元。

总的来说，影响中部六省的出口因素中，主要贸易伙伴的收入、GDP、外商直接投资水平、出口退税、进口、工资水平等都会对出口产生显著性的正影响，其中出口退税对出口的影响最大，研发投入和人民币实际有效汇率对出口的影响尽管为正，但均未通过统计上至少10%的显著性水平检验，即认为研发投入和人民币实际有效汇率对出口的影响不明显。

四、政策建议

基于以上计量结果，本文就如何正确认识和发挥这几个因素对出口的促进作用，进而使中部六省出口贸易实现快速、健康发展，提出以下几点政策建议：

一是适度鼓励企业增加进口，特别是要采取有效措施进口国外的先进技术和部分急需的成套设备，增强消化、吸收和创新的能力，努力提高出口产品的科技含量和降低出口产品的生产成本，为进一步扩大出口积蓄力量和增加竞争力。

二是提高政府机关的办事效率。创新海关通关作业模式，利用信息化手段，进一步简化海关通关作业环节，提高进出口的通关速度；在税务系统全面推广"出口收汇核销网上报审系统"，进一步提高税务局的出口退税效率；为出口产品企业提供更好的优惠政策和帮扶措施。

三是加大引进外商直接投资。中部六省作为农作物主产区，必须加快农业基础设施的建设、大力推进科技兴农、稳步提高农业综合生产能力，从而吸引更多的外商直接投资流入第一产业；中部地区拥有丰富的自然资源，如江西的有色金属和黑色金属，山西的煤炭，河南的石油和煤炭，湖北、湖南的电力和水利等，因此，要加大外资在这些行业的投资力度；创新招商引资方式，完善招商引资体系，建立省内省外、境内境外全面覆盖的专业化招商队伍，实行专业化招商。

四是加快国家级产业转移示范区、出口加工区和保税区的审批和建设。目前中部六省中仅有安徽和湖南各有1个国家级产业转移示范区，其他省份没有；河南、湖南和湖北各仅有1个国家级出口加工区，安徽有2个国家级出口加工区，江西有3个国家级出口加工区，山西省无国家级出口加工区；河南有1家保税区，其余五省均没有。

五是增加教育经费和科技活动经费的支出，中部六省2012年科技活动经费支出占GDP的比重均低于浙江省的水平，制定科技人才发展战略，积极培养和引进科技人才，提高企业产品的科技含量和创新能力，提升出口产品的档次和竞争力。

第四节　加快中部地区对外贸易发展的对策建议

2013 年，我国对外贸易发展面临的内外部环境虽然好于 2012 年，但制约外贸稳定回升的阻力依然存在。从国际看，随着各国宏观调控政策力度加大，欧债危机略有缓和，美国经济复苏态势趋于稳定，市场信心和发展预期有所提振，2013 年全球经济发展环境有所改善。但发达国家主权债务问题削弱经济增长潜力，刺激经济政策措施的副作用日益凸显，新兴经济体面临的困难较多，加上贸易投资保护主义加剧，世界经济低增长、高风险态势依然没有明显改观；同时，中国已经进入"后 WTO 时代"，依据相关报告，中国外贸已经告别高速增长时代，从原来的连年二位数的高速增长到一位数的次高速增长，中国的人口红利已经消失殆尽，另外，原来的经济增长方式已经给中国的环境、资源等带来沉重负担，这都迫切需要转变外贸发展方式，调整产业结构。

因此，在中共十八届三中全会中，党和国家对我国的外贸行业在充分认识和了解的基础上颁布了新的相关政策。在此基础上，中部六省也应做出相关反应，积极寻找自身存在的问题，如加工贸易仍处于商品价值链的低端、外资企业在加工贸易中的强势地位等，都在一定程度上威胁着本地区的长期发展。因此，中部六省应积极参与我国的产业结构升级，抓住机遇，积极承接东部以及外国有价值的、低污染行业，积极调整本地区产业结构，尤其是比重较大的加工贸易，推动加工贸易向高水平的劳动力密集型行业转变，提高产品附加价值而不是仅仅赚取少量的加工费。积极利用外资，向有利于创新、科技发展的方向转变。

根据中共十八届三中全会精神，提出以下中部地区的外贸发展对策。

一、进一步解放思想，树立科学发展观

从中部地区对外开放的实际出发，必须首先以观念的更新推动开放的突破，以理念的提升带动开放的扩大，切实做到解放思想、实事求是、与时俱进、科学发展。一要树立对外开放与科学发展相结合的理念。由主要依赖国内传统市场、自然资源向利用好两个市场、两种资源转变，更加自觉地统筹区域科学发展与对外开放，积极主动地参与国内外经济技术合作与竞争。二要消除封闭保守、无所作为的心态，超越自然环境、地理位置的局限，改变内陆省份扩大开放难有作为

的消极心态，敢冒风险、敢为人先、勇于竞争、勇闯国际市场。三要进一步开放投资领域。对国家没有禁止外资进入的行业、领域，应当创造条件向外资开外，允许国内外大企业大集团收购、兼并，实现企业裂变式扩张、经济超常规增长。

二、培植出口产业集群，提高外贸产业竞争力

加强出口企业技术改造和技术创新，推动产业集群优化升级。以构建产业集群、延伸产业链条为主线，以高新技术企业、龙头企业和开发区、工业园区为主要载体，以市场需求为导向，实施一批重大科技项目，着力突破一批共性关键性技术，促进其推广应用。加快创新成果转化和新技术的引进、消化、吸收、创新，为产业集群发展提供技术支撑。鼓励出口企业大力开展技术改造，积极采用高新技术和先进适用技术改造传统产业，提高出口产品质量和档次，加快产业升级。支持有条件、有潜力的集群内企业在关键技术、关键工艺上进行技术改造与技术创新合作，构建企业间技术转让的交易平台，实现技术创新在产业集群内的整体效应，加快区域内整体技术水平的提高，逐步形成区域技术联盟和创新体系。

三、加快体制机制创新，增强外贸发展力

（一）建立高效协调的外贸工作服务机制

加强关贸、检贸、财贸、税贸、商贸等双边和多边合作机制，为外贸企业提供全方位、高质量的服务。一是建立重点企业绿色通道制度。各相关部门要创造条件，设置重点企业专门申报窗口，对重点出口企业申报办理的有关事项要随到随办、特事特办、限时办结。二是优化退税服务。简化重点出口企业退税申报资料、单证备案、审核审批程序，逐步扩大企业退税网上申报的覆盖面。三是加强报检服务。推行"产地检验、口岸出单"的出口通关模式，对重点出口企业实行"省内大直通"模式，对符合条件的重点出口企业向国家质检总局推荐实施出口绿色通道和出口国家免验，设立单独的"重点企业报检窗口"，便利重点企业报检。四是加强报关服务。加强与口岸海关的联系，积极协调解决重点企业在口岸出口通关、办理各项手续时遇到的困难，帮助企业产品规范通关、及时获得退税。

（二）完善反倾销与产业损害预警机制

完善反倾销与产业损害预警系统建设，完善应对贸易壁垒网络，建立预警示范点，收集发布预警信息，对重点出口市场、重点敏感产品进行监测分析，警示

有关企业和部门加强风险防范，及时化解贸易风险与摩擦。此外，进一步协助完善 WTO 事务工作体系，充分整合社会资源，组织引导专业服务机构和专家共同参与地方 WTO 事务工作，为企业提供咨询、出口检测认证、法律援助、培训辅导等服务，逐步形成贸易政策研究、贸易安全与产业损害预警、贸易壁垒调查与申诉、产品检测认证、培训辅导、WTO 事务法律援助和信息咨询等服务网络和体系。

（三）创新金融支持助推外贸发展

鼓励金融机构加大对重点企业的支持力度，对符合条件企业的贷款优先审批；推动政策性银行向总行申请开办买方出口信贷业务，鼓励商业银行拓展出口退税账户托管贷款、出口信用保险保单融资和仓单质押融资等贸易融资业务；为重点企业制订个性化承保方案，提供优惠政策，提高出口信用保险覆盖率；定期举行重点出口企业、金融机构对接会，搭建银贸对接平台、畅通银贸对接渠道。

（四）创新外贸企业融资机制

一是鼓励进出口银行等金融机构开展出口信贷业务，开展与外资银行的合作，特别是增加对中小出口企业的信贷投放，解决企业融资难的问题。二是引导融资担保机构积极为中小出口企业提供融资担保。三是培养专业的进出口服务公司，由这些服务公司替代外贸企业的原来的进出口管理人员，由他们为企业办理包括企业融资、外汇结算、外汇核销等手续。

四、实施"三外"联动，积极扩大出口

（一）以外资促进外贸出口

根据中部各省产业发展战略，积极引导外资投向、确定引资重点，提升外资利用质量，着重加强对出口型三资企业的引资力度，不断拓宽利用外资渠道，形成多形式、全方位的引资新格局。

（二）以外经带动外贸出口

鼓励和支持有实力的企业、企业集团及高技术企业等经济实体以各种方式组建海外企业；积极参加承揽国外承包工程，争取承揽从咨询、勘测、设计、施工、安装、经营到维护和技术支持服务的总承包工程项目，提高对外工程承包的经济效益，通过国际合作和援外项目带动机电产品、成套设备的出口，增强创汇能力。

（三）以外贸促外资、外经工作

不断扩大外贸出口，改善投资环境，加强对外交流，吸引更多外商投资中部

地区；通过外贸出口，培育出一大批有实力的企业，积极开拓国际市场，参与国际分工，促进外经工作的发展。

五、优化进口结构，促进外贸进出口协调发展

（一）扩大短缺资源进口

根据不同省市产业结构现状，扩大短缺资源进口，以缓解部分能源及资源供给约束，支持符合我国产业发展目标要求的产业及行业发展，迫使"两高一资"产业退出或加快转型，促进出口结构优化。

（二）适度扩大部分消费品进口

扩大中部地区高档消费品和新型消费品的进口，促进消费产品质量和结构的升级换代，以满足日益提升的消费需求，同时以刺激和推动此类新型产业发展。在对此类产品逐渐形成进口替代的基础上，拓展中部地区新型消费品出口，提升出口产品的质量和档次。

（三）扩大新型技术和先进设备进口

进一步扩大中部地区国民经济发展急需且国内不能生产的先进技术和设备、关键零部件的进口，通过增加先进技术和关键设备进口，以促进中部地区新能源、低碳产业、绿色产业等新兴战略型产业发展。依托国家及重点工程项目，推动技术引进消化吸收和再创新。

（四）建立进口调控机制

加强对重要商品的监测，保持合理的进口数量和结构，实现进口与出口有机结合、协调发展，将进口调控与促进产业升级和保护产业发展结合起来，充分发挥进口对经济发展和结构调整的促进作用。

六、优化出口贸易结构，大力发展服务贸易

（一）优化出口贸易结构

优化出口结构。第一，提升劳动密集型出口产品的质量和档次，扩大机电产品和高新技术产品出口，鼓励节能环保型产品出口，巩固传统优势。第二，制订自主品牌发展中长期规划，建立品牌评价、促进、推广和保护体系，加强知识产权管理和保护，支持具有自主知识产权、自主品牌的商品出口。第三，推动"沿海接单、中部加工"和"中部接单、中部加工"等新型加工贸易发展，继续开展加工贸易梯度转移重点承接地的培育和认定工作，促进加工贸易向研发、设计、核心元器件制造、物流等环节拓展，延长增值链条，鼓励有条件的企业把出口产

品价值链延伸到境外批发和零售终端。第四，严格控制高耗能、高污染、资源性产品出口，促进节能环保和结构调整。第五，在出口配额和出口资质分配上给予中部地区适当倾斜，支持大型和成套设备出口企业解决融资难问题。加强大通关建设，全面优化通关和行政环境，推进"一站式"通关和电子口岸建设。

（二）大力发展服务贸易

大力发展服务贸易。就中部六省来说，目前的进出口仍主要集中在货物贸易，如加工电子产品、纺织品等，这些不仅价格较为低廉，在国际竞争中也易处于不利地位，大规模的反倾销、反补贴也随之而来，因此，应大力发展服务贸易。第一，理顺和完善服务贸易管理体制，加快完善服务贸易法律体系和服务要素市场体系，提高服务贸易在对外贸易中的比重，实现货物贸易和服务贸易的良性互动。第二，在稳定和拓展传统服务出口的同时，努力扩大文化、中医药、软件和信息服务、商贸流通、金融保险等新兴服务出口。第三，大力发展服务外包，推动武汉、长沙、合肥、南昌等服务外包示范城市和若干服务外包基地建设。第四，适当扩大服务进口，促进国内市场充分竞争，推动中部地区服务业发展，提高服务业国际化水平。

本章小结

中部地区对外贸易发展的现状研究表明，尽管 2006 年后中部六省的对外贸易无论是在规模上还是结构上都有较大的改变，取得了较快的发展，但和东部省份相比，仍有很大的差距。2012 年中部六省贸易总额占全国的比重也仅仅有 5%，外贸依存度仅有 10.48%，较浙江省低 46.41 个百分点，较全国低 36.57 个百分点。但 1985~2012 年中部六省贸易顺差额占全国的年均比例在 18%左右，远高于同期贸易总额占全国的年均比例 3.9%，说明中部六省贸易顺差对全国的贡献远大于贸易总额对全国的贡献。2012 年中部六省高新技术产品的出口比例为 26.42%，与全国的比例 28.65%已经很接近。

中部地区对外贸易对经济社会发展的贡献研究表明，中部六省外贸对经济增长的贡献不断增大，特别是 2011 年和 2012 年在全国净出口对经济增长的拉动度出现负影响的情况下，中部六省反而出现了较大的正影响，例如，2012 年中部六省净出口对经济增长的拉动度达到了 1.23 个百分点，而全国为-0.1 个百分点。

中部六省外贸对就业也起到了积极的促进作用，2012 年出口和进口的就业弹性分别为 0.0396 和 0.2609，也就是说，出口增长 1 个百分点，就业将增长 0.0396 个百分点，进口增长 1 个百分点，就业将增长 0.2609 个百分点，同时也表明，进口增长对就业的贡献大于出口增长对就业的贡献。

中部地区出口影响因素实证研究表明，影响中部六省的出口因素中，主要贸易伙伴的收入、GDP、外商直接投资水平、出口退税、进口、工资水平等都会对出口产生显著性的正影响，其中出口退税对出口的影响最大，研发投入和人民币实际有效汇率对出口的影响尽管为正，但均未通过统计上至少 10% 的显著性水平检验，即认为研发投入和人民币实际有效汇率对出口的影响不明显。

加快中部地区对外贸易发展的对策建议指出，进一步解放思想，树立科学发展；培植出口产业集群，提高外贸产业竞争力；加快体制机制创新，增强外贸发展力；实施"三外"联动，积极扩大出口；优化进口结构，促进外贸进出口协调发展；优化出口贸易结构，大力发展服务贸易。

参考文献

［1］安筱鹏. 制度变迁与区域经济一体化［J］. 当代财经，2003（6）.

［2］白红光，陈建国. 我国出口影响因素的实证分析［J］. 山东经济，2011（3）.

［3］彼得·尼茨坎普. 区域和城市经济学手册（第1卷）：区域经济学［M］. 安虎森等译. 北京：经济科学出版社，2001.

［4］陈宝明. 国际产业转移新趋势及我国的对策［J］. 中国科技论坛，2011（1）.

［5］陈子曦. 中国各省市区开放型经济水平比较研究［J］. 地域研究与开发，2010（5）.

［6］道格拉斯·诺斯. 制度、制度变迁与经济绩效［M］. 上海：上海三联书店，1993.

［7］冯秀清. 我国区域经济协调发展中的制度供给框架探析［J］. 现代经济探讨，2011（9）.

［8］傅大友，芮国强. 地方政府制度创新的动因分析［J］. 江海学刊，2003（4）.

［9］傅钧文. 上海外向型经济发展的现状与风险评估［J］. 上海经济研究，2005（6）.

［10］关白. 开放型经济理论与实务［M］. 北京：北京理工大学出版社，2000.

［11］郝思军. 江苏沿江八市开放型经济发展特征分析［J］. 长三角经济，2007（7）.

［12］黄继忠. 区域内经济不平衡增长论［M］. 北京：经济管理出版社，2001.

［13］黄烨菁. 对经济一体化的理论探索［J］. 世界经济研究，1998（3）.

［14］黄永炎，陈成才. 地方政府制度创新行为探析［J］. 地方政府管理，2001（1）.

[15] 江洪. 进一步深化中部地区开放与合作 [J]. 宏观经济管理，2013 (11).

[16] 江霞，李广伟. 出口退税对出口的激励作用分析——基于 VAR 模型的实证检验 [J]. 国际经贸探索，2010 (5).

[17] 兰宜生. 对外开放度与地区经济增长的实证分析 [J]. 统计研究，2004 (2).

[18] 林吉双，陈娜娜. 广东省出口贸易影响因素的实证分析 [J]. 国际经贸探索，2008 (9).

[19] 李纪东. 政府职能转变中的行业协会 [J]. 福建学刊，1997 (1).

[20] 李继樊. 我国内陆开放型经济制度创新的探索——来自重庆内陆开放型经济发展的实践 [J]. 求索，2013 (5).

[21] 李青阳. 湖南省出口贸易影响因素实证研究 [J]. 湖南科技学院学报，2007 (7).

[22] 刘朝，楼琼. 重庆内陆开放型经济发展综合评价研究 [J]. 时代金融，2012 (10).

[23] 刘新志，刘志彬. 开放型经济的运行机理及其发展路径研究——以吉林省为例 [J]. 西南农业大学学报，2008 (6).

[24] 刘君德. 长江三角洲地区空间经济的制度性矛盾与整合研究 [J]. 杭州师范学院学报，2000 (1).

[25] 娄晓黎. 东亚、拉美模式对发展中国家现代化进程中政府干预问题的启示 [J]. 当代经济研究，2003 (6).

[26] 娄晓黎. 产业转移与欠发达区域经济现代化 [D]. 东北师范大学博士学位论文，2004.

[27] 邵晖. 我国区域协调发展的制度障碍 [J]. 经济体制改革，2011 (6).

[28] 单等昔. 中部地区区域经济一体化研究 [J]. 南阳师范学院学报（社会科学版），2006 (1).

[29] 沈坤荣，耿强. 外国直接投资、技术外溢与内生经济增长——中国数据的计量检验与实证分析 [J]. 中国社会科学，2001 (5).

[30] 史小龙，张峰. 外商直接投资对我国进出口贸易影响的协整分析 [J]. 世界经济研究，2004 (4).

[31] 孙治宇. 影响中国出口贸易的主导因素分析 [J]. 经济评论，2010 (3).

[32] 孙启萌，孙万松. 良性互动协调发展——浅析入世后行业协会与政府和

企业的关系 [J]. 管理现代化，2002（5）.

[33] 谭崇台. 发展经济学概论 [M]. 武汉：武汉大学出版社，2001.

[34] 唐立国. 长江三角洲地区城市产业结构的比较分析 [J]. 上海经济研究，2002（9）.

[35] 王洪庆. 河南省外商直接投资的现状、影响因素和对策研究——基于中部六省的比较 [J]. 国际贸易问题，2011（5）.

[36] 王洪庆. 我国加工贸易的技术溢出效应研究 [J]. 世界经济研究，2006（7）.

[37] 王洪庆，朱荣林. 制度创新与区域经济一体化 [J]. 经济问题探索，2004（5）.

[38] 王晓亮，王英. 区域开放型经济发展水平评价指标体系构建 [J]. 地域研究与开发，2013（6）.

[39] 魏巍贤. 中国出口对经济增长贡献的实证研究 [J]. 商业研究，1999（1）.

[40] 肖俊夫，林勇. 内陆开放型经济指标评价体系的构建 [J]. 统计与决策，2009（9）.

[41] 徐涌先. 行业协会发展环境与管理体制创新研究 [J]. 重庆工商大学学报，2003（2）.

[42] 谢守红. 广东外向型经济发展的地域差异与对策 [J]. 地域研究与开发，2003（4）.

[43] 尹立仑. 我国开放型经济体系地区性评价指标的构建与意义 [J]. 河北企业，2013（8）.

[44] 曾骅等. 21 世纪长江三角洲区域发展战略研究 [M]. 北京：中国社会科学出版社，2003.

[45] 赵革，黄国华. 25 年来中国外贸出口增长因素分析 [J]. 统计研究，2006（12）.

[46] 詹晓宁，葛顺奇. 出口竞争力与跨国公司 FDI 的作用 [J]. 世界经济，2002（11）.

[47] 张吉昌. 经济全球化背景下中国开放型经济的发展 [J]. 技术经济与管理研究，2003（5）.

[48] 张孝锋. 产业转移理论与实证研究 [D]. 南昌大学博士学位论文，2006.

[49] 张秀生，卫鹏鹏. 我国中部地区经济协调发展的问题与对策 [J]. 武汉

理工大学学报（社会科学版），2006（2）.

[50] 周五七. 中部地区承接沿海产业转移中的制度距离与制度创新 [J]. 经济与管理，2010（10）.

[51] 朱厚伦. 中国区域经济发展战略 [M]. 北京：社会科学文献出版社，2004.

[52] 朱金海. 论长江三角洲区域经济一体化 [J]. 社会科学，1995（2）.

[53] Falvey, Rodney E. Commercial policy and intra-industry trade [J]. Journal of International Economics，1981（11）：495–511.

[54] Greenaway D., R.Hine, and C.Milner .Country-specific factors and the pattern of horizontal and vertical intra -industry trade in the UK [J]. Weltwirtschaftliches Archiv，1994，130（1）：77–100.

[55] Graham E.M. Foreign direct investment outflows and manufacturing trade：a comparison of Japan and the United States. In D.J. Encarnation（ed.），Japanese Multinationals in Asia-Regional Operations in Comparative Perspective [M]. Oxford：Oxford University Press，1999.

[56] Helpman E., & Krugman P. R. Market structure and foreign trade [M]. Cambridge：MIT Press，1985.

[57] Kai A. Konrad, Kjell Erik Lommerud. Foreign direct investment, intra-firm trade and ownership structure [J]. European Economic Review，2001（45）：475–494.

[58] Kamal Saggi. Trade, foreign direct investment, and international technology transfer：a survey [J]. The World Bank Research Observer，2002，17（2）：191–235.

[59] Liu X., Song H., Wei Y., & Romilly P. Country characteristics and foreign direct investment in China：a panel data analysis [J]. Weltwirtschaftliches Archiv，1997，133（2）：313–329.

[60] Markusen J. R. Multinational firms, location and trade [J]. World Economy，1998，21（6）：733–756.

[61] Markusen J. R., & Maskus K. E. Multinational firms：reconciling theory and evidence [R]. NBER Working Paper 7163，1999.

[62] Nguyen Nhu Binh, Jonathan Haughton. Trade liberalization and foreign direct investment in Vietnam [J]. ASEAN Economic Bulletin，2002，19（3）：302–318.

［63］ Oscar Bajo-Rubio, Maria Montero-Munoz. Foreign direct investment and trade: a causality analysis ［J］. Open Economies Review, 2001, 12（3）: 612-623.

［64］ Steven Globerman, Daniel M.Shapiro. The impact of government policies on foreign direct investment: the Canadian experience ［J］. Journal of International Business Studies, 1999, 30（3）.

［65］ Xiaming Liu, Chengang Wang, Yingqi Wei. Causal links between foreign direct investment and trade in China ［J］. China Economic Review, 2001（12）: 190-202.

［66］ Xiaohui Liu, Peter Burridge, & P.J.N.Sinclair. Relationships between economic growth, foreign direct investment and trade: evidence from China ［J］. Applied Economics, 2002, 34: 1433-1440.

［67］ Zhaoyong Zhang, Ow Chin Hock. Trade interdependence and direct foreign investment between ASEAN and China ［J］. World Development, 1996, 24（1）: 155-170.

［68］ Zhu, Min. Determinants of China trade pattern: a test of heckscher-ohlin theorem ［J］. China Economic Review, 1991, 2（1）: 115-142.

［69］ Zofia Wysokinska. Impact of foreign direct investment on export competitiveness ［J］. Russia and East European Finance and Trade, 1998, 34（4）: 64-87.